北大法律和金融评论（2016年卷）

PEKING UNIVERSITY LAW AND FINANCE REVIEW

主编　吴志攀　　　执行主编　唐应茂

法律出版社 LAW PRESS · CHINA

北大法律和金融评论

编辑手记

——中国法律人的实证研究

唐应茂

2015 年,我们邀请新加坡管理大学的张巍和中国政法大学的徐文鸣来北大讲座。他们讲的文章,都是英文文章,当时还没有发表。在本卷编辑过程中,他们的英文文章陆续在英文期刊上发表,我们得以有幸翻译成中文,收录到本卷中。香港中文大学刘庄的文章是他在芝加哥博士研究期间的作品,也是从英文写作中翻译过来的。台湾"中央"研究院张永健的文章是"再创作"作品,但其基础是他近期发表的一篇英文文章。北大的听众非常幸运:他们见证了英文原创作品的制作过程。但是,这也重新引发了为谁写作、写给谁看、怎么写这些老问题。

一、经济学家的实证研究

本卷收录的文章,几乎都是比较典型的法和经济学实证研究,我称之为经济学家的实证研究。张巍和李继合作的《弱法律和强关系——中国商业投资、法律及政治关系的一个实证研究》(以下简称张巍和李继文章),徐文鸣和邹宁尘合作的《证券民事诉讼与投资者保护——来自 A/B 股市场的实证证据》(以下简称徐文鸣和邹宁尘文章),从两篇文章的标题就可以看出,作者把文章定义为实证研究。刘庄的《信任、声誉与司法绩效》(以下简称刘庄文章)虽然没有给自己贴上实证的标签,但沿用的是同样的研究方法,也是芝加哥法学院广泛采用的研究路径。

之所以说它们是典型的法和经济学实证研究,主要原因有两点。第一,从形式来看,张巍和李继文章以及徐文鸣和邹宁尘文章的英文版都发表在英文的法和经济学期刊上。第二,从内容来看,这些文章都带有非常明显的法和经济学实证研究的特点。

比如,它们都在追问并试图回答一个法律和经济(社会)关系的问题。张巍和李继文章讨论的是,法律制度(如司法制度)是否影响企业的投资决策?徐文鸣和邹宁尘文章追问的是,2002 年最高人民法院《关于受理证券市场因虚假陈述引发的民事侵权纠纷案件有关问题的通知》是否影响上市公司的股价?而刘庄文章试图问答的是,民众对法官的信任能否提高法院的工作绩效?

又如,它们收集了大量的实证数据,通过数据分析来回答文章提出的问题,并试图加以证明。法和经济学实证研究不仅要有数据,还要通过数据处理的方法分析、证明作者的论点。比如,张巍和李继文章收集了 2002 年调查的中国企业投资决策数据(如企业投资金额和投资于研发的金额),企业采用法院解决民事和行政纠纷的数据(通过诉讼解决纠纷的企业百分比,衡量法律/司法制度的指标之一),然后采用经济学家常用的 Probit 模型,加上若干控制变量,去探索法律/司法制度质量与企业投资决策之间是否存在某种关系。

更为重要的是,法和经济学实证研究的目的,并不仅仅在于"展示"研究数据有多庞大,或者"炫耀"经济学计量模型有多酷,或者强调控制变量有多全面,而是需要在一个已有的理论框架下,去试图说明一个理论问题。因此,法和经济学实证研究作品,常常有很"冗长"的理论综述,将研究放在某一个或几个理论框架下讨论,而且,实证数据所代表的因素也需要和理论预测或推导的因素相对接。

比如,在刘庄文章的"问题和理论"部分,刘庄洋洋洒洒地回顾了从霍布斯到美国联邦党人的论述。但在我看来,他依赖的最核心的理论框架是波斯纳、兰戴斯提出的法官声誉影响法官绩效这一论点。同时,刘庄文章将法官声誉和民众对法官的信任感等同,并用世界价值观调查得到的被调查民众对一国法院的信任来"模拟""信任"(声誉)这一概念,用世界银行《世界营商环境调查》得到的各个国家法院的合同执行能力数据和世界经济论坛调查得到的各国产权保护水平数据里"模拟"绩效这一概念,最后通过统计方法,寻找代表“信任(声誉)”的数据与代表“绩效”的数据之间是否存在“信任(声誉)提高绩效”这样的关系。

因此,数据只是表象,模型只是外套,经济学家的实证研究精髓在于,数据、模型(证明)和理论是融为一体的。

二、法学家的实证研究

相反,翁小川、张雨婷和黄勇升的《内幕交易行政处罚案例研究——原则、绩效与修正初探》(以下简称翁小川文章)同上述几篇运用的经济学家的实证研究模式完全不同。我把翁小川文章的实证研究称为法学家的实证研究。

翁小川文章花了很大篇幅讨论中国证监会行政处罚的效果,尤其是内幕交易中违法所得的认定方法。为了显示证监会采用的认定方法存在问题,或者说支持翁小川文提出的采用“市场吸收法”来认定违法所得更合适,翁小川文章收集了相关行政处罚案例,报告了每一个案例中证监会的处罚金额,同时也报告了根据作者主张的“市场吸收法”计算得出的应该认定的处罚金额,以及两者之间的差异。

通过这样的实证调查研究,翁小川文章发现,“第一,占比约47%的内幕交易处罚中(23例),用市场吸收分析法计算出的违法所得金额高于证监会认定的违法所得,这意味着证监会如果采用市场吸收分析法,内幕交易者也可能面临更严重的惩罚。第二,采用市场吸收分析法计算出的违法所得的平均值约为176,000元,相比证监会高出近10%(约17,000元)”。最后,作者认为,“这一结论充分说明,在我国法律实践中,采用净利润法(证监会采用的方法)认定的违法所得并不一定就能起到从严处罚,从重打击的效果。这和直观的感受,即净利润法较为严格,相悖”。

与经济学家的实证研究相比,翁小川文章的这部分实证研究存在很明显的不同。虽然也有实证数据,包括一定的统计数据(如“占比47%”),甚至文章的附表还报告了行政处罚与违法所得之间的回归结果来说明两者存在相关关系,但是,翁小川文章的“证明”力度要弱很多。

在经济学家的实证研究中,通常都要寻找一个解释变量和一个被解释变量,说明两者之间的关联甚至因果关系。比如,张巍和李继文章中,被解释的是企业的投资激励,用来解释的变量是案件审判质量;在刘庄文章中,被解释的变量是法院的绩效,用来解释的变量是法官的声誉(民众的信任)。翁小川文章中论述“市场吸收法”比证监会现有处罚方法更好的这一部分,它并不存在经济学实证研究中的解释和被解释变量。它更像是一种说明,或者提供一个支持,通过实证调查数据(如占比 47%)来支持“证监会处罚方法不好”这个论点,而不是在证明两个变量(因素)之间是否存在某种关联或因果关系。

不过,在讨论内幕交易违法所得与证监会处罚力度之间关系这部分,翁小川文章提出了两个清晰的变量,即违法所得和处罚力度,也试图通过回归的方法证明两者存在关联关系。从这个部分来看,翁小川文章试图在靠近经济学家的实证研究范式。不过,正如讲座讨论中作者承认的,这个部分的“技术”处理稍显“粗糙”:既没有根据变量特点选择合适的回归模型,也没有引入所谓的控制变量,排除其他因素的影响。因此,使用数据、选择模型、引入控制变量这种“证明”两个概念、要素、变量之间关系的范式,在翁小川文章,或者说法学家的实证研究范式中常常是缺乏的。

除此之外,两种实证研究相比,最核心的差别在于是否存在理论框架,研究中提出的两个变量能否放在一个更抽象的理论概念体系中。很明显,无论是说明证监会的处罚方法不好,还是试图证明违法所得和证监会处罚力度之间存在某种关系,这两个部分是单独的、不同的问题,而且,每一个问题本身也没有被放到一个理论概念体系中进行讨论。同时,即便两个问题综合起来看,也不存在能够涵盖两个问题的更抽象的理论范畴体系。从这个角度来看,法学家的实证研究,数据和理论之间容易脱节。

三、哪种实证研究更好?

从技术层面来衡量,上面对法学家实证研究的介绍,似乎让读者感觉到经济学家的实证研究明显属于“高大上”研究,而法学家的实证研究容易被贴上初级、“粗糙”和“观点散乱”的标签。在很长一段时间里,我心里也是这么想的。但是,我的同事彭冰读完翁小川文章之后,作了很多书面的评论。其中,他对翁小川文章采用“市场吸收法”计算违法所得数据,然后与证监会实际处罚中计算的违法所得数据进行比较的方法赞不绝口,认为这“彰显了实证研究的魅力”。

我从未试图去和任何人争论,究竟什么样的实证研究是“正牌”的实证研究。张巍和李继文章、徐文鸣和邹宁尘文章,以及刘庄文章与我心目中法和经济学实证研究的范式相吻合,我自己也曾经试图学习和采用这样的范式,现在还时不时与他人合作“玩一玩”这样的研究。但是,我从来没有认为,这种范式就一定是未来中国法学研究的范式。

这类研究给法学读者带来的阅读障碍是一目了然的。张巍和李继文章中,报告回归模型结果的表一中,为什么从左至右有四列结果?每列之间有什么区别?什么叫控制变量?为什么张巍和李继文章中要用企业家属性(如是否是干部、是否是党员)、企业属性(如利润率、借款数)作为控制变量?什么是工具变量?为什么刘庄文章选择陪审团制(一个国家是否有陪审团)作为工具变量?最难读的恐怕是徐文鸣和邹宁尘的文章。安慰剂测试?最优配对算法?遇到这些术语,恐怕法学读者,包括我在内,读到这里时几乎都会试图赶紧跳过去。

同时,熟悉这个范式的人也都很清楚,这里面的“小伎俩”,“证明”的力度。比如,刘庄文章提出的两个概念是法官声誉和法院绩效,且不说法官个体的声誉与法院作为法官个体集合体的表现之间是否还需要更多链条链接起来(法官个体声誉能提高法官个体绩效是否等同于法院整体绩效?),即便两个概念存在理论预测的关系(法官声誉高、法院绩效高),实证研究中常用的“手法”是用数据来“模拟”概念,某一数据是否可以“模拟”某一概念,这永远是可以质疑的。

在刘庄文章中,用来代表法官声誉的是“世界正义观”访谈结果,访谈的问题是“你是否信任法院?”因此,这个访谈的数据(多少人说他信任法院)能否用来模拟法官“声誉”,这是可以质疑的。实际上,实证研究的发展,一个研究比另一个研究更好,也许就是作者找到了一个“模拟”某一概念更好的指标或数据。至于说访谈(survey)本身可能存在的问题,以及改进访谈的空间(增大样本、增多问题、核实被访谈人是否准确回答问题),这也是可以质疑的。

因此,尽管看似“高大上”,但我从未觉得,经济学家的实证研究就一定更好,就一定是未来中国法学界应该提倡的实证研究。同时,从我的同事彭冰对翁小川文章的肯定评论来看,尽管翁小川文章的实证研究在经济学家看来“伤痕累累”,比如容易被人批评缺乏理论框架、有数据没模型、有说明没证明,但是,翁小川文章所代表的法学家实证研究范式可能是中国法律人能够接受的实证研究范式。如果这一判断是正确的话,那么,中国法律人实证研究的未来在哪里?

四、中国法律人的实证研究

张永健、陈恭平和林常青的《定锚效应与司法判决:实证研究的改革启示》(以下简称张永健文章)并不长。这是永健专门为北大讲座撰写的文章。但是,讲座的时候,他既讲述了这篇短文,也讨论了他和合作者用英文撰写的接近50页的一篇长文。英文文章的范式与上面讨论的经济学家的实证研究几乎完全一样:有冗长的文献综述和理论预测,有难懂的模型和回归结果讨论,也有详细的数据介绍和描述。

但是,收录在本卷中这篇中文文章实际并不难读。当然,之所以不算难读,因为永健将所有难读的回归分析和结果都省去了。呈现在读者面前的仅仅是他得出的几个结论:比如,判决案件不到800件的法官(工作经历少于11年),容易受定锚效应的影响。而它所说的定锚效应,来源于行为经济学的理论,认为人的决策并不一定是理性的,有可能受到与决策完全无关的因素的影响。就作者研究而言,法官在判决不当得利人使用他人土地应该支付多少利息时,并不完全是根据理性因素而计算的,而可能受到原告主张利息金额的影响。说得夸张一点,原告随便主张一个数字,可能高得离谱,也可能会对法官判决带来影响。

因此,这种定锚效应的存在,说明法官作为个体可能会受到非理性因素的影响。从制度层面来看,要克服这种非理性因素的影响,就必须设计某些制度来抵消定锚效应的影响。比如,有原告主张,就一定要有被告抗辩,通过抗辩抵消原告"锚"对法官的影响。同时,法官的经验值多少,也会决定在多大程度上受原告"锚"的影响。经验越丰富的法官,他受原告"锚"的影响越小。所以,在制度设计上,尽量不要让没有经验的法官来主审类似案件。

张永健文章虽然克服了经济学家的实证研究带来的阅读障碍、"技术门槛"等问题,克服了法学家的实证研究常常存在的没有明确观点(关于一个变量与另一个变量之间关系的论述)、缺乏理论框架等问题,但是,这种英文"缩写版"式的中文文章明显也省略了"证明"这一环节。从这个意义上来讲,在英文原版文章上进行的中文“再创作”作品，在解决中国法律人阅读障碍的同时，也省略了经济学实证研究中用数据来“论证”这一环节。

这当然不能怪永健！永健把他的英文实证研究介绍给缺乏经济学背景的国内法学读者，不仅用中文写作，而且写作过程中考虑国内读者的阅读习惯和思维模式，比如加上英文文章中没有的大陆法律人熟悉的改革刍议（或政策建议）部分，这实际上已经是一个“再创作”，不仅仅是英翻中式的简单移植。实际上，2015 年 11 月，在华政举行的第一次实证研究会议之后，大家在酒店大堂喝茶聊天，谈的就是如何针对中国读者的特点进行创作，创作能够被中国读者接受的实证研究作品，而不是简单地将英文的经济学家的实证文章翻译成中文。

那次讨论到现在，好几年过去，记忆已经模糊。本卷文章的作者，如张巍、张永健、徐文鸣、刘庄，也都是会议的参与者。他们熟悉经济学实证研究的范式，也正在英文期刊中不断发表其研究作品，对于英文读者和中文读者的区别，他们都非常清楚。因此，永健在定锚效应这个问题上的再创作，在一定程度上反映了上述实证研究者的共识：英文读者和中文读者不同，因此，语言、写作方式、数据呈现和证明的方式，也一定存在不同。经济学的实证研究，更多是面对英文读者。要让中国法律人接受，还需要进行再创作。

非常可惜的是，会议只有一天，如何创作给中国法律人看的实证研究作品，这一问题并没有得到深入的讨论。张永健文章能否加入中国法律人能够接受的数据“证明”部分？这样的证明，是否能够用文字而不是用表格/公式呈现？更进一步讲，即便加入数据“证明”部分，这是否仍然是一种更高层次的“移植”手法，用文字来解释回归结果的含义，而不是面向中国法律人的原创作品？为什么翁小川文章中更接近数据“说明”而非“证明”范式的写作更能为我的同事们接受？我的同事彭冰是非常聪明的人，虽然没有接受过计量训练，但他为什么在直觉上更能接受这种“说明”的范式？这是否说明，中国法律人的某些“软肋”（soft spot），经济学家的实证研究模式永远触不到？因此，经济学家的实证研究，哪怕再“高大上”，也需要进行改造，才能创作出中国法律人接受的作品？

北大法律和金融评论(2016年卷)

论文

论坛实录

论　　文

北大法律和金融评论
(2016年卷),第3~10页

定锚效应与司法判决：实证研究的改革启示

张永健* 陈恭平** 林常青***

内容摘要：本文研究定锚效应在真实诉讼程序中在何种条件下存在。通过对2004年年初至2012年年底台湾地区地方法院有关土地年息判决的实证研究，本文试图揭示定锚效应在司法判决中的作用。本文有三个主要发现：第一，曾判决约800件以上民事判决之地方法院法官（约略需要11年的年资），不受原告主张之定锚效应影响。第二，原告主张之年息，虽会造成定锚效应，但被告之答辩至关重要。第三，在三名法官组成合议庭审判案件时，若三人中最资深之法官处理不到800件案件，则定锚效应比一资浅法官独自审判时更加严重。同时本文尝试以实证发现提出规范层面的政策建议。

关键词：定锚效应　司法判决　实证研究

* 台湾"中央"研究院法律所研究员、法实证研究数据中心执行长；美国纽约大学法学博士。

** 台湾"中央"研究院人文社会科学研究中心特聘研究员暨主任，台湾大学经济系及"中央"大学产业经济研究所合聘教授；美国罗彻斯特大学经济学博士。

*** 成功大学经济系副教授；美国密歇根大学经济学博士。

一、从认知心理学到行为法经济学

认知心理学(cognitive psychology)对司法系统的启示,尤其在刑事证据部分,早为人知。[①] 而心理学结合法律经济学(law and economics)而形成行为法经济学(behavioral law and economics),在美国日益盛行,在两岸则尚在萌芽。行为法经济学、行为经济学(behavioral economics)、决策理论(decision theory)共同关心的"定锚效应"[②](anchoring effect),及其与司法判决之关联,为本文之主轴。

定锚效应由诺贝尔经济学奖得主、心理学家丹尼尔·卡尼曼(Daniel Kahemann)与其早逝之共同作者阿莫斯·特沃斯基(Amos Tversky)由心理学实验中发现。[③] 定锚效应,是指人在作决策之时,常常受到外在环境里的某些醒目但和决策完全无关的标记、记忆或其他因素的影响,这也说明关于这个效应的心理实验非常多。其中最著名也最容易了解的,是对麻省理工学院的55名学生所做的实验。实验主持者准备了五种价格相当的物品,先问他们愿不愿意用他们的身份证号码最后两位数字的价格,各自去买这些物品。另外,对每一种物品,再问他们如果要买,愿付的最高价是多少。实验的设计,是让学生有某个概率的确可以用他们的出价买到物品。实验的结果显示,受测学生对每一种物品的出价高低,和他们身份证号码最后两位数的大小显著相关。换句话说,身份证最后两位数越大的学生,对每一种物品的出价都越高。在这个实验里,受测者的出价无形中被其身份证号码所锚定。[④]

许多研究者很快拓展实验情境。有人发现,不动产交易时,卖方的出价

---

① 参见金孟华:《以心理学研究建构"我国"指认证据的评价方式》,载《中研院法学期刊》2013 年第 13 期。

② See Dan Ariely, *Predicably Irrational*: *The Hidden Force That Shape Our Decisions*, Harper Perennial, 2008, pp. 25 – 48; Daniel Kahneman, *Thinking*, *Fast and Slow*, Farrar, Straus and Giroux, 2011, pp. 119 – 128.

③ See Amos Tversky and Daniel Kahneman, Judgment under Uncertainty: Heuristics and Biases, 185 *Science*, 1974, p. 1124.

④ Dan Ariely et al., Coherent Arbitrariness: Stable Demand Curves without Stable Preference, 118 *Quarterly Journal of Economics*, 2003, pp. 73 – 105.

高低,造成定锚效应⑤;刑事诉讼情境中,检察官具体求刑的年数,也造成定锚效应⑥;侵权诉讼情境中,原告主张金额的高低,亦造成定锚效应。⑦

行为法经济学与传统法经济学的人性假设不同,切入角度有异。传统法经济学依照新古典经济学的路径,认为人(在大部分情境中)是理性自利的;行为法经济学则依照心理学的路径,着重于发现人的各种脆弱,像是往往受到偏见(bias)和捷思(heuristics)的影响。⑧ 真实世界中的人,或许更像是两者的综合体,人多半为自己着想,想尽办法用最佳方式达成目标,但是人常常犯错。

二、台湾民事判决中的定锚效应

如果心理学实验发现人在实验室中会受定锚效应影响,那么,在实验室外的人呢?尤其,受过专业训练、我心如秤的法官,是否受到定锚效应影响?康奈尔大学法学院教授杰弗里·拉克林斯基(Jeffrey Rachlinski)和他的共同作者(包括法官),利用法官训练课程(像是法官学院的课程),发问卷给法官填答。他们发现,美国法官也受到定锚效应影响。⑨

---

⑤ See Gregory B. Northcraft and Margaret A. Neale, Experts, Amateurs and Real Estate: An Anchoring - and - Adjustment Perspective on Property Pricing Decisions, 39 *Organizational Behavior and Human Decision Processes*, 1987, p. 84.

⑥ See Birte English and Thomas Mussweiler, Sentencing under Uncertainty: Anchoring Effects in the Courtroom, 31 *Journal of Applied Social Psycology*, 2001, p. 1535.

⑦ See Gretchen B. Chapman and Brian H. Bornstein, The More You Ask for, the More You Get: Anchoring in Personal Injury Verdicts, 10 *Applied Cognitive Psychology*, 1996, p. 519.

⑧ 关于偏见和捷思的心理学文献, see Amos Tversky and Daniel Kahneman, Judgment under Uncertainty: Heuristics and Biases, 185 *Science*, 1974, p. 1124; Daniel Kahneman et al., *Judgment under Uncertainty: Heuristics and Biases*, Cambridge University Press, 1982; Thomas Gilovich et al., *Heuristics and Biases: The psychology of intuitive judgment*, Cambridge University Press, 2002。

⑨ See Chris Guthrie, Jeffrey J. Rachlinski, Andrew J. Wistrich, Blinking on the Bench: How Judges Decide Cases, 93 *Cornell Law Review*, 2007, pp. 19 - 21; Jeffrey J. Rachlinski, Chris Guthrie, Andrew J. Wistrich, Heuristics and Biases in Bankruptcy Judges, 163 *Journal of Institutional and Theoretical Economics*, 2007, pp. 171 - 73; Chris Guthrie, Jeffrey J. Rachlinski, Andrew J. Wistrich, Inside the Judicial Mind, 86 *Cornell Law Review*, pp. 787 - 794; Andrew J. Wistrich, Chris Guthrie, Jeffrey J. Rachlinski, Can Judges Ignore Inadmissible Information? The Difficulty of Deliberately Disregarding, 153 *University of Pennsylvania Law Review*, 2005, pp. 1268 - 1293; Chris Guthrie, Jeffrey J. Rachlinski, Andrew J. Wistrich, Inside the Bankruptcy Judge's Mind, 86 *Boston University Law Review*, 2006, p. 1227.

但这些发现都仍然不是在真正的审判情境中进行。当法官穿上法袍,面对当事人,定锚效应还会存在吗?之前没有研究者回答过这个问题。笔者先前以无权占有他人土地之相当于租金之不当得利判决,尝试探究:台湾地区民事法官在实际审判中,是否受到定锚效应影响。详细之实证研究设计,以英文发表⑩;对相当于租金之不当得利相关法院判决见解之反思,刊登于《政大法律评论》。⑪ 但实证研究结果如何启发司法实务的变更方向,尚未形诸中文。谨以本文略述实证发现,再探讨可能之司法政策建议。

三、土地年息与定锚效应

在无权占有他人土地导致之相当于租金之不当得利案件中,我国台湾地区法院实务上绝大多数之判决,使用"地价 × 年息 = 相当于租金之不当得利"之公式,以计算被告必须给付原告之金额。使用此种公式,源自台湾地区"土地法"第97条、第105条,以及台湾地区"最高法院"两个判例。台湾地区"最高法院"1957年台上字第855号判例谓:"土地法第一百零五条准用同法第九十七条所定,建筑基地之租金,按申报价额年息百分之十为限,乃指基地租金之最高限额而言,并非必须照申报地价额年息百分之十计算";"最高法院"1979年台上字第3071号判例谓:"基地租金之数额,除以基地申报地价为基础外,尚须斟酌基地之位置,工商业繁荣之程度,承租人利用基地之经济价值及所受利益等项,并与邻地租金相比较,以为决定,并非必达申报总地价年息百分之十最高额。"实务上,台湾地区地方法院多于引用上述判例要旨后,概略描述系争土地周围状况,即得出年息。没有请专业不动产估价师鉴定,也没有详尽说理。

笔者收集2004年1月1日~2012年12月31日台湾地区各地方法院之判决⑫,分层随机抽样各地方法院34%之判决,经编码者阅读后剔除无关判

⑩ See Yun-Chien Chang, Kong-pin Chen, Chang-ching Lin, Anchoring Effect in Real Litigations, 744 *University of Chicago Coase-Sandor Institute for Law & Economics Research Paper*, 2016.

⑪ 参见张永健、陈恭平、刘育升:《无权占有他人土地与相当于租金之不当得利:实证研究与政策建议》,载《政大法学评论》2016年第144期。

⑫ 关键词"(相当于租金之利益 + 相当于租金之不当得利 + 相当于租金之损害) & 年息 & 土地 &(被告负担 + 被告连带负担) - 返还房屋 - 迁让房 - 异议之诉 - 分割共有物 - 共有物分割",搜寻"地院范围"选择"仅一般案件",以排除简易与小额诉讼。

决，最后共得698份判决，并编码成819笔观察值。[13]

从对这些判决的研究中，笔者所希望回答的实证问题是：法官并无不动产估价之专业，但又从现场勘验中大概知道不动产利用状况与其周边小区繁荣程度。是否在此情形下，原告主张之年息，会对法官最终决定之年息，产生定锚效应？换言之，笔者之推断是，法官未从由当事人提出之证据中，决定最恰当的年息为何。在彷徨之际，法官下意识地受到相关数字之影响（在此为原告声明之年息），而得出了自己的数字（法院判决之年息），因而有定锚效应。

笔者也想探知，定锚效应之大小，是否与法官经验有关。法官经验之衡量方式为：法官审理民事案件之数目。判案数目之数据来自台湾地区的一个法律服务网站"评律网"。[14] 评律网计算判案数目之方式为，计算评律网数据库中之民事判决，法官姓名出现在案件裁判者字段中之次数。由于评律网主要关心者为律师，故"司法院"网站上之案件，若无律师代理，不会收录于评律网数据库。所以，笔者使用之数据并非100%精确。但因为台湾地区法院随机分案，长期之下大多数法官审理没有律师代理之案件之频率相若[15]，所以，本文数据库至少可以确实衡量各法官经验的相对差距（笔者英文论文中使用的577个观察值中，法官民事经验之分布如下表所示）。若要让研究者可以切实衡量法官经验对诉讼结果之影响，则非有"司法院"提供法官民事、刑事等判案年资不可。

法官经验参考数据表（以参与判决之民事判决数目为度）

观察值	577
平均数	890.9
标准偏差	362.9
最小值	115
最大值	2282

[13] 因为部分案件涉及不止一个无权占有行为，所以观察值数目会比案件数目多。要如何判断一个案件要编码成几个观察值，和原、被告人数或无权占有的土地笔数不当然有关系，重点是法官判断了几次年息。若两名被告共同占有了三名原告所共有的五笔土地，若土地价值相同，法官往往只下一个年息判断，此时编码为一个观察值。若一名被告占有一名原告的两笔土地，若土地特征与价值相差甚远，法官可能会下两个年息判断（例如，A地部分之不当得利是申报地价乘以3%，B地则是申报地价乘以10%），此时编码为两个观察值。

[14] 参见评律网：www.pingluweb.com。

[15] 诚然，若有些法官长期待在简易庭，则审理没有律师代理的案件之频率较高。

续表

百分位数	
1%	235
5%	329
10%	420
25%	609
50%	865
75%	1155
90%	1405
95%	1516
99%	1675

四、台湾地区法官判案时受定锚效应影响

经过计量运算,笔者发现:第一,曾判决约 800 件以上民事判决之地方法院法官(约略需要 11 年的年资)⑯,不受原告主张之定锚效应影响。判决数目不及 800 件的地方法院法官,则受原告主张之定锚效应影响。也就是说,即使案件事实相同,土地所在区位之经济发展程度一致,其他因素也控制了,原告主张年息越高,法官判决之年息就越高(笔者研究发现有考虑到,无论基于处分权主义还是其他理由,实际上法院决定之年息不会高于原告主张年息)。

第二,原告主张之年息,虽会造成定锚效应,但被告之答辩至关重要。若被告具体抗辩某个数额之年息,甚至只是抗辩"原告主张之年息过高",定锚效应就被抵消。心理学文献称此种与"锚"相对之信息,称为"与前锚相左之讯息"(anchor-inconsistent knowledge)。⑰

---

⑯ 此处之年资,指本文收集到的不当得利案件之判决年份,减去法官姓名第一次出现在判决书中的年份。

⑰ See Thomas Mussweiler et al., Overcoming the Inevitable Anchoring Effect: Considering the Opposite Compensates for Selective Accessibility, 26 *Personality and Social Psychology Bulletin*, 2000, p. 1142; Adam D. Galinsky, Thomas Mussweiler, First Offers as Anchors: The Role of Perspective-Taking and Negotiator Focus, 81 *Journal of Personality and Social Psychology*, 2001, p. 657; Gretchen B. Chapman, Eric J. Johnson, Anchoring, Activation and the Construction of Values, 79 *Organizational Behavior and Human Decision Processes*, 1999, p. 144.

第三，台湾地区地方法院多数案件由实任法官独自审理；但若案件分给候补法官审理时，因全面合议制度，两位比较资深的法官加入判案，也就是由三位法官合议办案。在此种案件中，若三人中最资深之法官（通常为庭长暨审判长），处理超过800件案件，则该案件由一法官独自审判或由三人合议审判，不会影响定锚效应的大小。但若三人中最资深之法官，亦处理不到800件案件，则定锚效应反而更加严重。哈佛大学法学院讲座教授凯斯·桑斯坦（Cass Sunstein）称此现象为"团体极化效应"（group polarization effect）⑱——团体决策反而放大了既存的偏见！就此而言，俗谚"三个臭皮匠，胜过一个诸葛亮"，并不合于心理学研究成果。卧龙、凤雏，再加姜维，甚至不一定比扶不起的阿斗更好。

五、改革刍议

美国许多州之民事诉讼，原告不得主张具体的赔偿数额。如是，原告主张不会产生定锚效应。在台湾地区现行民事诉讼下，无论是诉讼目标范围或裁判费金额，都取决于原告主张之金额。为了避免定锚效应而让民事诉讼制度改头换面，直接移入美国制度，或许有如为泼洗澡水而扔掉婴儿，成功率不高。但政策决定者仍应深思，此种不得主张具体赔偿额之制度，并非在法制上无前例，且有助于消弭定锚效应，或许可以考虑在简易或小额诉讼案件中开始试验。

此外，原告主张金额决定裁判费金额，不等于必须要让法官知道原告主张多少金额。法院的其他行政人员可以确保原告明确主张某个金额，并且支付裁判费。法官则在不知道原告主张多少钱（但知道原告其他的诉之声明）的情形下，作出判断。若法官初步决定的金额低于原告主张金额，自然符合处分权主义。若法官初步决定的金额高于原告主张金额，则最后判决被告应支付原告之金额，就是原告主张金额，也未与处分权主义扞格。

另一种可能性，是推迟资浅法官独当一面的时程。笔者没有司法实务经

⑱ See Cass R. Sunstein, Dliberative Trouble, Why Groups Go to Extremes, 110 *Yale L. J.*, 2000; Case R. Sunstein, The Law of Group Polzrization, 10 *Journal of Political Philosophy*, 2002; Case R. Sunsteirn et al., *Punitive Damages: How Juries Decide*, University of Chicago Press, 2008. 关于如何设计团体决策方式，以克服团体决策的各种偏见，see Casc R. Susntein, Reid Hastie Wiser, *Getting Beyond Group Think to Make Groups Smater Harvard Business Review Press*, 2014。

验,但有一个大胆的、颠覆性的想法:资浅的候补法官除了依据台湾地区“法官法”第 9 条在地方法院合议案件担任陪席与受命法官外,也到“高等法院”专门担任陪席法官,再开始在地院独任。借此,刚出道之法官,可以近距离观察资深同仁,并累积审判经验。又因为资浅法官独当一面的时程延后了,可以避免定锚效应扩大。

地方法院法官基于许多理由,会想要与“高等法院”作一致之判决;但在现行训练、升迁制度下,只有办案多年、升迁到“高等法院”的相对资深之法官,才有机会“一窥庐山真面目”。届时若恍然大悟,回首已是数年身。本文建议也不一定会增加“高等法院”负担。现行制度下,有资深的“高等法院”法官,花费不少时间在陪席,但不会因此汲取许多经验。若候补法官专任“高等法院”陪席法官,则“高等法院”法官目前花在陪席的时间,可以用来处理案件,可能还能结清更多案件。地方法院时有人力吃紧问题,而现制下,地方法院的庭长往往要花不少时间带领候补法官,在本文建议之下,这些庭长可以把不用指导候补法官的时间拿来办案。当然,与此同时,“高等法院”庭长要指导新人,此部分负担加重。很少有新制度有百利而无一害,本文提议自然也不例外。但从消弭定锚效应之目标出发,本文大胆抛出与既有训练、升迁制度不合的思考方向,希望引发更多讨论。

如前所论,或许笔者发现的法官经验影响,除了来自判案经验本身,也来自法官的年纪。让律师转任之法官,或年纪较大才考上法官者,早一点开始独任,也可能是搭配的制度。但要明了,这牵连到“娃娃法官”的政策争议是否有理,必须要有精确的法官判案年资、判案数目、年纪等信息,用以作回归分析,方能得知。无论是台湾地区、大陆或任何地方的司法当局,要进行任何司法改革,都应该和学术界更紧密地合作,探究法官判案行为。如此方能以科学证据,作为完善司法之基础。

最后,较小幅度的改革方式,则是修正民事诉讼之法规,或强烈建议法官,若被告并未抗辩原告该项主张,在判决年息、慰抚金或其他类似数值决定时,应请被告表示意见,给双方辩论机会。如此,定锚效应可被中和、稀释。

北大法律和金融评论
(2016 年卷),第 11 ~37 页

弱法律和强关系
——中国商业投资、法律及政治关系的一个实证研究

张 巍* 李 继** 著
王俪璟 宋 璇 张岸汀 译

内容摘要:借助对中国企业家的大规模调查,我们的研究探讨了法律与政治组织如何影响私营企业的投资决策。我们的研究发现与传统观点一致,即一般性短期投资项目与更高效的司法体系呈现相关关系,而此时司法制度的重要性恰恰在于它对政府的限制。然而,当私营企业进行长期投资决策的时候,一个高效法院的影响力有所下降。我们发现,企业家政治背景与他们的研发投资之间存在正向关系,这就意味着,虽然经过了几十年的改革,但在政府征收、政策稳定性以及负面监管环境方面,法院仍然对企业的长期投资保护不足。相反,非正式的政治关系则是保护长期投资的前提。我们研究还发现,政治关系的建立和维持需要高昂的资源投入,所以,中国企业家只有在长期投资存在风险的时候才会出此下策。这项研究对于法律与经济发展具有重要意义。

关键词:法律与发展 投资 法院 政治关系

---

* 新加坡管理大学助理教授。本文的英文版见 Wei Zhang, Ji Li, Weak Law v. Strong Ties: An Empirical Study of Business Investment, Law and Political Connections in China, *Review of Law & Economics*, 2016。

** 美国罗格斯大学法学院教授。

一、问题的提出

什么样的政策和政府机构能够有效改善贫困?经济欠发达国家怎样才能追赶发达国家并享有发达国家的经济繁荣?这一问题是国际学术研究的核心议题,而且,绝大多数解决方案都可以追溯到法律和发展关系研究的文献。几十年来,学者和从业人员都相信法律与发展之间存在联系。比如,人们认为,法律是经济持续发展的必要条件。虽然具体的细节表述有所不同,但人们的共识始终不变:健全的法律体系和有效的司法制度,如财产权的保护、合同的有效执行等,不仅对于经济运行至关重要,同时它们也是投资与经济发展的基础。①

在上述传统观点的影响下,发展中国家针对政治制度和司法体制改革制定了大量的政策。这也要求发展中国家的政府在完善立法与司法方面投入巨大资源,尤其是在完善保护私有财产权和合同执行方面的法律。②虽然该传统观点在理论上非常有力且在实践中获得了支持③,但该观点也已经受到了质疑。例如,正式制度的重要性已经被重新审视。非正式机构如社会网络、社会规范在保护财产权利、鼓励投资以及促进经济持续发展方面被认为可以取代正式制度。④ 此外,正式制度对投资和经济发展的作用并

① Ronald Coase, The Problem of Social Cost, 3 *Journal of Law and Economics*, 1960; Oliver E. Williamson, *The Economic Institutions of Capitalism: Firms, Markets, Relational Contracting*, Free Press, 1985; Douglass C. North, *Institutions, Institutional Change and Economic Performance*, Cambridge University Press, 1985.

② 这些政策已被并入著名的政策包——"华盛顿共识"之中。

③ Johan Torstensson, Property Rights and Economic Growth: An Empirical Study, 47 *Kyklos*, 1994, pp. 231 - 247; Philip Keefer, Stephen Knack, Why Don't Poor Countries Catch Up? A Cross-country Test of an Institutional Explanation, 35 *Economic Inquiry*, 1997, pp. 590 - 602; Simon Johnson, John McMillan et al., Entrepreneurs and the Ordering of Institutional Reform: Poland, Slovakia, Romania, Russia and Ukraine Compared, 8 *Economics of Transition*, 2000, pp. 1 - 36; Erica Field, Property Rights and Investment in Urban Slums, 3 *Journal of the European Economic Association*, 2005, pp. 279 - 290.

④ John McMillan, Christopher Woodruff, Dispute Prevention without Courts in Vietnam, 15 *Journal of Law, Economics and Organization*, 1999, pp. 637 - 658; Hongying Wang, *Weak State, Strong Networks: the Institutional Dynamics of Foreign Direct Investment in China*, Oxford University Press, 2001; Kevin E. Davis, Michael J. Trebilcock, The Relationship Between Law and Development: Optimists versus Skeptics, 56 *American Journal of Comparative Law*, 2008, pp. 895 - 946.

不一致。有调查显示,市场融资渠道对于经济发展的价值取决于财产权保护的强弱。[⑤] 投资与财产权之间的因果关系也已经被重新审视。经济欠发达地区的证据表明,私人产权所受保护随着投资增加而增强,这反映了权利的内生性。[⑥]

近期对法律与经济增长之间关系的学术研究关注点已经转向用以解释促进经济发展的制度的出现和运行的政治因素。正式的财产权法律和高效独立的法院不是凭空产生的,纸面上记载的复杂法律规定并不能保证其有效实施。换言之,正式法律的有效实施有赖于一系列正式和非正式的制度因素,而这最终由能够保证相关利益团体的财产权利、有效约束当权者、减少当权者寻租空间的政治制度决定。[⑦] 政治制度由法律上和事实上当权者的权力分布塑造。[⑧] 法律和其他正式制度始终相关,但作为内生因素可能影响法律上的权力,当权者法律上和事实上的权力分布以及后者利益的制度化过程。

对于研究东亚国家发展的学者而言,法律和其他正式的法律制度至多扮演了边缘性的角色。研究发展型国家的文献记录凸显了政府在制定工业政策、协助经济重建以及支持具有竞争力的国有企业发展过程中的重要作用。[⑨]

---

⑤ Simon Johnson,John McMillan et al. ,Entrepreneurs and the Ordering of Institutional Reform:Poland,Slovakia,Romania,Russia and Ukraine Compared,8 *Economics of Transition*,2000,pp. 1 – 36;Simon Johnson, John McMillan, Christopher Woodruff, Property Rights and Finance, 92 *American Economic Review*,2002,pp. 1335 – 1356.

⑥ Timothy Besley,Property Rights and Investment Incentives:Theory and Evidence from Ghana,103 *Journal of Political Economy*,1995,pp. 903 – 937;Anne-Sophie Brasselle,Frederic Gaspart et al. ,Land Tenure Security and Investment Incentives:Puzzling Evidence from Burkina Faso,67 *Journal of Development Economics*,2002,pp. 373 – 418.

⑦ Barry R. Weingast,Douglass C. North,Constitutions and Commitment:Evolution of Institutions Governing Public Choice in 17th Century England,51 *Journal of Economic History*,1989,pp. 803 – 832;Daron Acemoglu,James Robinson et al. ,Institutions as a Fundamental Cause of Long-Run Growth,*Handbook of Economic Growth*,2005;Daron Acemoglu,James Robinson,*Why Nations Fail:the Origins of Power,Prosperity and Poverty*,Profile,2012.

⑧ Daron Acemoglu,James Robinson et al. ,Institutions as a Fundamental Cause of Long-Run Growth,*Handbook of Economic Growth*,2005.

⑨ Chalmers A. Johnson,*MITI and the Japanese Miracle:the Growth of Industrial Policy*,1925 – 1975, Stanford University Press, 1982; Meredith Woo-Cumings, *The Developmental State*, Cornell University Press, 1999; Robert Wade, *Governing the Market: Economic Theory and the Role of Government in East Asian Industrialization*,Princeton University Press,2004.

法律和正式制度很少在这个过程中被优先考虑。事实上,"现代"司法系统的要素往往被认为是一种阻碍发展的因素。[10] 某些实证研究也显示,积极的制度改革应该被解读为经济增长的产物。[11]

中国在很多法律与发展问题上具有显著特色。虽然没有先建立一般意义上的法治或是牢固的制度架构,但中国显然取得了举世瞩目的发展成就。发展经济学家和政治科学家就过去几十年来中国经济的跨越式发展过程中的制度支持问题展开过讨论。[12] 近期,部分学者通过实证研究检验了"权利假说"的适用性,而该试验也凸显了一个运行良好的司法体系在经济增长过程中的不可替代的作用。大多数研究发现与"权利假说"一致,即能够有效保护财产权的司法体系对公司的研发投资起到了正面作用。[13] 另外,也有很多学术研究针对司法系统对改革开放以来中国经济发展尤其是私有部门的作用提出了质疑。[14] 因此,针对这一问题,我们仍需要对中国经济奇迹中的正式和非正式的制度安排进行深入探讨才能得到答案。

在中国,一个非常重要且被认为能够提供投资保护的非正式因素是良好

---

⑩ Kevin E. Davis, Michael J. Trebilcock, The Relationship Between Law and Development: Optimists versus Skeptics, 56 *American Journal of Comparative Law*, 2008, pp. 895 – 946.

⑪ Edward L. Glaeser, Rafael La Porta et al., Do Institutions Cause Growth? 9 *Journal of Economic Growth*, 2004, pp. 271 – 303.

⑫ Gabriella Montinola, Yingyi Qian, Barry R. Weingast, Federalism, Chinese Style: The Political Basis for Economic Success in China, 48 *World Politics*, 1995, pp. 50 – 81; Yingyi Qian, Barry A. Weingast, China's Transition to Markets: Market-Preserving Federalism, Chinese Style, 1 *Journal of Policy Reform*, 1996, pp. 149 – 185; Yingyi Qian, Gérard Roland, Federalism and the Soft Budget Constraint, 88 *American Economic Review*, 1998, pp. 1143 – 1162; Hongbin Cai, Daniel Treisman, Did Government Decentralization Cause China's Economic Miracle? 58 *World Politics*, 2006, pp. 505 – 535; Yasheng Huang, *Capitalism with Chinese Characteristics: Entrepreneurship and the State*, Cambridge University Press, 2008.

⑬ Robert Cull, Lixin C. Xu, Institutions, Ownership and Finance: The Determinants of Profit Reinvestment Among Chinese Firms, 77 *Journal of Financial Economics*, 2005, pp. 117 – 146; Cheryl Xiaoning Long, Does the Rights Hypothesis Apply to China? 53 *Journal of Law and Economics*, 2010, pp. 629 – 650; Chen Lin, Ping Lin, Frank Song, Property Rights Protection and Corporate R&D: Evidence from China, 93 *Journal of Development Economics*, 2010, pp. 49 – 62.

⑭ Franklin Allen, Jun Qian, Meijun Qian, Law, Finance and Economic Growth in China, 77 *Journal of Financial Economics*, 2005, pp. 57 – 116; Donald Clarke, Peter Murrell, Susan Whiting, The Role of Law in China's Economic Development, Loren Brandt, Thomas G. Rawski eds., *China's Great Economic Transformation*, Cambridge University Press, 2008, pp. 375 – 428.

的政治关系。[15] 在缺乏法治的经济环境下，与政府人员的亲密合作不仅能够避免征收或其他过分的财产掠夺行为，而且也能够获得部分特权。[16] 这样的合作一般通过礼品、贿赂建立起来[17]，但稳固的关系则需要在更复杂情景下通过长期互动建立。在经济改革如火如荼展开的时候，国家鼓励党内干部“下海”经商。很多原国有企业的管理人员纷纷通过大规模私有化改革成为私营企业家。[18] 这些有政府背景的企业家或“红色资本家”对政府非常支持。[19] 当然，这种支持不是单向的。政府面临经济增长的压力，需要满足企业家的需求。[20] 但是，现存文献没有显示这种所谓的“政治关系”是否转化为企业发展的促进因素，也未表明“红色资本家”是否将资金使用在了真正需要的地方，如进行更加长期的投资以提升国民对未来经济发展的自信。本文希望通过研究企业家的“政治关系”在他们投资决策中的作用来填补这方面的学术空白。

本文通过实证研究方法探讨制度与投资之间的关系，弥补了法律和发展

---

[15] Katherine R. Xin, Jone L. Pearce, Guanxi: Connections As Substitutes for Formal Institutional Support, 39 *Academy of Management Journal*, 1996, pp. 1641 – 1658; An Chen, Capitalist Development, Entrepreneurial Class and Democratization in China, 117 *Political Science Quarterly*, 2002, pp. 401 – 422; Bruce J. Dickson, Integrating Wealth and Power in China: The Communist Party's Embrace of the Private Sector, 192 *The China Quarterly*, 2007, pp. 827 – 854; Haiyang Li, Yan Zhang, The Role of Managers' Political Networking and Functional Experience in New Venture Performance: Evidence from China's Transition Economy, 28 *Strategic Management Journal*, 2007, pp. 791 – 804.

[16] David L. Wank, The Institutional Process of Market Clientelism: Guanxi and Private Business in a South China City, 147 *The China Quarterly*, 1996, pp. 820 – 838; An Chen, Capitalist Development, Entrepreneurial Class and Democratization in China, 117 *Political Science Quarterly*, 2002, pp. 401 – 422.

[17] Katherine R. Xin, Jone L. Pearce, Guanxi: Connections As Substitutes for Formal Institutional Support, 39 *Academy of Management Journal*, 1996, pp. 1641 – 1658; An Chen, Capitalist Development, Entrepreneurial Class and Democratization in China, 117 *Political Science Quarterly*, 2002, pp. 401 – 422; Guosheng Deng, Scott Kennedy, Big Business and Industry Association Lobbying in China: the Paradox of Contrasting Styles, 63 *China Journal*, 2010, pp. 101 – 125; Hanming Fang, Hongbin Cai et al., Eat, Drink, Firms and Government: An Investigation of Corruption from Entertainment and Travel Costs of Chinese Firms, 54 *Journal of Law and Economics*, 2011, pp. 55 – 78.

[18] Bruce J. Dickson, Integrating Wealth and Power in China: The Communist Party's Embrace of the Private Sector, 192 *The China Quarterly*, 2007, pp. 827 – 854.

[19] Jie Chen, Bruce J. Dickson, Allies of the State: Democratic Support and Regime Support among China's Private Entrepreneurs, 196 *China Quarterly*, 2008, pp. 780 – 804.

[20] Kellee S. Tsai, *Capitalism without Democracy: the Private Sector in Contemporary China*, Cornell University Press, 2007; Guosheng Deng, Scott Kennedy, Big Business and Industry Association Lobbying in China: the Paradox of Contrasting Styles, 63 *China Journal*, 2010, pp. 101 – 125.

关系研究文献的不足。本文跨度很广,既涉及正式的司法制度,也涉及中国企业家的非正式的政治关系。同时,本文也提出,在中国语境下,对商业投资中财产权保护需要更为细致的理解,强调各个制度之间的互动关系。

二、数据

(一)数据来源

本研究主要采用由多个研究机构和政府机关开展的全国私营企业调查的结果。㉑ 而这个调查是定期对各行政区域和各行业企业依据分层随机抽样进行的一项调查。㉒ 所有的被调查企业均为中国企业。这些调查被经济学家、社会学家和政治科学家广泛使用,用来研究中国的企业情况。㉓ 本文中的因变量和大多数自变量数据主要来自2002年的调查。㉔

笔者基于两个原因选择了2002年的调查数据。其一,此次调查大致覆盖了先前研究中使用的同时段的数据,从而使调查结果在时间上更具可比性。㉕

㉑ 这些政府机关和调查机构包括中共中央统战部、中华全国工商业联合会、中国国家工商行政管理局和中国社会科学院的中国民(私)营经济研究会。

㉒ 私营企业调查始发于1991年,最近的一次是在2012年。截至2013年11月,香港中文大学中国研究服务中心向公众开放了1991年、1993年、1995年、1997年、2000年、2002年、2004年、2006年、2008年和2012年的调查数据。然而,我们所关心的"争议解决方式"这一变量却没有出现在后两个调查中。

㉓ Keming Yang, *Entrepreneurship in China*, Ashgate, 2007; Yasheng Huang, *Capitalism with Chinese Characteristics*: *Entrepreneurship and the State*, Cambridge University Press, 2008; Hongbin Li, Lingsheng Meng, Qian Wang, Li - An Zhou, Political Connections, Financing and Firm Performance: Evidence from Chinese Private Firms, 87 *Journal of Development Economics*, 2008, pp. 283 - 299.

㉔ 不同于被早期研究作为主要数据来源的世界银行的"投资环境调查",私营企业调查仅以被完全或主要由私人所有的私营企业为目标对象。因此,我们的样本并不包含国有或集体所有的企业。此外,世界银行的调查数据只涉及城市区域,而私营企业调查覆盖的企业不仅来自城市,还来自乡镇地区。简言之,相较于已有研究,当前的研究样本在所有权结构方面有更强的地理包容性和更少的差异性。

㉕ 2002年的调查报告了2001年中国私营企业的状况。龙小宁利用世界银行2001年的投资环境调查收集了中国企业2000年的信息。See Cheryl Xiaoning Long, Does the Rights Hypothesis Apply to China? 53 *Journal of Law and Economics*, 2010, pp. 629 - 650. 包括Robert Cull、Lixin C. Xu和林晨在内的学者均以世界银行在2003年发起的覆盖此前三年的调查为研究依据。See Robert Cull, Lixin C. Xu, Institutions, Ownership and Finance: The Determinants of Profit Reinvestment Among Chinese Firms, 77 *Journal of Financial Economics*, 2005, pp. 117 - 146; Chen Lin, Ping Lin, Frank Song, Property Rights Protection and Corporate R&D: Evidence from China, 93 *Journal of Development Economics*, 2010, pp. 49 - 62.

其二,全国私营企业调查的赋值方式和问卷结构使2002年的调查成为最优选择。[26] 针对企业家争议解决方式的选择问题,2000年后相关调查的问卷结构发生了改变。1995年至2000年的问卷要求企业家选择他们最倾向的方式,2002年至2006年的调查则要求他们选择他们常用的方式。另外,先前的调查没有分别记录企业家对于普通纠纷和行政纠纷最倾向的解决方式,而之后的调查则就他们针对两种纠纷所常用的方式分别作了记录。然而,2004年的调查和2006年的调查采用了部分特别的赋值方式使得得出的数据难以解释。[27] 因此,本次研究并没有采用这些数据以避免可能带来的测量误差。除了解释变量带来的问题外,2004年和2006年的调查所测量的再投资金额是来源于净利润的再投资金额,而2002年的调查则不同,它直接收集一般投资项目的总金额。所以,2002年调查提供了一种对于因变量的更加清晰的测量方式。在2004年和2006年的调查中,相当多的受访企业家填报的金额为超出净利润的再投资金额。这一证据表明,很多调查对象并不清楚2004年和2006年调查中的限制条件(再投资金额不能超过净利润)。这种潜在回答矛盾可能造成测量误差。[28]

该私营企业调查根据国家统计局编写的《中国统计年鉴》和国家经济研究所计算的市场化指数补充了部分数据。这些数据包括人均国民生产总值、律师占地区人口的比重和中国各省份的市场化指数等。

(二)因变量(被解释变量)

本研究的因变量为私营企业的投资激励。2002年私营企业调查中包含

---

[26] 2002年调查的回答率为89.6%。

[27] 根据2004年调查的赋值方式,原有的针对每种纠纷都选择一种偏好的解决方式的问题被取代,受访企业更像被引导针对每种特定的纠纷解决方式,从两种纠纷(普通纠纷和行政纠纷)中选择一种他们更愿意采用这一方式的纠纷类型。换言之,受访者并不是针对某一特定纠纷,比较其对不同解决方式的偏好,而是在比较特定的解决方式更适用哪种纠纷。这将使受访者在很有可能对于任何一种纠纷类型都不愿采用特定解决方式的情况下,还是能选出一个相对愿意适用的纠纷类型。因此,在2004年的调查中,存在一种上偏趋势去选择解决方式。另外,尽管2006年的调查允许受访者针对每一类纠纷据其偏好从选项中挑出多项其想要采用的解决方式,其赋值规则却要求测量人员从受访者的选择中随机提取四项以供参考。这一赋值方式很可能将无法识别的噪声引入数据。

[28] 2002年的调查样本中,由于企业家年龄信息可能存在错误,有8项观察值被剔除。根据这些观察值中所包含的信息进行推算,企业家们从16岁起家,有的甚至早到7岁。而中国法律规定自然人至少16岁才能建立一个商业实体(《民法总则》第18条)。我们在2001年的调查中又剔除了另外5项使净利润高于总销售额的观察值。

两个记录2001年被调查企业的一般投资金额和研发投资的问题。第一个问题调查了2001年作为公司一般性支出一部分的投资金额,而第二个问题则调查了公司2001年用于研发新产品、技术或项目的研发投资金额。基于上述数据,我们采用两个虚拟变量和两个连续变量来测量公司的一般性投资和研发投资激励。当公司分别积极进行一般投资和研发投资时,两个虚拟变量——一般投资金额(DIN)和研发投资(DRD)——为1。连续变量为一般投资和研发投资占总销售额的百分比,分别为INOR和RDOR。为了减少偏度和非正态性,我们对连续变量进行了对数变换。㉙

(三)案件审判质量

案件审判质量是我们该研究中的主要兴趣点。该私营企业调查考察了企业家经常用以解决商业纠纷的方式。研究结果显示,诉讼或仲裁是经常采取的纠纷解决方式。㉚ 虽然该答案中包含了诉讼和仲裁两种方式,但是考虑到在中国语境下仲裁并不常见,我们认为,这个选择表明,企业家常常将纠纷诉诸法庭。一般来说,大量纠纷通过诉讼或和解解决,仲裁仅仅是国内企业解决纠纷不常见的一种方式。㉛ 也有证据表明,大多数上海的国内企业并不清楚仲裁在纠纷解决过程中扮演的角色。㉜ 如果这个发现具有代表性㉝,这意味着,当中国企业家选择"诉讼或仲裁"的选项作为解决商业纠纷的途径时,他们更多的是指诉讼而不是仲裁。世界银行的调查也显示,2001年只有12%的企业选择通过仲裁解决纠纷(甚至包括只采用过一次仲裁的企业),只

㉙ 在对数变换中,我们设定所有零值百分比都稍小于(以0.0000001)一个正百分比的最小转换对数值。变换后的数据近似对称分布,且非正态峰度可被忽略。我们额外引入了两个等于一般投资和研发投资金额占企业总资产的百分比的变量(INOA和RDOA)来测试结果的稳健性,对其同样进行对数变换。

㉚ 在2002年的调查中,其他列出的选项有:(1)保持沉默;(2)谈判;(3)向政府请愿;(4)向人大代表或政协委员请愿;(5)工商联或私营企业协会决议;(6)通过个人关系向党或政府领导求助;(7)私下调解;(8)自建联盟决议;(9)诉诸大众媒体。

㉛ Randall Peerenboom, Xin He, Dispute Resolution in China: Patterns, Causes and Prognosis, 4 *East Asia Law Review*, 2009, pp. 1 – 61.

㉜ Donald Clarke, Peter Murrell, Susan Whiting, The Role of Law in China's Economic Development, Loren Brandt, Thomas G. Rawski eds., *China's Great Economic Transformation*, Cambridge University Press, 2008, p. 410.

㉝ 上海市民的知识基础比其他地区市民的更深厚,以上证据很可能是在中国对仲裁的普遍认知的上界。See Mei Ying Gechlik, Judicial Reform in China: Lessons from Shanghai, 19 *Columbia Journal of Asian Law*, 2005, pp. 97 – 137.

有2%的企业至少有一半的纠纷通过仲裁解决。[34] 以合同纠纷为例，2005年，通过仲裁解决的案件只占通过诉讼解决的案件的1.91%。[35] 以上数据说明，中国企业极少通过仲裁解决纠纷。[36]

企业通过诉讼解决纠纷的倾向性通常用来衡量正式司法系统在保护私人财产权问题上的审判质量。[37] 作为理性的市场参与者，私营企业选择诉讼解决纠纷的原因在于，他们相信法院相对于其他的机制更能够有效维护他们的权益。法院的使用频率反映了司法系统的有效性和公正性。特别需要注意的是，调查问题强调的是企业经常用来解决法律纠纷的方式，所以，对于反复将纠纷诉诸法院这一现象，不应该像之前的学术研究那样仅仅解释为是未参与过诉讼的当事人对于中国司法的盲目自信。[38]

在2002年的私营企业调查中，企业基于纠纷类型为普通民事纠纷还是行政纠纷选择不同的解决途径。[39] 而该额外信息提供了一个难得的机会来了解正式司法系统对私人投资激励两方面的影响，即企业与另一私营企业或个人之间的权利纠纷和企业与行政机关的权利纠纷两个方面。[40] 很长时间以

---

[34] Donald Clarke, Peter Murrell, Susan Whiting, The Role of Law in China's Economic Development, Loren Brandt, Thomas G. Rawski eds., *China's Great Economic Transformation*, Cambridge University Press, 2008, p. 410.

[35] 参见陈福勇：《未竟的转型：中国仲裁机构现状与发展趋势实证研究》，法律出版社2010年版，第11页。

[36] 这些言论均为针对民事纠纷作出。对于行政纠纷而言，仲裁在实践中并不可行，因此"诉讼或仲裁"的选项就仅指诉讼。

[37] Robert Cull, Lixin C. Xu, Institutions, Ownership and Finance: The Determinants of Profit Reinvestment Among Chinese Firms, 77 *Journal of Financial Economics*, 2005, pp. 117 – 146; Cheryl Xiaoning Long, Does the Rights Hypothesis Apply to China? 53 *Journal of Law and Economics*, 2010, pp. 629 – 650.

[38] Mary E. Gallagher, Yuhua Wang, Users and Non-users: Legal Experience and Its Effect on Legal Consciousness, Margaret Y. K. Woo, Mary E. Gallagher eds., *Chinese Justice: Civil Dispute Resolution in Contemporary China*, Cambridge University Press, 2011, pp. 204 – 233.

[39] 根据2002年的调查手册，发生于"一家私营企业和另一家私营企业、消费者或供应商"之间的普通民事纠纷基本等同于民事纠纷。

[40] 在中国，行政法主要是指旨在限制政府权力，为官方渎职的受害者提供补救措施，以及解决市民和政府机构间纠纷而制定的法典。其在1989年行政诉讼法颁布实施后迅速发展。2013年，中国初审法院审理的行政诉讼案件超过15万件。然而，数值的增长并不能反映起诉政府的全部。假设原告的权力等级较低，中国法院会存在有利于被告政府机构的偏见。这种偏见会避免很多对抗国家的诉讼，行政诉讼率整体降低。也就是说，明显的变化跨区域、跨时间存在。See Ji Li, Suing the Leviathan: An Empirical Analysis of the Changing Rate of Administrative Litigation in China, 10 *Journal of Empirical Legal Studies*, 2013, pp. 815 – 846.

来,这两个方面均被认为是财产权保护的重要议题。

具体来说,参考龙小宁教授的方法[41],我们设计了四个变量来测量在中国对于特定私营企业而言的案件审判质量问题。两个变量记录了在给定的省份和行业中通过诉讼解决民事和行政纠纷的企业的百分比(地方法庭案件审判质量)。另两个变量反映了在同样的行业中,全国所有省份通过诉讼解决民事和行政纠纷的企业的百分比(非地方法庭案件审判质量)。如龙教授所指出的[42],与单个企业层级数据相比,省—行业层级数据更为可靠,原因在于,衡量司法系统的办案质量应当在比单个企业层级更高的一个层级来进行,并且这能够克服潜在的同步性问题。在省—行业层面上取值的加权平均数避免了企业层面与解释变量相关的其他潜在变量所带来的内生性问题。[43] 在我们的研究中,在企业层面上,参与诉讼的次数可能受到企业家法律知识等其他潜在因素的影响,但是,此类潜在因素在省份或行业层面上不是诉讼与否的决定性因素。此外,一般认为省份—行业层面上进行测量能够有效减少测量误差。[44]

(四)政治关系

在中国,企业的政治关系是影响其投资激励的另一个因素。不同于管理层和股东信息会被披露的上市公司,私营企业的政治关系很难通过其高管或大股东中政府人员的数量来评估[45],原因是这些信息不易获取。针对中国私营企业的调查须通过其他途径来衡量政治关系。比如,Li et al. 通过企业中的中国共产党党员的情况反映企业的政治关系[46],而 Ang & Jia 通过曾在党内、政府、国企、人大或政协的任职的人在企业的从业情况反映企业的

㊶ Cheryl Xiaoning Long, Does the Rights Hypothesis Apply to China? 53 *Journal of Law and Economics*, 2010, pp. 629 - 650.

㊷ Ibid., pp. 636 - 637.

㊸ Chen Lin, Ping Lin, Frank Song, Property Rights Protection and Corporate R&D: Evidence from China, 93 *Journal of Development Economics*, 2010, pp. 49 - 62.

㊹ Raymond Fisman, Jakob Svensson, Are Corruption and Taxation Really Harmful to Growth? Firm Level Evidence, 83 *Journal of Development Economics*, 2007, pp. 63 - 75.

㊺ Mara Faccio, Politically Connected Firms, 96 *American Economic Review*, 2006, pp. 369 - 386; Michael Firth, Oliver M. Rui, Wenfeng Wu, The Effects of Political Connections and State Ownership on Corporate Litigation in China, 54 *Journal of Law and Economics*, 2011, pp. 573 - 607.

㊻ Hongbin Li, Lingsheng Meng, Qian Wang, Li - An Zhou, Political Connections, Financing and Firm Performance: Evidence from Chinese Private Firms, 87 *Journal of Development Economics*, 2008, pp. 283 - 299.

政治关系。[47] 此外,在其他文献中,干部的身份也是衡量政治关系的另一种方法。[48]

我们认为,企业家在进入私营企业之前在党内的任职情况是一个恰当的代理变量,因为其不仅反映了在政治关系方面企业家的初始禀赋从而减少内生性的影响;而且,相较于之前学术研究中针对政治关系使用的其他变量[49],就其政治地位而言仅次于人大或政协的职位,因而能够更好地反映中国政治的精英属性。[50] 因此,我们使用其他三个政治关系的代理变量,之前的党内关系、国企关系、人大或政协的职位以及党员关系作为政治关系的替代性的测量方法以检测我们结果的稳健性。

至于之前在政府机关中的任职情况,我们设计了一个虚拟变量:当企业家曾在政府机构或国企中任职时取值为1,其他情况取值为0。国企领导同样被视为“政府干部”,原因在于,他们被党委任命为高层管理人员,其地位类似于其他政府机构的工作人员,所以,他们其实也属于政府官员。[51] 至于反映政

---

[47] Yuen Ang, Nan Jia, Political Connections and Use of Courts in Dispute Resolution: A Survey Analysis of Chinese Private Firms, Working Paper, presented at 2011 Annual Meeting of American Political Science Association, available at < papers. ssrn. com/sol3/cf-dev/AbsByAuth. cfm? per_id = 1707086#show1995179 >, last accessed: January 30th, 2012.

[48] Ethan Michelson, Climbing the Dispute Pagoda: Grievances and Appeals to the Official Justice System in Rural China, 72 *American Sociological Review*, 2007, pp. 459 – 485.

[49] 但不同于之前在政府机关中的任职情况,人大/政协职务的代理变量更像是受内生性问题的影响。众所周知,中国不断努力发展成功的民营企业家加入共产党和正式的政治机构,如人大和政协。See Bruce J Dickson, *Red Capitalists in China: The Party, Private Entrepreneurs and Prospects for Political Change*, Cambridge University Press, 2003, pp. 89 – 115; Bruce J. Dickson, *Wealth into Power: The Communist Party's Embrace of China's Private Sector*, Cambridge University Press, 2008, pp. 66 – 100, 167 – 198.

[50] 2001 年,中国有多达 7400 万的国企职工,其中不包括公务员(2002 年中国统计年鉴)。2002 年的党员人数达到 6700 万(中国社科院 2011)。另外,2003 年的干部人数约为 4000 万,这里对干部的定义比本研究中更宽泛。See Yi Li, *The Structure and Evolution of Chinese Social Stratification*, 2005, available at < http://www. sachina. edu. cn/Htmldata/longbook/liyi_structure_china/index. html >, last accessed Jan. 13th, 2013 (English version published by University Press of America).

[51] Jinglian Wu, *Understanding and Interpreting Chinese Economic Reform*, Thomson South-Western, 2005, p. 140; Barry Naughton, *The Chinese Economy: Transitions and Growth*, MIT Press, 2007, p. 317. 此外,在对干部身份进行赋值时,并未包含村镇地区的村干部。村委会官员的直接选举在 80 年代末首次出现。自 1998 年以来,村民直接提名候选人的方式已十分普遍。多名候选人差额选举已经成为常态,而现在大多数地方候选人是被给予机会发表演讲或进行其他形式的竞选活动。See Kevin J. O'Brien, Rongbin Han, Path to Democracy? Assessing Village Elections in China, 18 *Journal of Contemporary China*, 2009, pp. 359 – 378. 因此,与其他非选举产生的干部相比,这些当选的村干部往往是权贵阶层外的人,且与官方权力结构关系更弱。然而,在稳定性检验中,我们对干部身份进行交替赋值,以涵盖村干部。

治关系的其他三种变量,我们直接从2002年私营企业调查涉及企业家之前的工作经历、人大或政协职位、党员资格等问题中获取数据。在这个过程中,只要企业家在开始创业之前加入中国共产党,我们就将其计入具有党员资格的企业家一类中。因此,除去人大或政协代表,其他的代理变量反映了企业家在政治关系问题上的初始禀赋。

(五)控制变量

我们研究采用的模型控制了企业家[52]和企业的一系列属性。其中,企业家的属性包括性别[53]、受教育程度[54]以及以对数形式表示的管理经验。[55] 而被控制的企业方面的变量包括以对数形式表示的企业运营时间、2001年的销售利润[56]、以对数形式表示的2001年全职员工的数量、获得银行贷款的情况[57]、行业部门[58]以及总部地点[59]。大多数变量在已有的研究被采用。需要注意的是,相关研究已经发现,企业的银行贷款渠道、销售利润和以员工人数作为代理变量的公司规模与公司的一般投资和研发投资成正比[60],而企业运营时间与其研发投资成反比。[61]

---

[52] 本文中,"所有者"和"企业家"的术语被交替使用,意为被此项调查确定为公司创始人和负责人的受访者,尽管由业主或企业家持有的股权的实际比例在企业中存在差异。

[53] 性别表现为虚拟变量,男性赋值为1。

[54] 教育程度分为小学、初中、高中、大学和研究生,依次赋值为1到5。

[55] 管理经验,是通过受访者对"你是哪年开始对自己的企业进行管理的"这一问题的回答计算得出的。

[56] 计算方式为净利润的销售额分成。

[57] 如果公司在2001年有一项未偿的银行贷款,将构建一个虚拟变量并赋值为1。

[58] 行业部门由调查中列出的15项虚拟变量来反映:(1)农、林、牧、渔业;(2)挖掘业;(3)制造业;(4)电、气业;(5)建造业;(6)地质学和水力学;(7)运输业;(8)零售业和餐馆业;(9)金融保险业;(10)房地产业;(11)社会服务业;(12)卫生体育事业;(13)教育和文化业;(14)科技业;(15)其他。工业部门的赋值是基于该公司的主要业务运作。不同于2004年和2006年的调查,2002年的调查让每个企业都只能选择一项主业板块。

[59] 总部地点也由一系列虚拟变量来反映:(1)主要城市;(2)中小城市;(3)乡镇;(4)农村地区;(5)经济开发区。

[60] Robert Cull, Lixin C. Xu, Institutions, Ownership and Finance: The Determinants of Profit Reinvestment Among Chinese Firms, 77 *Journal of Financial Economics*, 2005, pp. 117 – 146; Chen Lin, Ping Lin, Frank Song, Property Rights Protection and Corporate R&D: Evidence from China, 93 *Journal of Development Economics*, 2010, pp. 49 – 62.

[61] Chen Lin, Ping Lin, Frank Song, Property Rights Protection and Corporate R&D: Evidence from China, 93 *Journal of Development Economics*, 2010, pp. 49 – 62.

不同于之前的研究[62]，由于私营企业调查中仅涉及民营企业，所以，我们在基准模型中并不细化企业是否为民营企业或者其注册资本中的私人资本的占比。但是，在稳健型检验中，企业注册资本的私人成分比例被包含在内。此外，由于私营企业调查不同于世界银行调查，没有涉及企业私下向政府工作人员缴纳的非正式费用，我们的基准模型不包括这些费用的占比。相反，在稳健型测试中，我们增加了政府摊派占销售额的比例这个额外的控制变量。

除去与企业家和企业相关的属性，我们也在基准模型中加入了3个省级情景变量，即省人均国民生产总值的自然对数、表示律师在地区人口中的占比的指数（以下简称律师指数）以及2001年各省的市场化指数。人均国民生产总值控制了经济发展水平所带来的不同。律师指数是法律知识和法律服务相对可获得程度的代理变量，也是企业家在中国面临的法制环境的另一个重要方面。最后，市场化指数测量了各省转向市场化经济的进程。[63] 在基准模型中，为了避免多重共线性，我们没有引入省份虚拟变量。[64] 除去三个省份层面上的情境变量，大多数自变量之间的相关性很低。

我们的基准模型选用了Probit模型来评估案件审判质量和政治关联可能给企业投资倾向带来的影响。进行一般投资或研发投资的概率函数如下：

Pr（投资虚拟变量 = 1）= f（Xβ）（1）= f（案件审判质量，政治关联，企业家因素，企业因素，情境变量）

在Probit模型中，f（？）是标准正态累积分布函数（cdf）。

（六）描述性统计结果简述

表1呈现了本研究主要变量的统计结果。可以看出，尽管有超过3/4的

---

[62] Cheryl Xiaoning Long, Does the Rights Hypothesis Apply to China? 53 *Journal of Law and Economics*, 2010, pp. 629 – 650; Robert Cull, Lixin C. Xu, Institutions, Ownership and Finance: The Determinants of Profit Reinvestment Among Chinese Firms, 77 *Journal of Financial Economics*, 2005, pp. 117 – 146; Chen Lin, Ping Lin, Frank Song, Property Rights Protection and Corporate R&D: Evidence from China, 93 *Journal of Development Economics*, 2010, pp. 49 – 62.

[63] 有关律师指标和市场化指数的详细信息，这两个指标的数据是基于Fan等的数据。See Gang Fan, Xiaolu Wang, Hengpeng Zhu, *NERI Index of Marketization of China's Provinces 2006 Report*, Economic Science Press, 2006.

[64] 省份的虚拟变量都包含在其他替代参数中，稳定性检验并不考虑省级控制。

被调查企业在2001年时做出了新投资,但只有不到一半的企业进行了研发投资。[65] 通过企业所有者愿意通过司法程序解决争议的倾向来判断,中国法庭在处理行政案件上远没有像处理普通民事案件那样在行。总体来看,有25%的企业家经常诉诸法院以解决民事争端,这个比例比世界银行估计的20%稍微高一些。[66] 但是在行政纠纷案件中,只有5%的企业家愿意通过法院解决争端。样本中约40%的企业家曾经是政府官员,这比普通人群中的官员比例要高出很多。看起来,至少在21世纪初,在中国政治精英更容易成为企业家。

企业家还有其他特征。比如,中国的企业家主要为男性,本次被调查者中有90%为男性;样本中企业家的平均学历为高中毕业,明显高于普通人口学历平均值;[67]企业家的平均年龄为44岁,这表明企业家主要集中在中年人群,并且在50岁左右时成为企业家的概率会变高,我们的研究结果与之前的部分研究结果一致。[68] 平均而言,被调查的中国企业家都有10年以上进行商业管理活动的经验。

就企业本身的特征而言,私有企业的平均营业年限为8年,说明私有企业的出现是改革开放30年中一个较为新颖的现象。私有企业的平均回报率为7.6%,这一比例比其他转型经济体企业的回报率要低。Johnson以及其他研究者的研究发现[69],1996年波兰的私有制造企业的平均回报率为9.9%,这一比例在罗马尼亚为12.9%,在俄罗斯为20.6%,在乌克兰为18%。2001年,中国的私有企业的平均回报率只比1996年斯洛伐克的企业回报率高,后者的数据为5.7%。研究中企业的平均员工数量为150,但是企业之间人数差异很大。最后,样本中大约有45%的私有企业在2001年末对银行有负债。

---

[65] 表一中并未报告,但记为总销售额百分比的科研投入金额的平均百分比(8.45%)要远低于一般投资的百分比(28.10%)。

[66] Cheryl Xiaoning Long, Does the Rights Hypothesis Apply to China? 53 *Journal of Law and Economics*, 2010, pp. 629 - 650.

[67] 以2003年为例,6岁以上人口中有大约33%的人的教育程度为小学,还有38%接受了初中水平的教育,然而,获得高中及以上学历的人数仅占19%(2003年中国统计年鉴)。

[68] Simon C. Parker, *The Economics of Entrepreneurship*, Cambridge University Press, 2009, p. 114.

[69] Simon Johnson, John McMillan, Christopher Woodruff, Property Rights and Finance, 92 *American Economic Review*, 2002, p. 1342.

这远比以前的研究报告的世界银行调查到的25%的比例要高。[70][71]

表1　主要变量的描述统计

变量	样本数	均值	标准差	最小值	最大值
一般投资决策	2682	0.784	0.412	0	1
科研投入决策	3149	0.436	0.496	0	1
一般投资对数	2480	-3.882	3.688	-10.626	3.912
科研投入对数	2835	-7.909	4.503	-11.857	2.996
本地法院质量(普通)	3078	0.259	0.155	0	1
本地法院质量(行政)	3078	0.049	0.098	0	1
外地法院质量(普通)	3082	0.258	0.053	0.109	0.4
外地法院质量(行政)	3082	0.050	0.016	0	0.118
干部身份	3130	0.389	0.488	0	1
所有者性别	3240	0.888	0.315	0	1
所有者教育程度	3238	3.212	0.864	1	5
所有者年龄	3210	43.966	8.049	22	76
所有者管理经验对数	3225	2.249	0.647	0	3.584
公司年龄对数	3145	1.927	0.585	0	3.332
销售利润率	2653	0.076	0.126	-3.190	1
员工数对数	3194	4.132	1.331	0	8.294
获得银行贷款	3147	0.446	0.497	0	1

---

[70] Robert Cull, Lixin C. Xu, Institutions, Ownership and Finance: The Determinants of Profit Reinvestment Among Chinese Firms, 77 *Journal of Financial Economics*, 2005, pp. 117 - 146; Chen Lin, Ping Lin, Frank Song, Property Rights Protection and Corporate R&D: Evidence from China, 93 *Journal of Development Economics*, 2010, pp. 49 - 62.

[71] 如描述统计(表1)所示,一般投资变量的缺失值要多于科研投入变量,这似乎也是世界银行调查中的情况。例如,在2005年的世界银行投资环境调查中,公司一般投资率的变量比科研支出的变量在数据上有更大程度的缺失。龙小宁所使用的2001年的世界银行投资环境调查中,一般投资率的数据缺失比重也高于新产品开发。See Cheryl Xiaoning Long, Does the Rights Hypothesis Apply to China? 53 *Journal of Law and Economics*, 2010, pp. 629 - 650. 相比于科研支出,受访的企业家或经理或许更不愿透露其公司的总投资规模,总投资由于更容易被竞争对手用来估测本公司的财务状况而变得敏感。

续表

变量	样本数	均值	标准差	最小值	最大值
人均 GDP 对数	3245	0.049	0.587	-1.253	1.121
律师指标	3245	3.085	3.092	-0.33	10
市场化指标	3245	5.794	1.680	0.33	8.18

注:“一般投资决策”在公司 2001 年投入为正时赋值为 1,否则为 0;“科研投入决策”在公司 2001 年科研投入为正时赋值为 1,否则为 0;“一般投资对数”为对应投资额占销售额百分比的自然对数;“科研投入对数”为对应投资额占销售额百分比的自然对数;“本地法院质量(普通)”是在解决同一行业在省内的普通民事纠纷时,以法院为常用方式的公司比重;“本地法院质量(行政)”是在解决同一行业在省内的行政纠纷时,以法院为常用方式的公司比重;“外地法院质量(普通)”是在解决同一行业在外省的普通民事纠纷时,以法院为常用方式的公司比重;“外地法院质量(行政)”是在解决同一行业在外省的行政纠纷时,以法院为常用方式的公司比重;“干部身份”在企业家曾于党或国家机关任职或管理国有企业时赋值为 1,否则为 0;“性别”变量男性为 1,女性为 0;“教育程度”是将 1 至 5 依次赋给最高学历为小学、初中、高中、大学和研究生的样本;“年龄”以 2002 年为基准计算;“管理经验对数”是所有者截至 2002 年对所有企业管理年限的自然对数;“公司年龄对数”是截至 2002 年公司建成年限的自然对数;“销售利润率”是公司 2001 年净利润占总销售额的比率;“员工数对数”是全职员工数量的自然对数;“获得银行贷款”在公司截至 2001 年年底仍存在未偿贷款时赋值为 1;“人均 GDP 对数”为 2002 年中国统计年鉴中报告的地方人均 GDP 的自然对数;“律师指数”通过 Fan 等文章中的地方律师在地方总人口中的占比计算;“市场化指数”是依照 Fan 等文章中地方市场经济转型的进展来计算。[72]

三、研究结果

(一)基本结果

首先,我们采用了 Probit 模型进行回归,一般投资决策这个虚拟变量是因变量(被解释变量)。在基础模型里,我们纳入了企业家的政治关系的多种因素(见表 2)。虽然地方法院裁判普通民事案件的质量不影响企业家的投资决策,但是,法院裁判行政案件的质量与这一投资决策呈正相关关系,并且在 5% 的显著性上显著。我们使用了是否曾经担任政府官员这一变量来代表政治关系,试图估计在处理行政案件时地方法院判决质量

---

[72] Gang Fan, Xiaolu Wang, Hengpeng Zhu, *NERI Index of Marketization of China's Provinces 2006 Report*, Economic Science Press, 2006.

影响的程度。[73] 样本中最常见的公司情况为:企业家为男性且没有担任过政府官员,没有从银行借款,公司总部设在一个中小型城市,企业属于制造行业。在其他变量保持平均水平时,地方法院判决行政案件的质量相比平均水平每提高一个标准差,企业做出一项积极投资的概率就提高 2.5 个百分点(变化幅度为 22.6%)。[74]

从另一方面来看,异地法院断案质量的两个指标对一般投资决策的影响都不显著。同时,企业家的政治关系似乎也与投资决策无关。其他对一般投资决策有显著性影响的变量包括:企业家的年龄,以员工数量来衡量的公司规模,公司能否取得银行贷款,以及该省的人均 GDP 数值。公司的规模及其能否取得银行贷款这两个因素是正向影响,这与之前的研究结果一致。[75] 企业家的年龄对投资决策有负面影响,说明年老的企业家在投资方面更加保守。多少有点令人惊讶的是,地方经济发展水平与一般投资决策也是负相关的。这也许反映了在较为富庶的地区,中国企业中公有与私有分明的严格的等级制度下,私有企业受到更多的歧视,同时他们所处的金融环境也更为严苛。[76] 最后,当所有的变量值都被固定在平均水平的时候,一个企业进行一般性投资的概率是 82.35%,这与前面报告的 2001 年描述性统计结果一致,即大多数中国私有企业确实存在投资活动。

表 2　一般投资决策的 Probit 回归:基础结果

	被解释变量:一般投资决策			
法院质量	(1)	(2)	(3)	(4)
本地法院质量(普通)	0.016 (0.383)	0.016 (0.380)	0.014 (0.386)	-0.026 (0.388)

---

[73] 此估算是通过 Stata 中的"prchange"命令完成。由 Long 和 Freese 开始使用。See J. Scott Long, Jeremy Freese, *Regression Models for Categorical Dependent Variables Using Stata* (2nd ed.), Stata Press, 2006.

[74] 这样的公司在面对一个行政诉讼判决质量高于平均水平的地方法院时,一般投资金额为正的可能性是 11.07%。其中 4.6% 的公司会在这样的法院提起行政诉讼。当地法院(行政诉讼)质量的标准差为 9.5%,这是根据通过行政诉讼解决纠纷的公司百分比进行衡量的。

[75] Chen Lin, Ping Lin, Frank Song, Property Rights Protection and Corporate R&D: Evidence from China, 93 *Journal of Development Economics*, 2010, pp. 49 - 62.

[76] Yasheng Huang, *Capitalism with Chinese Characteristics: Entrepreneurship and the State*, Cambridge University Press, 2008.

续表

	被解释变量:一般投资决策			
法院质量	(1)	(2)	(3)	(4)
本地法院质量(行政)	1.295** (0.605)	1.295** (0.605)	1.428** (0.597)	1.358** (0.586)
外地法院质量(普通)	-2.221 (5.289)	-2.024 (5.321)	-1.685 (5.243)	-1.540 (5.274)
外地法院质量(行政)	15.130 (11.130)	14.372 (11.073)	16.013 (10.842)	15.720 (10.768)
所有者的政治关关系				
前干部	0.049 (0.072)	—	—	—
前公务员	—	0.034 (0.089)	—	—
人大代表/政协委员	—	—	-0.076 (0.070)	—
党员	—	—	—	0.046 (0.093)
所有者属性				
性别	0.086 (0.108)	0.092 (0.108)	0.076 (0.104)	0.078 (0.109)
教育	0.032 (0.044)	0.037 (0.045)	0.035 (0.041)	0.026 (0.041)
年龄	-0.010** (0.005)	-0.009** (0.004)	-0.008** (0.004)	-0.009* (0.005)
管理经验对数	-0.031 (0.065)	-0.035 (0.062)	-0.034 (0.065)	-0.051 (0.066)
公司属性				
年龄对数	0.058 (0.078)	0.052 (0.078)	0.066 (0.079)	0.075 (0.076)
利润率	0.299 (0.261)	0.301 (0.262)	0.337 (0.264)	0.322 (0.266)
员工数对数	0.200*** (0.027)	0.198*** (0.027)	0.215*** (0.027)	0.203*** (0.027)
银行贷款	0.153** (0.070)	0.158** (0.070)	0.157** (0.069)	0.145** (0.069)

续表

	被解释变量:一般投资决策			
法院质量	(1)	(2)	(3)	(4)
环境属性				
人均 GDP 对数	-0.421** (0.210)	-0.427** (0.210)	-0.378* (0.209)	-0.376* (0.207)
律师指标	0.017 (0.024)	0.019 (0.024)	0.017 (0.023)	0.020 (0.023)
市场化指标	-0.004 (0.060)	-0.004 (0.056)	-0.023 (0.056)	-0.022 (0.056)
常量	-0.311 (1.348)	-0.359 (1.358)	-0.456 (1.344)	-0.362 (1.342)
样本数	2023	2016	2050	2011
Pseudo R^2	0.12	0.12	0.12	0.12

注:"前公务员"为虚拟变量,当受访者曾在党政机关或国有企业任职时,赋值为1;"人大代表/政协委员"为虚拟变量,受访者在2001年为其中任一角色时,赋值为1;"党员"为虚拟变量,受访者在开展经营前入党则赋值为1。

括号中为集中于省份—行业层面的稳健标准误差。所有模型都包含行业部门和总部地点的固定影响。

p* <10%;p** <5%;p*** <1%。

(二)研发投资决策

在研发投资决策中,我们也使用了在一般投资决策回归中相同的基础标准,采用Probit模型进行了回归(见表3)。现在,法院判案质量的四个指标和研发投资决策都没有任何显著的相关关系。

表3　研发投资的Probit回归:基础结果

	被解释变量:研发投资决策			
法院质量	(1)	(2)	(3)	(4)
本地法院质量(普通)	0.173 (0.291)	0.199 (0.287)	0.092 (0.290)	0.045 (0.294)
本地法院质量(行政)	0.047 (0.464)	0.047 (0.459)	0.292 (0.444)	0.344 (0.451)
外地法院质量(普通)	1.398 (4.500)	2.511 (4.477)	-0.899 (4.512)	-0.859 (4.591)

续表

	被解释变量:研发投资决策			
法院质量	(1)	(2)	(3)	(4)
外地法院质量(行政)	4.942 (7.809)	3.186 (7.851)	7.775 (7.746)	8.252 (8.002)
所有者的政治关系				
前干部	0.258*** (0.063)	—	—	—
前公务员	—	0.224*** (0.069)	—	—
人大代表/政协委员	—	—	0.118* (0.065)	—
党员	—	—	—	-0.000 (0.067)
所有者属性				
性别	0.101 (0.083)	0.142* (0.082)	0.098 (0.083)	0.074 (0.083)
教育	0.135*** (0.044)	0.145*** (0.044)	0.167*** (0.041)	0.174*** (0.041)
年龄	-0.000 (0.004)	0.001 (0.004)	0.002 (0.004)	0.003 (0.004)
管理经验对数	0.059 (0.055)	0.055 (0.055)	0.027 (0.051)	0.027 (0.051)
公司属性				
年龄对数	0.010 (0.071)	-0.001 (0.071)	-0.015 (0.072)	-0.001 (0.074)
利润率	0.134 (0.224)	0.112 (0.226)	0.204 (0.229)	0.230 (0.245)
员工数对数	0.225*** (0.028)	0.227*** (0.028)	0.216*** (0.029)	0.230*** (0.029)
银行贷款	0.229*** (0.062)	0.230*** (0.061)	0.218*** (0.061)	0.243*** (0.061)
环境属性				
人均 GDP 对数	0.120 (0.171)	0.126 (0.169)	0.112 (0.170)	0.133 (0.175)
律师指数	0.004 (0.019)	0.126 (0.169)	0.008 (0.019)	0.008 (0.019)

续表

	被解释变量：研发投资决策			
	(1)	(2)	(3)	(4)
市场化指数	−0.124*** (0.047)	−0.128*** (0.047)	−0.130*** (0.047)	−0.150*** (0.049)
常量	−1.483 (1.211)	−1.801 (1.209)	−1.055 (1.201)	−1.012 (1.208)
样本数	2284	2274	2314	2264
Pseudo R^2	0.22	0.22	0.21	0.22

注：括号中为集中于省份—行业层面的稳健标准误差。所有模型都包含行业部门和总部地点的固定影响。此处的 Pseudo R^2 与前面一般投资决策表中存在差异，是由第四部分结尾处将论述的缺失数据引起。

$p^* <10\%$；$p^{**} <5\%$；$p^{***} <1\%$。

在表3中，我们发现，代表企业家政治关系的四个变量中的三个都与公司的研发投资决策显著相关。如果曾经担任过政府官员的数据再次用作衡量政治关系的指标，在保证其他变量为平均值时，即一个没有政府官员任职经历的男性企业家，没有向银行贷款的渠道，企业总部设在一个中小型城市的，从事制造业的企业，如果企业家的身份变为曾经担任过政府官员时，该企业进行研发投资的概率就会上升7.25个百分点（或者43%）。唯一一个与研发投资决策不存在显著性关联的代表政治关系的变量是企业家的党员身份。这与我们对于党员身份不是人们政治资本的一个可靠衡量标准的猜测一致。一个普通的党员似乎并不比一个群众更具有政治优势。

从研究结果来看，企业家的年龄不再是一个影响投资决策的决定性因素。同时，企业家的受教育程度对于研发投资决策存在显著影响。这一结果在意料之中，因为一个受教育程度更高的企业家不仅会更加重视研发，而且能更好地执行研发项目。回顾之前的研究我们发现[77]，企业的规模以及是否能从银行取得贷款对于企业的研发投资决策有正向的影响。至于市场环境的影响，市场化程度对于研发投资决策有着相反的影响，并且在1%的显著性上显著。这也许

[77] Chen Lin, Ping Lin, Frank Song, Property Rights Protection and Corporate R&D: Evidence from China, 93 *Journal of Development Economics*, 2010, pp. 49 – 62.

说明了市场竞争给企业在研发投资方面带来的负面影响,[78]因为随着经济进一步市场化,市场竞争也会更加激烈。

四、讨论

到目前为止,大多数学者都依赖于世界银行投资环境调查的数据来研究法律体系的质量如何正面地影响中国企业的一般投资或者研发投资。因此,他们认为,那种强调运行良好的法律体系对于经济的重要性的广泛论调也适用于中国。[79] 然而,本文的研究对这种共识提出了一些质疑。对中国民营企业的实证性研究结果似乎更符合少数派的观点,即在中国私有企业领域,并不存在法律与经济相互促进的纽带。[80]

也许本文最有趣的发现就是,法律和政策因素对于中国企业的一般投资和研发投资是不同的。我们认为,这一不同很可能是由于两种投资截然不同的性质造成的。研发投资的回报需要在相对长的时间里才能显现,而中国的大部分其他类型投资都能在短期内带来回报。换句话说,企业在研发投资中需要长期担心资产的安全,但在作出其他投资决策的时候则要寻找索取快速回报的可能。

研发投资一般被视为一项重要的长期投资,在回报被成功地商业化并实现收益之前有相当长的一个周期。[81] 考虑到两种投资不同的时间周期,本文研究的两种投资决策需要顾及不同层级的财产权的安全性。如果在短期内回报是

---

[78] Chen Lin, Ping Lin, Frank Song, Property Rights Protection and Corporate R&D: Evidence from China, 93 *Journal of Development Economics*, 2010, pp. 49 – 62.

[79] Cheryl Xiaoning Long, Does the Rights Hypothesis Apply to China? 53 *Journal of Law and Economics*, 2010, pp. 629 – 650; Robert Cull, Lixin C. Xu, Institutions, Ownership and Finance: The Determinants of Profit Reinvestment Among Chinese Firms, 77 *Journal of Financial Economics*, 2005, pp. 117 – 146; Chen Lin, Ping Lin, Frank Song, Property Rights Protection and Corporate R&D: Evidence from China, 93 *Journal of Development Economics*, 2010, pp. 49 – 62.

[80] Franklin Allen, Jun Qian, Meijun Qian, Law, Finance and Economic Growth in China, 77 *Journal of Financial Economics*, 2005, pp. 57 – 116.

[81] Chen Lin, Ping Lin, Frank Song, Property Rights Protection and Corporate R&D: Evidence from China, 93 *Journal of Development Economics*, 2010, pp. 49 – 62; Cheryl Xiaoning Long, Does the Rights Hypothesis Apply to China? 53 *Journal of Law and Economics*, 2010, pp. 629 – 650.

可以期待的,那么,资产被征收的风险会小一些,因为投资者能在征收发生前及时收回回报。因此,投资者在资产权利方面有基本保障。如果对投资和收回回报有较为便捷的程序时,投资者会作出投资。然而,当投资的周期延长时,对外界隐藏投资的内容和可获利性的难度就会变大,因此,投资的收获被"偷走"的可能性会更大。相应地,对防止资产被没收的资产保障的要求会更高。

中国的正式司法制度也许可以为短期投资提供较低程度的安全保障,然而,审判不独立带来的不确定性在长期而言会困扰投资者。司法政策中的变动通常来自政治体系和意识形态定位的变化,同时也可能受到主管司法人员的个人偏好的影响。[82] 因此,对于进行类似研发投资等长期投资的投资者而言,寻找提供更高保障程度的备选方案是十分必要的。在目前的国家与政党关系中,与有影响力的政治人物之间的纽带就提供了司法系统所不能提供的第二保障。在经济发展的过渡时期中,正式的制度总是落后于社会和经济的变化,一些私有企业的商业活动可能被认为是违规的。[83] 鉴于此,即使司法机构能具有足够的独立性与权力,严格地执行法律,私有企业也倾向于寻找替代的保护方式。在商业活动或多或少触犯了法律的情况下,对于投资者而言,最好的安全保障方式就来源于决定是否执行法律的人,也即有权力的政府官员。此外,政治关系可以保护私有企业不受到"中央政策不稳定和意识形态不友好"的影响。[84] 出于某些原因,执行国家的法律与政策给地方企业带来了不利的影响。而与地方执法者建立有力的联系能够使企业远离这些影响,或者至少对影响起到缓冲作用。政治关系同时能保障合同的执行,帮助企业取得由地方政府分配的稀缺资源。[85] 我

---

[82] Hualiang Fu, Richard Cullen, From Mediatory to Adjudicatory Justice: The Limits of Civil Justice Reform in China, M. Y. K. Woo and M. E. Gallagher eds., *Chinese Justice: Civil Dispute Resolution in Contemporary China*, Cambridge University Press, 2011; Carl F. Minzner, China's Turn against Law, 59 *American Journal of Comparative Law*, 2011, pp. 935 – 984.

[83] Kristen Parris, Local Initiative and National Reform: The Wenzhou Model of Development, 134 *The China Quarterly*, 1993, pp. 242 – 263.

[84] David L. Wank, The Institutional Process of Market Clientelism: Guanxi and Private Business in a South China City, 147 *The China Quarterly*, 1996, pp. 820 – 838.

[85] Katherine R. Xin, Jone L. Pearce, Guanxi: Connections As Substitutes for Formal Institutional Support, 39 *Academy of Management Journal*, 1996, pp. 1641 – 1658; Sun Sheng Han, Clifton W. Pannell, The Geography of Privatization in China, 1978 – 1996, 75 *Economic Geography*, 1999, pp. 272 – 296; Haiyang Li, Yan Zhang, The Role of Managers' Political Networking and Functional Experience in New Venture Performance: Evidence from China's Transition Economy, 28 *Strategic Management Journal*, 2007, pp. 791 – 804.

们关于财产权安全保障的“双层理论”(two-tier theory)解释了为什么正式司法体系也许能影响一般投资决策,而企业家的政治关系则有助于研发投资决策。

我们区分了民事案件和行政案件中不同的司法质量,以便更好地理解由法院判决提供的第一层级保护。我们研究发现,如果说正式司法系统的质量对于投资有任何影响的话,那么这种影响就体现在法庭在行政案件中约束政府机构的能力进而带来的对投资的促进作用上。如果参考那些研究非正式社会安排对正式制度的替代作用的文献,那么这一发现并不难被理解。[86] Allen 等学者在研究中指出[87],声誉与社会关系是中国私有经济体中最为重要的、替代性的并具有决定性的机制。

尽管非正式机制在处理商业伙伴或者市场之间的关系时可以灵活发挥作用,但是,它们在面对市场主体与政府监管者之间的争议时就可能无法发挥相同作用。类似于“以牙还牙”的自救措施看起来只在获取国家强制力保护的能力相当的对等的私有主体之间才适用,而不能用于处理私人主体和国家之间的纠纷。当政府主体为了自己的利益而采取机会主义行为时,市场中的私有企业很难对其作出有意义的惩罚。本质上,非正式机制在保证国家履行义务的信用时更难以发挥作用。与政府官员之间的私人关系也许是保护财产权利不被政府强制征收的首要非正规途径。然而,如本文接下来要解释的那样,寻求政治权力的保护比诉诸司法手段花费更多。因此,对于私人投资者而言,正式的司法保护在保护私有财产不被国家侵犯方面比处理私有主体之间的财产争议更重要。

一个还没有解决的问题是,为什么政治关系没有促进私营企业家进行类似于短期的一般性投资?我们认为,存在获取政治资源的成本是一个可能的答

---

[86] Stewart Macaulay, Non-Contractual Relations in Business: A Preliminary Study, 28 *American Sociological Review*, 1963, pp. 55 – 67; Robert C. Ellickson, *Order Without Law: How Neighbors Settle Disputes*, Harvard University Press, 1994; Avner Greif, Reputation and Coalitions in Medieval Trade: Evidence on the Maghribi Traders, 49 *Journal of Economic History*, 1989, pp. 857 – 882; Avner Greif, Contract Enforceability and Economic Institutions in Early Trade: The Maghribi Traders' Coalition, 83 *American Economic Review*, 1993, pp. 525 – 548.

[87] Franklin Allen, Jun Qian, Meijun Qian, Law, Finance and Economic Growth in China, 77 *Journal of Financial Economics*, 2005, pp. 57 – 116.

案。在中国,商业与政治是一种共生关系。⑱ 当企业试图寻求政治力量的支持时,至少会产生两种花费。其一是为了获得政治人物的选择性保护需要支出一笔相当数量的保护费。⑲ 从这些政治人物的角度而言,这笔租金也就是提供保护的成本,不能比他们从放任政府机构侵犯个人财产权而得到的利益少。因此,当多个投资者竞争政治权力的保护时,这笔保护费会尤其高。

另一个不太明显但是同样重要的花费是识别可以依靠的政治力量的过程中产生的支出。由于收取政治保护费是非法的,或者至少是有害名声的,这种交易都会秘密进行而不公之于众。⑳ 一系列的潜规则支配着这种不被大众投资者所知的隐秘交易。因此,投资者在通过政治关系寻找有利于自己的保护时,他所产生的获取信息的成本是很可观的。与此同时,那些提供保护的人物也需要确保他们的"顾客"是可靠的,而为此付出的成本也会算入保护费内。鉴于此,曾经的政府官员以及其他政治机构中的内部人员也许总体而言有信息优势,但是,这些优势不能保证他们在每一个个例中都能降低搜寻信息的成本。

综上所述,在通过政治关系寻找对权利的保护中,种类繁多的花费很可能比诉讼的花费还要高。当然,理性的投资者应该对比在不同种类投资中诉诸政治关系保护的成本与从中的获益从而进行抉择。如果投资项目所需的财产权安全程度不高,那么,投资人就会选择更廉价的方式来保护财产权。因此,尽管政治保护很有效,但是,对于短期投资而言,这并非一个很好的权利保护机制。此外,区分私有商业主体之间的非正式合作和通过政治关系取得的非正式保护之间的不同很重要。前者一般通过降低交易成本而产生剩余,而后者则是天生就对效率具有破坏性的寻租行为。因此,如果司法制度无效,私人主体可能会另寻一个非正式途径来解决争议;但是在司法制度能提供较为有效的救济时,几乎没有人会再寻求政治关系的保护了。

---

⑱ David L. Wank, The Institutional Process of Market Clientelism: Guanxi and Private Business in a South China City, 147 *The China Quarterly*, 1996, pp. 820 – 838; Katherine R. Xin, Jone L. Pearce, Guanxi: Connections As Substitutes for Formal Institutional Support, 39 *Academy of Management Journal*, 1996, pp. 1641 – 1658; Bruce J. Dickson, Integrating Wealth and Power in China: The Communist Party's Embrace of the Private Sector, 192 *The China Quarterly*, 2007, pp. 827 – 854.

⑲ Stephen Haber, Armando Razo, Noel Maurer, *The Politics of Property Rights: Political Instability, Credible Commitments and Economic Growth in Mexico*, 1876 – 1929, Cambridge University Press, 2003.

⑳ Andrei Shleifer, Robert W. Vishny, Corruption, 108 *The Quarterly Journal of Economics*, 1993, pp. 599 – 617.

简而言之,尽管我们的研究结果与那些之前的研究司法机构对于投资激励的直接影响的研究结果不一致,这并不意味着我们的研究与法律和发展关系研究文献中广泛提到的财产理论不一致。相反,它们展现了司法与政治制度之间更复杂的联系,因为这两者都为财产权提供了保护。如作出任何商业决策一样,投资者在选择可行的机制时会权衡利益和成本,以便选择保证他们财产权利安全的最优方案。如果保护某项特定投资财产权的花费过高,投资者就会选择放弃保护。

这里需要提醒读者的是,如在数据描述中解释的那样,在一般投资方面缺失的数据点更多,某种程度上可以反映出被调查者在向调查者提供信息时的犹豫。因此,和这一变量相关的测量误差可能会更大。所以,在评估与一般投资相关的结果时需要更加谨慎。

五、结论与对未来研究的建议

中国经常被用作一个反例来证明所谓的有效的司法制度与经济发展之间只存在偶然的联系。持有这种偶然性观点的怀疑者们提到,中国对财产权的保护很弱,但在过去30年中取得了可观的经济增长。然而,近期研究试图将中国这一特殊情况与司法制度和经济发展存在联系这一普遍理论加以协调。在发展早期,司法制度处于不发达阶段,非正规机制为投资提供了保护,减少了交易成本,填补了空缺。但是,当经济体的规模与复杂程度上升到了一个高度,司法制度就会比非正式机构能更有效地支持经济增长。

基于大规模的私有企业调查,我们的实证研究发现,投资保护机制(包括正式的与非正式的)和商业投资之间存在种新的关系。与传统观点相一致的是,一个更有效的司法制度将促进私有企业做出更多的一般投资。但是,我们发现,国家层面的司法约束对于私有企业的短期投资有最显著的效果。然而,这一效果随着民营企业家考虑进行长期投资时而减弱,而政治关系则代替法院成为更重要的因素。于是,企业家在有更好的政治关系时,会做出更多的研发投资。这一发现说明,尽管中国法院进行了几十年的改革,仍然不能被视作一个保护长期私人投资免受征收、政治不稳定性以及有敌意的监管环境影响的可依赖的途径。相反,非正式的政治关系构成了保护长期投资的基础。我们同时发现,由于构建与维系政治关系的成本是高昂的,因此,中国企业家们只有在相当规模的长期利益受到威胁的紧要关头才会寻求政治关系的帮助。

我们的研究发现以及我们提出的创新性解释为研究更有趣、更重要的问题开启了大门。第一,我们需要进一步研究了解是什么种类的政治关系为财产权提供了保护。政府官员,尤其是位高权重者,会相对频繁地在政权系统中调换岗位。那么,当保护人更换了职位或者工作地点时,政治关系如何持续地发挥作用呢?我们推测,有着相对固定投资的投资者为了降低风险,会与多个权力支配者建立关系。但是,这一推测有待实证检验。第二,政治关系在保护财产权利以及促进交易和长期投资中能够起到多大作用?企业家在政治关系保护和司法保护下会做出相同的长期投资决策吗?收集预期回报时间不同的研发投资数据并且测试政治关系这一变量的作用会对解决这一问题很有帮助。如果在这两种机制(法律与政治关系)之下投资者做出了相同的投资,而且投资期限也相同,我们将不得不重新检验关于司法系统完善程度和经济发展的传统观点。第三,这两种机制的变化如何相互影响?“没有资产阶级,就没有民主。”资本家长期以来在关于民主化和其他政治变化的研究中占据了显著的位置。但在法律与经济发展的关系中,中国挑战了传统观点,因为中国的企业家未能紧随政治改革形成一股联合的力量。这是不是因为那些有着政治关系的企业家会抵制司法改革以便保持他们的竞争优势?这些问题都需要更进一步的研究来解答。

北大法律和金融评论
(2016 年卷),第 38 ~59 页

信任、声誉与司法绩效

刘　庄*

内容摘要:民众对法官的信任能提高法院的工作绩效吗?本文使用国际间比较数据,用工具变量回归的方法确认民众信任与经济案件司法绩效间的因果关系。具体的实证发现是,在有陪审团的国家,民众对法院的信任感平均高出 6 ~9 个百分点;信任的增加又间接导致一国法院执行合同和保护债权能力的提高。由于在世界各国陪审团制只在刑事案件和部分人身权利案件中出现,它与商事经济案件的司法绩效并没有直接关系,因此,它是一个有效的工具变量。随后,文章提出一项理论解释信任与绩效的因果关系:以往的司法行为理论和实证研究曾证明,职业荣誉感是法官工作最主要的激励。在这一前提下,在短期内,民众的信任赋予了法官个人职业荣誉感,而追求荣誉感反过来又促使法官认真工作、秉公执法;从长期来看,信任和声誉也会吸引人力资本高的法律从业者加入法官队伍,进而提升司法绩效。最后,本文为我国现在正在进行的法官员额制改革提出了建议。

关键词:司法　信任　绩效　陪审团制　工具变量

声誉之于司法,如阳光、空气和水之于生命。任何司法制度的本质矛盾在于,一方面要让法官这一职业群体成

---

* 香港中文大学商学院助理教授;美国芝加哥大学法律科学博士(JSD)。

为社会纠纷的最终裁决者，另一方面却要阻止法官滥用这种由于终局性而在本质上不受制约的权力。美国最高法院杰克逊大法官断言，“我们说了算不是因为我们不出错；我们不出错是因为我们说了算”。① 而阿克顿的格言却总是在提醒我们，“绝对的权力导致绝对的腐败”，终局性和滥权之间的矛盾是各国司法必须面对的根本性难题。②

现代社会并不是没能找到缓和这一矛盾的办法。很多国家和地区建立了运作良好的司法体系。比如，在美国，司法有着终局性地解决疑难社会问题的实际能力——人们真切地信服并遵从联邦最高法院作出的从总统选举到医疗保险，从种族平权到同性恋婚姻等一系列判决；③且不论欧美，在我们身边，泰国、韩国、日本、我国台湾地区和我国香港特别行政区，司法也是人们最为崇敬和信赖的公权力机构。④

以往的理论指出，这些国家或地区司法成功的关键有着极大的共同之处。归结起来，最重要的就是他们建立了法官极强的职业荣誉感：法官最看重的不是金钱收入，而是作为一名法官的社会地位和声誉。这也是为什么在波斯纳构建的法官行为的经济学模型中，声誉（prestige）是法官效用函数中最重要的因素，也即对其行为的最重要激励。⑤

只是，这一理论还远未经实证研究证实：获取良好名声固然可能是促使劳动者勤奋工作的动力，但是，“盛名之下其实难副”是我们古老智慧对历史

① Brown v. Allen, 344 U. S. 443.

② 需要注意的是，现代社会一般将司法机关视作社会矛盾的最终裁判者。但既不是说这是社会必然的最优选择——这还需要论证；也不是说在实证上——在历史上和在今天，司法总是最终裁判者。宗教在很长时间内承担了这一角色。这需要另文分析。

③ 当然，也有另一种说法：美国民意一定程度上影响了最高法院的判决。因此，不是人们支持最高法院，而是最高法院为了获取支持而依民意而判案。See William Mishler, Reginald S. Sheehan, The Supreme Court as a Counter-Majoritarian Institution? The Impact of Public Opinion on Supreme Court Decisions, 87.01 *American Political Science Review*, 1993, pp. 87 - 101. 不过，在实证上民众意见的影响幅度还较小。

④ 这一资料部分来自本文的实证数据，部分来自作者对这些国家和地区律师的访谈。另见相关文献，如日本民众对司法的信任。See John Owen Haley, The Japanese Judiciary: Maintaining Integrity, Autonomy and The Public Trust, *Law in Japan: a Turning Point*, Daniel J. Foote, ed., University of Washington Press, 2007.

⑤ Richard A. Posner, What Do Judges and Justices Maximize? (The Same Thing Everybody Else Does), *Supreme Court Economic Review*, 1993, pp. 1 - 41.

经验的总结,被名声所累或者耽于声名不再勤奋工作也是法官身上的正常现象。[6] 声誉、名声、荣誉感与工作努力程度和工作实效的关系在理论上仍是不好确定的问题。

在实证上,验证这一理论也一直面临一些技术性的难题。一方面,是由于数据不足,特别是法官声誉的数据很难量化和获取;另一方面,它遇到的最大问题是互为因果问题(simultaneous causality)。声誉与法官工作表现之间在统计上可能存在共同变动的关系,但是,我们很难确认究竟是声誉提升了绩效,还是绩效打造了声誉。

本文使用一个工具变量回归解决这一问题,进而确认了声誉机制对法院工作表现的促进作用。具体来说,本文使用跨国比较的数据发现,在有陪审团的国家,人们对法院具有更强的信任感,即法官具有更佳的声誉。同时,在这些国家,法院在合同执行、债权人保护上都有更好的表现。由于陪审团制度大多是历史形成的,且多只在刑事案件(和一些涉及人身权的民事案件)中出现,我们有理由推测,这些民事纠纷效率的提高是由声誉机制带来的,即法官将荣誉感内化为激励后,将更努力地工作。同时,从长期来看,较强的信任和较高的声誉会吸引高人力资本的法律从业者加入法官行列,进一步提高司法绩效。以上结果在控制了一国的经济发展水平、司法腐败程度后仍然显著。

一、问题和理论

无论是在最能体现自由主义的哈耶克和弗里德曼的著作里,还是在以凯恩斯为思想传统的宏观经济学家眼中,实际上,在任何一种经济理论中,公正、高效的司法都是产权的保障,是经济发展的制度性基础,是国家繁荣的基石。特别是经济学家对政府干预市场有天然的怀疑,而司法作为市场的事后调节机制,通过确立权利和规则引导理性预期,是最尊重"无形之手"的社会

---

⑥ 比如,有的实证研究表明,美国最高法院的大法官就过于喜好出席各类公共活动而怠于本职审判工作。See Richard A. Posner, *How Judges Think*, Harvard University Press, 2009.

问题解决手段。[7]

但是,如何获取公正、高效的司法一直是一个理论和实证上的难题。这一理论难题的最核心问题在于如何监督终局性的司法权力:终局性本身意味着其决定不再受任何其他权力的审查,而不受审查的权力如何不至于被滥用和失控呢?

由于资源的稀缺和随之而来的不可避免的竞争,一个社会总会出现各种各样的纠纷。这些纠纷既可能是琐碎的家长里短、邻里之争,也可能是涉及资源分配的产权界定、合同执行,也可以是涉及政治体制的政府权力和个人权利边界划定、中央和地方关系界别。无论纠纷涉及的内容或纠纷影响的深广,只要纠纷本身存在,就需要有一种解决纠纷的终局性权力。在霍布斯的战争状态下,这种权力体现为暴力,是通过"所有人对所有人的战争"而获得的终局。[8] 注意,"所有人对所有人的战争"也是一种制度安排。显然,这种制度不利于合作的形成和生产的扩大。我们说它的制度成本过高,或者说,这种制度带来的社会成本过大。现代自由主义政治哲学在这个意义上起源于霍布斯:他安排利维坦——国家——作为对纷争常规性的和终局性的解决机制,进而避免了私人之间的暴力,设立了一套更有利于合作和生产的制度。

然而,现代政治制度的根本困难也体现于霍布斯这一利维坦的隐喻。国家权力是终局性的,就意味着它不再接受审查和变更,这等同于霍布斯所说的"为了避免重回战争状态,人民一旦把权力让渡给国家,就再也不能取回"。那么,我们如何避免这种权力不至于被滥用和失控呢?霍布斯对此是悲观的。[9]

随后的自由主义政治哲学家在很大程度上都在回答这一问题。对现代政治体制影响甚大的美国国父们,特别是联邦党人,提出了一些新颖的观念。主要是将政府本身的权力捏碎打散,在横向(三个权力机构)和纵向(联邦和

---

⑦ 这种思想几乎弥漫在新古典经济学的所有作品里。典型的参见 Friedrich August Hayek ed., *Individualism and Economic Order*, University of Chicago Press, 1948; Friedrich August Hayek, *Law, Legislation and Liberty: A New Statement of The Liberal Principles of Justice and Political Economy*, Routledge, 2012; Milton Friedman, *Capitalism and Freedom*, University of Chicago Press, 2009。

⑧ Thomas Hobbes, Edwin Curley, *Leviathan: With Selected Variants From The Latin Edition of 1668*. Vol. 2, Hackett Publishing, 1994.

⑨ Ibid.

州)上分成不同的部分以互相制衡。[10] 这缓和了权力终局性和权力不被滥用间的矛盾,但矛盾之所以为矛盾,在于其逻辑的内在性——"你永远不可能真正避免它"。在这里,美国最高法院随着历史的发展逐步掌握了对产权纠纷(如全民医保案)、政体制度(如选举献金甚至总统选举问题)和价值冲突(如同性恋婚姻)的终局性决策权力。[11] 而随着英国将最高司法权从上议院移至最高法院,随着各国普遍设立了宪法法院,美国的做法逐步成为了世界的主流,或者,至少是取得了意识形态上的正确性。

美国法学界有人称法院的统治为九个人(联邦最高法院法官人数)的专政。[12] 这道出了司法终局性的本质。只是从目前来看,司法终局性这一统治模式为美国经济的发展、政治的稳定和价值观的协调作出了不小的贡献。尤其重要的是,美国虽然利用司法作为社会纠纷的最终解决机制,但却并没出现过司法滥权和司法腐败[13]的局面,这是非常难得的。要理解这一点,就要了解其具体的制度操作。例如,很多学者已经提出,这一制度调和终局和滥权矛盾的秘密在于树立法官强烈的职业荣誉感。比如,波斯纳、兰德斯等人提出法官的效用函数中最主要的因素是声誉。这首先来自波斯纳作为法官的个人体验。在美国,法官的工资是固定的,案子数目也相对固定,在法官的效用函数中显然没有经济激励这一要素。同时,大部分联邦法官此生升迁无望,也没有以升迁为核心的政治地位的激励。另外,联邦法官一般是终身制的,除极特别情况外,法官的工作职位是"铁饭碗",没有任何人和组织能因为工作表现而决定法官的去留。就此来看,决定人们选择放弃律师行业而从事法官业务的,只有荣誉感;决定法官在终身制的"铁饭碗"中勤勤恳恳工作的,也只有荣誉感。[14]

而让荣誉感成为法官毕生追求解决了三个问题:第一,法官不再在个案

---

[10] Alexander Hamilton, Federalist 78, *The Federalist Papers*, 1961, pp. 464 - 472.

[11] 当然,国会对这些问题仍有立法权。只是从近年的实践来看,鲜有国会通过立法绕开法院判决的例子。倒是法院对立法的审查比较常见。

[12] Jeffrey Tobin, *The Nine: Inside The Secret World of the Supreme Court*, Anchor, 2008.

[13] 当然也有例外,见纽约时报报道的少年庭法官收受监狱贿赂而重判少年服刑,增加监狱收监人数和收入的案件。See Judges Plead Guilty in Scheme to Jail Youths for Profit, The New York Times, 2009, accessed March 10, 2015, available at http://www.nytimes.com/2009/02/13/us/13judge.html?pagewanted=all&_r=0。

[14] 同前注5。

中追求金钱物质回报，这就形成了司法清廉的风气。其另一面则是迫使追求不正当物质回报的法官名誉扫地，也就有效避免了司法腐败的问题。第二，法官为了良好的声誉将更勤奋努力地工作，这客观上促进了司法绩效的提高。第三，政治性法官（如美国最高法院法官）在乎自己的历史声名，也就更为审慎地处理与政策、政体和价值相关的问题，使权力不被滥用。就此而言，声誉，或者荣誉感机制，是一套依靠自身品德自控的体制。从经济学来讲，是通过使荣誉感成为法官效用函数中最主要的因素来保障制度得以施行。

这里我们看出了法官名誉制度与古代贵族制政体的某种关联。如亚里士多德、孟德斯鸠、卢梭甚至密尔等政治哲学家所推崇的，贵族制（古希腊语义"最优秀人的统治"）之所以可能是最好的政治，在于贵族制讲求才能和品德。在现代国家，我们实际上是通过荣誉感（以及一系列法律专业教育）把法官规训成为贵族，进而通过贵族的品性来保障制度的畅顺，也就是把贵族制融入了现代民主政治治理当中。[15] 另外，这又是韦伯所说的"理性化"的官僚组织的反面。要树立法官的荣誉感，就必然要使法官的职务崇高化。神秘化和神圣化，这恰恰是"祛魅"的反面。由法官而终局，说明现代自由主义政治制度的核心实质是一系列无可避免的魅力型统治。这也展现了自由主义内在的困难以及当代社会的应对方法。

以上这些都是理论的推导。以声誉或荣誉感来制约终局性权力，其实际效果如何，仍然是实证上未知的问题。一方面，孟德斯鸠、密尔等人推崇的贵族制，特别是"世袭的贵族制"，在历史上也出现了很大的问题。贵族腐败并不是新闻，也没有什么机制保障贵族一直追求才能、品德和荣誉。另一方面，就具体的问题来看，法官当然可以在荣誉的感召下兢兢业业、慎始敬终，但也可能在荣誉的庇佑下浑浑噩噩、自由散漫。究竟哪个是我们时代的真实写照，还需要实证研究进一步的确认。[16]

最后，信任、声誉之于司法是对我国司法改革而言也具有重要意义的问

⑮ 如托克维尔对美国的观察。他认为，法律职业者是美国的贵族，是美国社会防止多数人暴政的重要力量。他提到，"对法律做过特别研究的人，从工作中养成了按部就班的习惯，喜欢讲究规范，对观念之间的有规律联系有一种本能的爱好。这一切，自然使他们特别反对革命精神和民主的轻率激情"。参见［法］托克维尔：《论美国的民主》（上卷），商务印书馆1991年版，董果良译，第303页。

⑯ 比如，在金融领域，有的研究发现，好的声誉能提高公司的财务表现和股价的回报率，有的则有着恰好相反的结论。See Peter W. Roberts, Grahame R. Dowling, Corporate Reputation and Sustained Superior Financial Performance, 23. 12 *Strategic Management Journal*, 2002, pp. 1077 - 1093.

题。我国目前开展的法官员额制改革,手段是减少法官人数、加强对法官后台支援、强化法官权力,在很大程度上正是为了提升法官的待遇、地位进而增加荣誉感。从长期来看,这一改革是否奏效取决于声誉和荣誉机制是否真的能提高司法绩效进而解决我们司法过程中存在的各种问题,使司法真正实现其社会功能。就此,理论界和实务界都需要对声誉机制做具体的研究。

二、实证策略和数据

本文将人们对法院的信任感与法院的声誉作为相似的概念进行处理。这首先是因为法官的荣誉感从根源上来自人民的评价:在一个社会中,人们越信任法官,说明法官声誉越好,社会地位越高。同时,这也是这一领域文献的一般做法,多数政治学和社会学研究都对此作了类似处理。⑰ 当然,法官在法律职业群体内部也有一定的声誉。比如,律师、学者对法官的评价,学生对法官的崇拜,同行人的口碑,都可以构成法官的声誉和荣誉感来源。但是很显然,相比于民众信任和社会声誉,这些都不是形成法官社会地位的最本质因素。⑱

在技术上,要确认声誉和司法绩效间的联系,最大问题是互为因果的问题(simultaneous causality)。声誉与法院工作表现之间在统计上可能存在共同变动的关系,但是我们很难确认究竟是声誉提升了绩效,还是绩效打造了声誉。

本文使用一个工具变量回归解决这一问题。如所有工具变量回归一样,在方法分为两步。第一步,本文使用跨国比较的数据发现,在有陪审团的国家,人们对法院具有更强的信任,即法官具有更佳的声誉。第二步,文章发现,在这些国家,法院在合同执行、债权人保护上都有更好的表现。由

⑰ 比如对职业荣誉的研究, see Alex Inkeles, Peter H. Rossi, National Comparisons of Occupational Prestige, 4 *American Journal of Sociology*, 1956, pp. 329 - 339; Robert W. Hodge, Paul M. Siegel, Peter H. Rossi, Occupational Prestige in the United States, 1925 - 63, 3 *American* Journal *of Sociology*, 1964, pp. 286 - 302。以及对组织层面信任的研究, see Charles Perrow, Organizational Prestige: Some Functions and Dysfunctions, 4 *American Journal of Sociology*, 1961, pp. 335 - 341。

⑱ 因为"行行出状元",每一行业里的佼佼者都有由其同业口碑形成的声誉和荣誉。但是一个行业总体的社会地位如何,最终要看民众的评价。

于陪审团制度大多是历史形成的，且多只在刑事案件（和一些涉及人身权的民事案件）中出现⑲，因此，陪审团对民事司法绩效而言是外生的。从这个角度来看，我们有理由推测，这些商事纠纷效率的提高是由声誉机制带来的。以上的结果在控制了一国的经济发展水平、司法腐败程度等变量后仍然显著。

这里先介绍文章数据，本文收集了相关跨国司法制度的数据，表1显示了我们的数据来源。

表1 数据内容与数据来源

要素	具体内容	来源
民众信任感	民众对法院的信任感、民众对政府的一般信任感	世界价值观调查
法院品格	司法廉洁程度	世界正义项目
	审判独立程度（综合了法官任期、任命、司法审查、宪法地位等多个要素）	(1)学者研究⑳ (2)世界经济论坛
司法能力	合同执行能力、债权人保护水平	世界银行《世界行商环境调查》
	产权保护水平	世界经济论坛
司法制度	判例法	学者研究㉑
	陪审团制度	美国外交部网站
	法系渊源	学者研究㉒
宏观数据	经济发展水平（国民生产总值等）	世界银行数据库

世界价值观调查统计了这两个问题：你在多大程度上相信你们国家的法院（How much confidence do you have in court?）以及你在多大程度上相信你们国

⑲ Neil Vidmar, et al., *World Jury Systems*, Oxford University Press, 2000.

⑳ Rafael La Porta, et al., Judicial Check and Balance, 112(2) *Journal of Political Economy*, 2003, pp. 445 – 470, and Julio Ríos-Figueroa, Jeffrey K. Staton, An Evaluation of Cross-National Measures of Judicial Independence, 30. 1 *Journal of Law, Economics and Organization*, 2014, pp. 104 – 137.

㉑ Ibid.

㉒ Rafael La Porta, Florencio Lopez-de-Silanes and Andrei Shleifer, The Economic Consequences of Legal Origins, 46(2) *Journal of Economic Literature*, 2008, pp. 285 – 332.

家的政府(How much confidence do you have in government?)。这是政治科学中标准的调查信任感的方式。[23] 以往的政治科学研究表明,每个国家民众对信任的回答都有着系统性的偏误,即每个国家的民众由于文化、心理认识等因素,对这一问题本身的理解不同;另外,一些地区(特别是东亚国家)的民众在整体上更倾向于在问卷调查中回答较高的政府支持度和信任度,但这并不代表这些国家的实际情况。比如,中国民众在这一问题中答题的均值甚至高于美国民众的回答。但稍加思考和对照常识我们便知道,这一通过数据简单对比体现的情况并不真实。其原因很可能是中国人更倾向于作出较高分的回答,而美国民众更倾向于在整体上责难或批评该国政府。综合来看,对这些问题本身的回答并不能直接作出国际间的对比。为了解决国际间对比问题,本章用对法院的信任程度减去对政府整体的信任程度,得出一个差值。这个差值的意义是:第一,它相当于减去了每个国家民众对政府在整体上的信任趋势,即减去了答题者的文化、心理等偏误,这一数值随之可以进行国际间的比较;第二,这一数值也显示了人们对司法的信任程度在多大程度上多于或少于(广义的)政府整体。

值得一提的是调查的时间。世界价值观调查从1989年至2014年,一共完成了6轮调查,平均每5年做一轮;每一轮覆盖的国家既有重合又有区别。因此,严格来说,它不是一组"国家—年"的面板数据。但它又确实具有"国家—年(轮)"两个维度。在以下的分析中,我们将其作为面板数据处理,控制一定的时间固定效应。

审判独立指数来自多个渠道,用于互相对比和交叉检查。在回归分析中用作控制变量的,来自几位政治科学学者的研究。他们的指数是目前最完善的描述司法独立实际情况的数据,自编制后被较为广泛地使用。[24] 另外,本文也收集了多个与审判独立相关的指数,作为参照与核对。包括,法官是否采取终身制,法官任命是否受政府影响,司法是否有对立法进行违宪审查的权力等——这是一个客观的衡量标准,人们在观感上是否觉得法院能够限制政府权力等。

---

[23] 比如,美国著名政治调查公司盖洛普(Gallup)也长期采用这一问题对民众的信任感进行采集。

[24] Julios Ríos-Figueroa, Jeffrey K. Staton, An Evaluation of Cross-National Measures of Judicial Independence, 30.1 *Journal of Law, Economics and Organization*, 2014, pp. 104 - 137.

司法廉洁程度来自世界正义项目,它的调查方法是对职业群体、学者和民众的综合问卷调查。司法廉洁程度数据取自以上这些群体的主观感受。鉴于世界正义项目的抽样方行法较为严格,样本较多,提问方式也非常合理,这一数据有着较强的真实性。具体而言,本章将法院的腐败程度减去政府整体的腐败程度,形成一个差值,以对应上文中信任感的差值。

债权人保护的数据来自世界银行。这一数据的编纂最早来自经济学家的研究。西蒙·德加科沃(Simon Djankov,新政治经济学派的重要代表)向一些国家的法官、律师和学者(主要是破产法专家)发去一个虚拟的酒店破产案件,并提出一系列问题,涉及该国处理破产案件时间、程序,债权人获取偿付的可能性及偿付占原债权的百分比,担保债权优先执行在多大程度上排除了其他债权人的权利等。德加科沃综合了这些数据,形成了一个债权人保护水平的指标。㉕ 这一指标后来被世界银行发展,成为一个更为系统、覆盖更多国家的指数。由于破产程序一般由法院处理,即便不经法院处理,也运作于法院的监管之下,因此,这一指标能较好地体现法院在债权人保护上的工作能力和水平。

合同执行能力的数据与债权人保护水平的数据收集方法类似,也来自一个具体的合同执行案件。这一指标也来自世界银行的调查。

三、陪审团与司法信任

近两百年前,托克维尔在游历了美国后写下了对陪审团的观察,“表面上看来似乎限制了司法权的陪审制度,实际上却在加强司法权的力量;而且,其他任何国家的法官,都没有人民分享法官权力的国家的法官强大有力”。㉖ 从现有的数据来看(见表2),这一观察到今天仍极具洞见——陪审团制度能极大地增强对法院的信任感,这种增幅在6% ~9%。这一回归的结果变量(被解释变量)是人们对法院的信任感。

这并不奇怪,现代陪审团制度诞生之初,便伴随着对抗政府暴力、保护民权的设计。比如,美国独立宣言谴责乔治三世滥用权力、对司法进行不正当干涉,

㉕ Simeon Djankov, Oliver Hart, Caralee McLiesh, Andrei Shleifer, Debt Enforcement Around the World, 116.6 *Journal of Political Economy*, 2008, pp. 1105 – 1149.

㉖ [法]托克维尔:《论美国的民主》(上卷),董果良译,商务印书馆1991年版,第318页。

“在许多案件剥夺我们受陪审团审判的权利(或利益)”。因而,美国宪法第3条特别确立了刑事审判中的陪审团制度,使每个当事人都能受到陪审团的裁判——实际上是保护。对于陪审团制度设计的原因,美国最高法院在1968年邓肯诉路易斯安那一案中有着重要的表述,最高法院认为,“美国宪法的制定者从历史经验中得知,我们非常有必要保护人民不受罪名构陷。消灭敌人则很可能是法官过度地听从更高层级的指示。国父们努力创造一个独立的司法制度,但仍然坚持要求进一步抵抗(法官)专断的行为。向一名犯罪嫌疑人提供由其同僚组成的陪审团审判的权利,给他带来了难以估量的保护,以对抗腐败或过激的检察官,以及带有偏见和性格怪异的法官”。㉗

从中我们不难看出,陪审团制度的设立初衷是以同僚审判对抗国家暴政,具体而言,其通过分散法官、检察官在刑事审判中的权力(认定罪与非罪)来起到防止法官受到不正当影响而构陷犯罪嫌疑人的目的。

表2　陪审团制与民众信任

变量	(1)	(2)	(3)	(4)
	信任与声誉	信任与声誉	信任与声誉	信任与声誉
陪审团制	0.107**	0.108**	0.153***	0.130**
	(0.0508)	(0.0517)	(0.0577)	(0.0530)
普通法系	—	-0.00199	0.110	0.165**
	—	(0.0579)	(0.0867)	(0.0802)
普通法系×陪审团制	—	—	-0.186*	-0.300***
	—	—	(0.108)	(0.102)
审判独立	—	—	—	0.436***
	—	—	—	(0.0927)
司法廉洁	0.942***	0.945***	0.914***	0.555**
	(0.251)	(0.267)	(0.265)	(0.254)
国内生产总值	0.0420***	0.0421***	0.0452***	0.0243*
	(0.0132)	(0.0134)	(0.0134)	(0.0130)

㉗ Duncan v. Louisiana, 391 U. S. 145.

续表

变量	(1)	(2)	(3)	(4)
	信任与声誉	信任与声誉	信任与声誉	信任与声誉
常数项	-0.792**	-0.793**	-0.935**	-0.632*
	(0.356)	(0.360)	(0.366)	(0.341)
年固定效应	是	是	是	是
观察值	131	131	131	131
R方	0.415	0.415	0.430	0.527

注：标准差见括号中：$***p<0.01$，$**p<0.05$，$*p<0.1$。

同时，陪审团制度发展到今天又有了新的制度意义。主要体现在两点：第一，增强公众参与，使人们更了解法院的程序和流程，减少司法神秘感或暗箱操作的嫌疑，增强人们对司法的信任。[28] 托克维尔在《论美国的民主》中探讨陪审团制度教育民众的功能，表述的也正是这层含义——"陪审制度不但是人民当家做主的有效途径，也是人民学习统治的最有效手段。正是得益于实行民事陪审制度，美国的法治精神才渗透到了社会的所有阶层"。[29] 第二，陪审团还能成为法院的卸责机制，转移人们对司法的批评。实践中，很多案件事实是难以界定的，法院难免处于左右为难的尴尬境地；而陪审团为法官分担了这方面的责任。比如，2014年年末在美国引起大规模骚乱的弗格森案，陪审团起到了分担责任的作用。案件的关键点在于警察是否轻率地向黑人青年布朗射击。而由于证据匮乏，案发时的情形无法确定，这留给了司法系统一个难解的事实问题。这时由大陪审团解决这一问题，隔离了法官的责任，使法院避免陷入左右为难的局面。[30] 实际上，虽然弗格森案中陪审团不起诉警察的结论受到社会指责，甚至引起骚乱，但是民众对法院本身的评价和信任却未受影响。反过来，在我国的彭宇案中，法院无法确认老年人摔倒时的事实，因此只能推断将老人送至医院就诊的小伙子彭宇是责任人——这其实反映的是法院在证据匮乏面前的无奈，而这种无奈在任何司法系统中都无法避免。只是，在彭宇案中，人们认为

---

[28] Jeffrey B. Abramson, *We, The Jury: The Jury System And The Idea Of Democracy: With A New Preface*, Harvard University Press, 1994.

[29] 同前注26，第311页。

[30] 当然，大陪审团和陪审团是不一样的制度。大陪审团决定是否对嫌疑人提起刑事诉讼。不过，在作为法院的卸责机制上，两者的功能一致。

法院的判决引发了荒谬的社会示范效果,法院的判断引起了民众的普遍不满,司法的公信力随之受损。比较中美两国的情况,就能得知陪审团制对法院自身的缓冲作用。

当然,陪审团制度的许多缺陷也被人们诟病。首先,陪审团可能并不了解自己的任务和法律提供的规则,这导致制度不能实现其设立目的。其次,陪审团制度迁延耗时,拖延审判实践,增加诉讼成本。再次,陪审团制度强制人们放下手中本职工作而从事陪审工作,造成了相应的社会成本。最后,陪审团对事实判断的准确程度如何,也一直广存争议。[31] 不过,在关于陪审团的优劣考量时,其增加民众对司法信任这一功能不应被忽略。本文的回归分析提供了直接的经验证据。而这也印证了托克维尔另一项重要的观察:在讲述陪审制度的时候,必须把这个制度的两种作用区分开来:第一,它是作为司法制度而存在的;第二,它是作为政治制度而起作用的。[32] 显然,不论陪审团作为司法制度组成部分的效果如何,其作为政治制度增强司法公信的作用非常显著。

另一个相关的实证发现是,陪审团制在大陆法系国家能起到更大的作用。回归的第(3)、(4)栏加入了普通法系与陪审团制的交乘项。可以看到,这一交乘项显著为负,即陪审团制在普通法系的边际效果不如在大陆法系国家。反过来说,即如果一个大陆法系国家接受了陪审团制,那么人们对法院信任感的增幅会更大。至于有哪些大陆法国家设有陪审团,哪些普通法国家不设陪审团,可以见表3的介绍。

这一发现是符合普通法系和大陆法系发展历史的。德国和法国法系国家——包括德国和法国自身,多转型自中央集权体制的社会,这些国家的政府权力普遍较强,法院在很长时间内是政府和王权压迫民众的工具。在这种情况下,陪审团作为民众自己对自己的审判机制实际上是在抵御政府通过司法的滥

---

[31] 一方面,孔多塞陪审团理论认为陪审团能提高事实认定的准确程度,这一公共选择理论的命题在理论上证明,当每个人对事实的判断正确的可能性大于纯粹猜测时,综合越多人的意见作出的决策越为准确。我们在电视节目"开心辞典"中经常能看到答题人求助现场观众,其正确率极高,正是由于孔多塞陪审团理论。这里,陪审团可能比法官本人更少地犯错误,更准确地界定嫌疑人罪与非罪。另一方面,很多研究也指向了相反的结论,认为陪审团在专业性上不如法官,认定事实更为不准确;更重要的是,陪审员更容易受极端情绪的影响,作出夸张的判决。对此的综述,see Valerie P. Hans, Neil Vidmar, Hans Zeisel, *Judging The Jury*, Plenum Press, 1986。

[32] 同前注26,第311页。

权。比如,法国在大革命后强化了陪审团制度,正是忌惮于王权通过刑罚的压迫,而要树立一种保障每个人都受其同僚审判而抵抗集权暴政的司法制度。也正是因此,拿破仑在共和时期推崇陪审团制,却在帝制时期一直削弱陪审团的作用。[33] 相比之下,在普通法系国家,比如在英国,法官有着分离于政府而独立进行判决的传统,王权对司法的控制本身也较弱。不难想象,在这种情况下,陪审团制度在大陆法国家较之英美法国家更能增加人们对司法的信任,即上述交乘项显示的结果。

表 3　陪审团与法系

设有陪审团的大陆法国家		不设陪审团的普通法国家
阿尔及利亚	日本	巴基斯坦
安道尔	瑞典	津巴布韦
巴西	萨尔瓦多	马来西亚
布基纳法索	突尼斯	孟加拉国
俄罗斯	乌克兰	南非
法国	西班牙	尼日利亚
芬兰	—	塞浦路斯
格鲁吉亚	—	泰国
马里	—	新加坡
墨西哥	—	印度
挪威	—	赞比亚

[33] Bernard Schnapper, Le Jury Français Aux XIX et XXème Siècles, *in The Trial Jury in England, France, Germany* 1700 – 1900, edited by Prof. Dr. Antonio Padoa Schioppa, Duncker, Humblot, Berlin, 1987. 转引自施鹏鹏:《法国的陪审制移植失败了吗?——以法国陪审制发展史为中心展开》,载《司法》2013 年第 4 辑。

四、信任、声誉与绩效

这里借助陪审团制作为工具变量,确认信任感(法院声誉)与司法绩效间的因果关系。陪审团制度之所以可以作为一个有效的工具变量,首先是因为它主要出现在刑事案件的审判中,与民事案件的绩效没有直接的关系。具体来讲,在除了美国、加拿大和英国的世界大部分国家,陪审团仅在刑事审判中被使用;而即便在美国、加拿大和英国,民事案件中也只有诽谤等涉及人身权利的诉讼可以召集陪审团。[34] 综合来看,陪审团制与本文考察的以债权保护和合同执行为代表的司法绩效不存在直接的因果关系。

另一个重要因素是,如表 2 和表 3 显示的,陪审团制度也并不是普通法系所特有的制度,因此它与法系渊源的关系也不强。这里的理论背景是:法律与金融学派(LLSV)的研究证实了法系渊源与法院债权保护和合同执行能力的很强的相关关系。因此,如果陪审团制度完全与普通法系重合,即便用工具变量的方式找到了信任与绩效的协同变动,我们很可能观察到的也只是由法系驱动的一因多果关系。相反,陪审团制度与法系不重合则使我们避开了这一问题。下文的回归分析也控制了法系的因素,综合来看,这使本文的工具变量分析在理论上和技术上都更为干净和彻底。

这里选取三个要素作为结果变量以考察司法绩效,分别是法院债权保护水平、合同执行能力,以及一国在整体上的产权保护水平。

首先,如表 4 第(2)至(5)栏所反映的,信任与声誉能显著提高法院债权保护水平。这里的结果变量是法院债权保护水平。这一数据来自世界银行行商指数数据(The World Bank, Doing Business Index),[35]其方法最早来自经济学家的研究。[36] 具体方法在前文数据部分作了具体介绍。这一数据作为结果变量,按"国家—年"的方法匹配至各控制变量上。

---

[34] Neil Vidmar, et al., *World Jury Systems*, Oxford University Press, 2000.

[35] 参见世界银行网站:http://chinese.doingbusiness.org/methodology/resolving-insolvency,最后访问日期:2015 年 3 月 12 日。

[36] Oliver Hart, Simeon Djankov, Caralee McLiesh, Andrei Shleifer, Debt Enforcement around the World, 116(6) *Journal of Political Economy*, 2008.

表 4 信任、声誉与法院债权保护水平

变量	(1)	(2)	(3)	(4)	(5)
	OLS	2SLS	2SLS	LIML	LIML
	债权保护水平	债权保护水平	债权保护水平	债权保护水平	债权保护水平
信任与声誉	29.85***	286.6*	246.8*	286.6*	246.8*
	(9.039)	(174.0)	(147.2)	(174.0)	(147.2)
GDP(对数)	7.494***	-4.516	-0.802	-4.516	-0.802
	(1.287)	(8.746)	(6.487)	(8.746)	(6.487)
司法腐败	-51.97**	-312.4*	-246.7*	-312.4*	-246.7*
	(23.48)	(185.5)	(144.5)	(185.5)	(144.5)
固定效应(年)	是	是	—	是	—
固定效应(轮)	—	—	是	—	是
常数项	-164.4***	68.13	32.10	68.13	32.10
	(34.02)	(179.9)	(149.2)	(179.9)	(149.2)
观察值	133	133	133	133	133
R方	0.444	—	—	—	—

注:1. 标准差见括号中: *** $p<0.01$, ** $p<0.05$, * $p<0.1$;2. 第(1)栏使用最小二乘法,第(2)、(3)栏使用两阶段最小二乘法,第(4)、(5)栏使用极大似然法,(2)至(5)栏都使用一国是否采用陪审团制为工具变量;3. 结果变量是一国法院历年的债权保护水平,来自世界银行行商指数;4. 历年的司法腐败指数来自世界正义项目。

其次,信任与声誉也能提高法院在合同执行中的效率(见表5)。合同执行的数据同样来自世界银行,它是专门为考察各国法院执行合同的能力而设立的一项指标。[37] 这一数据的调查方法最早来自经济学家的研究。[38] 它是两类指标的综合评分:一是对各国民事诉讼法上执行一项合同需经步骤的计算;二是向各国专家(诉讼律师和法官)发放问卷,询问一个案例中,合同得到执行所需的时间、步骤和成本,以及合同债权一般得以收回的比例等要素。

---

[37] 参见世界银行网站:http://chinese.doingbusiness.org/methodology/enforcing-contracts,最后访问日期:2015年3月12日。

[38] Simeon Djankov, Rafael La Porta, Florencio Lopez-de-Silanes, Andrei Shleifer, Courts: the Lex Mundi Project, 2 *The Quarterly Journal of Economics*, 2003.

表 5　信任、声誉与法院执行合同能力

变量	(1)	(2)	(3)	(4)	(5)
	OLS	2SLS	2SLS	LIML	LIML
	合同执行	合同执行	合同执行	合同执行	合同执行
信任与声誉	1.245**	9.243**	10.17**	9.243**	10.17**
	(0.614)	(3.716)	(4.922)	(3.716)	(4.922)
GDP(对数)	0.574***	0.198	0.197	0.198	0.197
	(0.116)	(0.258)	(0.295)	(0.258)	(0.295)
司法腐败	1.712	-10.01*	-11.21	-10.01*	-11.21
	(1.761)	(6.010)	(7.643)	(6.010)	(7.643)
常数项	-10.50***	-3.045	-1.692	-3.045	-1.692
	(3.024)	(6.080)	(7.280)	(6.080)	(7.280)
固定效应(年)	是	是	—	是	—
固定效应(轮)	—	—	是	—	是
观察值	84	84	84	84	84
R方	0.445	—	—	—	—

注:1. 标准差见括号中:$***p<0.01$,$**p<0.05$,$*p<0.1$;2. 第(1)栏使用最小二乘法,第(2)、(3)栏使用两阶段最小二乘法,第(4)、(5)栏使用极大似然法,(2)至(5)栏都使用一国是否采用陪审团制为工具变量;3. 结果变量是一国法院历年的合同执行能力,来自世界银行行商指数;4. 历年的司法腐败指数来自世界正义项目。

产权保护是法院的另一项重要工作。不过,就目前的数据来看,法院的信任与声誉对一国产权保护水平似乎没有影响(见表 6)。产权保护的数据来自 La Porta et al. 的文章 *Judicial Check and Balance*(《司法审查和平衡》),同时用了世界经济论坛的数据(这里并未列出)作了比对。前者是对一系列国家在 1997 年的产权保护状况的赋值(1-5 赋值的标准包括法律对私有财产的保护、政府对私有产权的执行状况、政府征收财产的可能性等)。后者是面向各国企业经营者发放的问卷,询问类似的产权保护情况。值得注意的是,这两项数据在最初收集时都并不是针对法院工作绩效,而是体现一个国家产权综合保护水平的数据。而一个国家的产权保护水平是由很多因素决定的,如立法上是否尊重私有产权、监管中是否经常限制产权范围、执法中是否对产权进行不法侵犯,等等。法院能在其中起到的实际作用较小。这可能是这项数据不显著的主要原因。

表6 信任、声誉与一国产权保护水平

变量	(1)	(2)	(3)	(4)	(5)
	OLS	2SLS	2SLS	LIML	LIML
	产权保护	产权保护	产权保护	产权保护	产权保护
信任与声誉	1.241***	7.910	7.513	7.910	7.513
	(0.416)	(5.029)	(4.779)	(5.029)	(4.779)
GDP(对数)	0.246***	-0.0686	-0.00470	-0.0686	-0.00470
	(0.0599)	(0.256)	(0.211)	(0.256)	(0.211)
司法腐败	0.617	-6.132	-5.043	-6.132	-5.043
	(1.080)	(5.354)	(4.682)	(5.354)	(4.682)
常数项	-3.555**	2.565	2.100	2.565	2.100
	(1.581)	(5.283)	(4.852)	(5.283)	(4.852)
固定效应(年)	是	是	—	是	—
固定效应(轮)	—	—	是	—	是
观察值	131	131	131	131	131
R方	0.331	—	—	—	—

注:1. 标准差见括号中:$***p<0.01$,$**p<0.05$,$*p<0.1$;2. 第(1)栏使用最小二乘法,第(2)、(3)栏使用两阶段最小二乘法,第(4)、(5)栏使用极大似然法,(2)至(5)栏都使用一国是否采用陪审团制为工具变量;3. 结果变量是一国历年的产权保护水平,来自 La Porta et al.,2004;㊴4. 历年的司法腐败指数来自世界正义项目。

五、理论解释

什么是以上实证现象的微观机制呢?这需要先了解法官的效用函数,进而理解声誉和荣誉机制如何在短期和长期促进法院绩效的提升。

我们一般认为,法官的效用函数中包含了三个重要的变量,晋升、声誉和闲

㊴ Rafael La Porta, et al., Judicial Check and Balance, 112(2) *Journal of Political Economy*, 2003, pp. 445 – 470, and Julio Ríos-Figueroa, Jeffrey K. Staton, An Evaluation of Cross-National Measures of Judicial Independence, 30.1 *Journal of Law, Economics and Organization*, 2014, pp. 104 – 137.

暇。以往的司法行为理论和实证研究证明,声誉和职业荣誉感是法官工作最主要的激励。对这一效用函数要做五点说明:第一,法官的工资一般是固定的,不会随着其判案多少、判案质量好坏而变化,这在我们观察到的世界主要国家皆然,如美国、中国[40]、德国、日本等。因此,工作报酬一般不是效用函数中的变量。第二,在短期,法官由于人力资本、职业黏性等原因,不太容易走向外部劳动力市场,即不太容易从事其他非法律行业。另外,为了防止利益输送和交换,一般每个国家的法官法都规定法官离职后一定年限内不得从事律师等法律职业。从这两点来看,法官在短期内的外部劳动力市场较小,不太可能通过流动的方式获取更高的报酬——当然要注意,这个现象只在短期内成立。第三,法官晋升的空间也比较有限。比如在美国,只有极少的联邦法官有希望晋升为最高法院法官,而且法官在就职时一般也都明白自己的晋升前景如何。[41] 在中国,在法院的科层制结构中晋升是法官努力工作的一大激励,但是相比于其他政府公务员,法官的晋升速度、调整岗位都十分有限。[42] 第四,由于固定工资,也由于法官行业一般是"铁饭碗",又由于晋升途径受限,综合来看,追求闲暇可能成为法官的一种理性行为选择。这表现为,在法定的审理期限内,法官可以尽量拖延各个审判环节;在撰写判决书时,法官可以尽量减少说理深度和判决长度;在执行上,法官也可以马马虎虎、得过且过。这在各国皆然,比如,研究者发现美国法官在工作中倾向于尽量减少出具反对意见,因为反对意见的写作增加了工作负担,并有可能"得罪"同事。[43] 第五,如果不选择闲暇,而选择努力工作,法官的主要激励即为声誉,或者说是职业荣誉感。

在这一框架下就可以比较好地理解民众信任、声誉和司法绩效的关系。这种关系又体现在短期和长期两方面。从短期来看,民众的信任可以赋予法官个人职业荣誉感,而追求荣誉感反过来又促使法官认真工作、秉公执法;反过来讲,对法官的不信任使法官职业荣誉感普遍降低,法官因而更倾向于追求荣誉感以外的金钱报酬和闲暇时间,导致工作绩效下降。而从长期来看,当法官声誉较好、职业荣誉感强时,一些人力资本较高的法律从业者(律师、企业法务、

---

[40] 我国一些地方法院长期采用办案数(办案金额)与工资挂钩的制度,但在法院收支两条线的改革后各地都逐步取消了这一做法。

[41] Richard A. Posner, *How Judges Think*, Harvard University Press, 2010, p. 38.

[42] 来自作者访谈资料。

[43] Lee Epstein, William M. Landes, Richard A. Posner, *The Behavior Of Federal Judges: A Theoretical And Empirical Study Of Rational Choice*, Harvard University Press, 2013.

法学教授)将加入法官队伍。而且这些法律从业者之所以放弃律师等高收入或教授等多闲暇的工作,或是因为职业荣誉感对他们更为重要,或是因为他们对法官业务更有兴趣。无论怎样,增强荣誉感等于提升了法官队伍的整体工作回报,吸引了更多人才,使整个法官队伍的人力资本得以提升,司法绩效显然也将随之提高。反过来讲,如果法官不受信任,声誉和荣誉感差,则法官队伍中积累的高人力资本从业者也会流向其他部门。这已经被我国近年来北京上海等地法官辞职的现象所证实。

回到前文的数据分析,结果变量中的债权人保护效率,具体包括了在破产程序中回收债权的时间长短、手续多少、债权回收率大小、原企业业务是否会继续运营下去或者企业的资产是否会被分割出售等;合同执行效率,包括合同执行需要的时间、手续和成本。就这些指标来说:一方面,法官确实可以通过勤奋工作来提高保护债权人效率和执行合同效率;另一方面,从跨国比较来看(实际上也就是从长期来看),高人力资本的法官在解决这些纠纷时显然也更得心应手、效率更高。

具体来说,有以下几个因素。

第一,法官可以更勤奋工作以缩短办案时间、减少办案手续。如其他所有工作一样,法官在案件的程序和实体问题上都有很多的自由决策的权力。而法官是否抓紧时间办案,是否认真对待每一个细节,是很难靠外部机制监督的。因此,法官自觉或不自觉,勤奋或不勤奋,对案件的审理有着相当大的影响。这在债权人保护和合同执行案件中有着相同的机制。

第二,在破产案件中,法官很多时候要作出商业判断,即一家企业的业务是否应当存续,是否应该将资产分拆出售,是否召开、召开几次债权人会议、会议的程序如何,是否批准债权人债务人达成的和解协议,等等。这一系列判断的准确与否又关系到债权人能收回的债权比例。商业判断与法官的个人经验和能力非常相关。显然,一些国家的法官能力较强,则处理破产案件效率更高、效果更好,另一些国家的法官业务不熟练、不熟悉商业实践,则处理案件效率较低、效果较差。

第三,信任机制在此也可能直接发挥作用。在破产案件中,当债权人和债务人都比较信任法官(或法官指定的破产管理人)时,他们的沟通成本为之降低,更容易达成和解使企业存续。而一般而言,企业存续具有特定的商业价值,能更好地实现各利益相关方利益。在合同执行中,当法官权威较强时,其判决会更让当事人信服,当事人也更容易自愿履行合同、偿还债务。

第四,声誉机制的另一大作用是促使法官廉洁司法,杜绝司法腐败行为,这客观上极大地提升了司法效率。实际上,在法治不健全的国家,法官可能出现的最严重问题并不是不努力工作,而是操纵案件以索取贿赂。这是很多案件久拖不决,或者是案件处理效率低的重要原因。比如,我国的破产程序和资产处置程序中一度出现了大量的违法案件,法官在指定破产管理人时徇私舞弊、在召开债权人会议时偏帮偏信、在拍卖程序中使用各种方法低价向关联方销售债务人资产,屡见不鲜。这实际上是司法绩效的致命伤。

这个理论还有更为深入的一点。它指出了民众信任和司法绩效间一种互相影响、互为因果、交互演化的关系。具体来说,法院的实际作为会影响人们对法院的心理认知。这里的实际作为,既包括制度层面的宏观行为,比如,判例和陪审团制度、司法审查制度以及法院整体在多大程度上独立于行政机关的影响办案;也包括微观层面的作为,比如,法院处理案件的效率、法院的公正程度、司法腐败的普遍程度等。更重要的是,人们的心理认知也反过来影响法院的实际工作。当人们相信法院时,法官的声誉和荣誉感更强,工作会更顺畅、更公正,也更有效率,长远来看,法官职业也更容易吸纳高人力资本的从业者进而提高整体水平;当人们不信任法院时,法官也会因此丧失动力和激励,法官职业也更难吸引人才而形成良好的职业氛围。

不必用数学语言,我们能很清晰地看到这里存在两个均衡:一个均衡是人们信任司法而法官勤奋工作,另一个均衡则是人们不信任司法而法官怠于值守甚至受贿索贿。后者由于带来纯粹的租值耗散因而是一个对社会福利而言较差的均衡。这也符合我们现实中观察到的各国司法的具体情况。

六、结论

一个政治体总是需要一套机制来对纠纷作最终裁决,这既是社会正义的要求;更重要的,也是厘清产权、确立规则进而促进社会分工和合作的客观需求。现代社会一般将这个重任赋予法院,使其成为纠纷的最终裁判者。而最终裁判者的权力是不再受常规审查的,如何保障这一不受审查的权力不被滥用就成了理论和实践上至关重要的问题。

现代社会普遍授予法官很高的社会声誉、地位和职业荣誉感，以促使其爱惜声名而慎始敬终。只是这一机制是否有效，并未经实证研究的确认。本文的工具变量回归分析确认了这一机制的有效性，即民众更为信任声誉更佳的法院，且声誉更佳的法院在债权人保护和合同执行中的绩效也更为突出。随后文章从法官的效用函数出发解释这一发现的具体理论机制，它也指出了民众信任和司法绩效间互相影响、互为因果、交互演化的关系。我们能很清晰地看到这里存在两个均衡：一个均衡中人们信任司法而法官勤奋工作，另一个均衡中人们不信任司法而法官怠于值守甚至受贿索贿。

很遗憾，我国司法似乎处于较劣的这个均衡上。法律界也深刻地认识到这个问题，实际上，如何增强人们对法院的信任感是历来司法改革的重要议题。结合以往的研究和本文的理论来看，影响这一均衡的要素非常多，其中至少包括了司法的具体制度（如陪审团制、审判独立）、司法廉洁程度、经济发展水平等。在政策层面，需要注意这些变量中哪些是较好改变的，哪些在短期内较难改善。本文特别指出了法官声誉和职业荣誉感的核心作用，这是改革中一个应当着重注意的内容，也可能是改革的有效突破口。从这个角度来看，现在在我国一些地区试点推进的法官职业化和员额制改革可能具有根本性的意义。

北大法律和金融评论
(2016年卷),第60~84页

内幕交易行政处罚案例研究
——原则、绩效与修正初探

翁小川* 张雨婷** 黄勇升***

内容摘要:随着中国资本市场的发展,市场监管者以建立一个公平、公正的市场为目标,已经做出了非常大的努力,并且取得了很大的成绩。而内幕交易行为极大影响了证券市场的公平、公正,并会对市场参与者的信心造成很大的打击。我国内幕交易处罚相关的法规较为原则化,并且将法规细化的权力授予了市场监管者。本文研究了2000年到2013年中国证监会在其网站上公布的所有对内幕交易行为处罚的案例,试图总结出市场监管者在执法中未被法律叙明的原则,同时对立法和执法中凸显的相关不足,从实证的角度做出一些回应,并提出初步的改进意见。

关键词:内幕交易 行政处罚 案例研究

一、问题的提出

近年来,随着资本市场的不断发展,中国证券监督委员会(以下简称证监会)对证券市场中的违法违规行为的

---

* 澳大利亚新南威尔士大学法学院副教授,原上海交通大学凯原法学院高校特聘教授(东方学者)。

** 上海交通大学凯原法学院2013级硕士研究生。

*** 上海交通大学凯原法学院2013级硕士研究生。

处罚力度不断加大。证监会为建立健全公平、公正、公开的投资环境作出了巨大的贡献。[①] 内幕交易是世界各国都在重点打击的证券欺诈行为。[②] 内幕交易对投资者于股市的信心和监管者的权威都会造成巨大的损害。[③] 在大多数资本市场发展的初期,有各种迹象表明内幕交易有蔓延的趋势。[④] 从 2008 年开始,内幕交易行政处罚案件的数量呈直线上升的样态。[⑤] 由此可见证监会对打击内幕交易的决心。

我国现行证券法中对内幕交易的惩治有着明确的规定。《中华人民共和国证券法》(以下简称《证券法》)第 73 条规定,"禁止证券交易内幕信息的知情人和非法获取内幕信息的人利用内幕信息从事证券交易活动"。此外,刑法也有对内幕交易进行刑事处罚的条文。[⑥] 本文仅对内幕交易行政处罚依据的《证券法》有关内容和行政处罚的执行现状进行初步的探讨。

然而,不难发现这些规定也存在一些包括执行范围不明、处罚标准不一在内的问题。根据《证券法》的有关条文,立法者将最终解释针对上述问题条文的权利交给了行政执法部门。那么,执法机关如何解释这些条文,确立了哪些原则就变得至关重要。至少在现阶段,还没有专门解释这些问题的公开的规范性的文件。根据《证券法》第 184 条的规定,证监会在过去的十几年里持续不断地公布当年内幕交易行政处罚决定。[⑦] 这些决定蕴含大量关于前述

---

① 参见彭冰:《内幕交易行政处罚案例初步研究》,载张育军、徐明主编:《证券法苑》(2010 年第 3 卷),法律出版社 2010 年版。

② Marc I. Steinberg, Insider Trading Regulation-A Comparative Analysis, 37 *The International Lawyer*, 2003, p. 153.

③ 当然,对内幕交易的实质损害也有着不同的认识。

④ See Stephen M. Bainbridge, *Insider Trading*, 2007, Foundation Press.

⑤ Hui Huang, Insider Trading and the Regulation on China's Securities Market: Where Are We Now and Where Do We Go From Here? 5 *Journal of Business Law*, 2012, p. 379.

⑥ 《刑法》第 180 条规定:"证券、期货交易内幕信息的知情人员或者非法获取证券、期货交易内幕信息的人员,在涉及证券的发行,证券、期货交易或者其他对证券、期货交易价格有重大影响的信息尚未公开前,买入或者卖出该证券,或者从事与该内幕信息有关的期货交易,或者泄露该信息,或者明示、暗示他人从事上述交易活动,情节严重的,处五年以下有期徒刑或者拘役,并处或者单处违法所得一倍以上五倍以下罚金;情节特别严重的,处五年以上十年以下有期徒刑,并处违法所得一倍以上五倍以下罚金。单位犯前款罪的,对单位判处罚金,并对其直接负责的主管人员和其他直接责任人员,处五年以下有期徒刑或者拘役。内幕信息、知情人员的范围,依照法律、行政法规的规定确定。"

⑦ 《证券法》第 184 条规定:"国务院证券监督管理机构依法制定的规章、规则和监督管理工作制度应当公开。国务院证券监督管理机构依据调查结果,对证券违法行为作出的处罚决定,应当公开。"

问题解释的信息。通过研究证监会从2000年到2013年所有公布的内幕交易行政处罚决定,整理归纳证监会对内幕交易的处罚原则,可以得出对前述问题的一些实证解释。内幕交易需要大量精深的研究。可以说,本文提到的内容都可以进一步深挖,进行理论的探讨。希望本文可以抛砖引玉,引起学界对内幕交易的关注和讨论。

二、主体认定原则的探究

世界各国内幕交易的处罚原则各不相同。有的国家处罚任何获得内幕信息并以此获利的行为,而有的却只处理基于职务上的原因而获得内幕消息并以此获利的行为。[⑧] 这些区别都源于对内幕交易执行原则的不同认识。综合各国的做法,对于内幕交易的主体认定原则共有以下三种模式:

(一)普遍禁止模式

这种模式在资本市场初创时期比较常见。普遍禁止模式要求任何个人和单位,无论是因为何种原因获得的内幕信息,都不能够基于该内幕消息买卖股票。如果要买卖股票,必须将该消息公布于众使之不再为内幕消息,然后才得以交易该股票。[⑨] 这种禁止模式的特点在于打击面极广,基本囊括了无论通过哪种手段获得内幕消息的任何主体。这种模式能够提供最大的心理震慑。在有效执法的前提下,采用该主体认定原则能够最大限度地打击内幕交易。例如,在20世纪60年代,美国证监会(Securities and Exchange Commission,SEC)就曾经采取过这种主体认定原则。[⑩] 当时正处在美国经济萧条时期,证券市场内幕交易泛滥。无论从平息投资者对糟糕股市的怒火角度,还是从打击泛滥的内幕交易的角度,这种主体认定原则无疑是当时SEC的最佳选择。虽然这种处罚的效率非常高,但从公平的角度来讲,在一些特殊的情况下却有失偏颇。这是使一些国家和地区放弃这一原则而选择后两种原则的主要的原因。

---

⑧ Stephen M. Bainbridge, *Insider Trading*, Foundation Press, 2007.

⑨ Ibid.

⑩ 因为在1961年之前SEC并没有颁布10b(5),所以严格意义上说并没有内幕交易的处罚。然而,对内幕交易行为的处罚自1933年证券法颁布之后在就开始了,而处罚是建立在欺诈的基础上。

（二）信义义务模式（又称经典模式）

在普遍禁止模式下，任何人获得内幕消息而交易都是非法的。在经济学界和法学界都存在过是否需要禁止内幕交易的争论。[11] 大多数的论点都面对强有力的反方驳论。[12] 目前，比较公认的禁止内幕交易的理由是内幕交易违反了抽象的公平原则。允许内幕交易会带来一个不公平的投资环境。[13] 但是，这样的一种公平原则目前并没有任何经济学或者社会学意义上的支持。[14] 换言之，这种不公平是不是导致社会利益的减损或者导致任何相关交易方不当的利益减损是存在争论的。[15] 因此，这种"不公平"是仅对于整个社会心理而言的。然而，在内幕交易人偶然获得内幕信息并获利时，社会大众并不必然对此感到不公平。例如，一日某甲在酒吧喝酒，听见邻桌某乙在酒醉的状态下说出公司的一项利好的内幕消息。次日某甲以此消息为依据买入股票，并赢利。在这种情况下，社会大众的首先反映是感叹这样的机会没有轮到自己，同时对某甲的获利表现为羡慕，而非感到强烈的不公。如果对某甲加以和其他内幕交易人同等的处罚，无论从建立资本市场公平形象的角度、社会危害性角度还是从内幕交易防范的角度来看都没有太大的价值。此外，一些国家的立法机关和司法机关也意识到需要对内幕交易的规制，建立一些更加细致的规则，以约束监管机构的处罚权利。所以，立法者试图找到一种令人信服的理论，在约束执法机关权力的同时，来依法处理影响市场公正性的内幕交易人。在内幕交易人对信息的来源负有义务并有职务上的优势获得信息的情况下，内幕交易会导致最大的不公平感。[16] 信义义务模式应运而生。在这种模式下，只有当事人对信息的源头负有信义义务，又依此获得了内幕消息并获利的行为才是法律意义上需要惩罚的内幕交易行为。[17]相对第一种模式，这种模式的优点在于义务指向相对明确并能够很好地限制执法机关裁

---

⑪ 因为在1961年之前SEC并没有颁布10b(5)，所以严格意义上说并没有内幕交易的处罚。然而，对内幕交易行为的处罚自1933年证券法颁布之后在就开始了，而处罚是建立在欺诈的基础上。

⑫ 同上注。

⑬ Marc I. Steinberg, Insider Trading Regulation-A Comparative Analysis, 37 *The International Lawyer*, 2003, p. 153.

⑭ Stephen M. Bainbridge, *Insider Trading*, Foundation Press, 2007.

⑮ Frank H. Easterbrook, Insider Trading Secret Agents, Evidentiary Privileges and the Production of Information, 1981 *Sup. Ct. Rev.*, p. 309.

⑯ 参见Chiarilla案，445 U. S. 222(1980)。

⑰ 参见Chiarilla案，445 U. S. 222(1980)。

量权的扩张,但缺点是将内幕交易的主体限制得过于狭窄。

(三)保密或信任义务模式

在适用了一段时间信义义务模式后,不少人认识到信义义务模式的适用范围过于狭窄。在某些情况下,存在明显的放纵违法犯罪之嫌。有些当事人对信息的源头并不直接承担任何义务,但是因为存在某种关系的牵连而优先获得了内幕信息。比如,在收购案件中,收购公司雇用投资银行对目标公司的价值等方面做出评估,同时要求给出收购与否的建议。此时,投资银行对目标公司并不负有任何义务,而只对收购公司负有信义义务。(投资银行为收购公司的临时信义义务人。)那么,如果投资银行最后得出结论并说服收购公司收购,并且,在收购消息发出前,投资银行利用了该内幕消息获利。按照信义义务模式,内幕交易的处罚是不能对投资银行适用的。显然,这样是不公平的。因此,在不断的争论和实践中发展出了一套新的理论来解决经典理论适用范围的局限性:只要当事人对信息来源(而不是源头)负有一定义务,而这种义务宽泛到只要是和信任或者保密相关,那么当事人就可能是内幕交易人。这种义务模式很好地限定了义务人的范围,同时也具有现实的可操作性。目前,此类执行模式被一些资本市场发达的国家所采用。

那么,我国《证券法》是采用何种方式限定主体的范围,还是完全没有限制?我国《证券法》第73条规定知情人和非法获取内幕消息的人为内幕交易的主体。但是,何者为“知情人”?什么又是“非法获取”内幕消息的主体?且无论“非法获取”一词本身的模糊性,“知情人”的定位与本部分前述域外主体认定原则的诸多方式是否在同一语境下也不得而知。事实上,我国没有采取立法确立认定原则的方式来解决这个问题。虽然《证券法》第74条进一步揭示了内幕知情人的含义,但是却留了个“大大的尾巴”。[18] 第74条第7项规定“国务院证券监督管理机构规定的其他人”。因此,我国对知情人认定范围确定的权利实际上是在证监会手中。如果要找出我国认定知情人范围相关的信息,只有研究证监会过往处罚决定。通过对处罚决定的研究,才可以一

---

⑱ 《证券法》第74条规定:“证券交易内幕信息的知情人包括:(一)发行人的董事、监事、高级管理人员;(二)持有公司百分之五以上股份的股东及其董事、监事、高级管理人员,公司的实际控制人及其董事、监事、高级管理人员;(三)发行人控股的公司及其董事、监事、高级管理人员;(四)由于所任公司职务可以获取公司有关内幕信息的人员;(五)证券监督管理机构工作人员以及由于法定职责对证券的发行、交易进行管理的其他人员;(六)保荐人、承销的证券公司、证券交易所、证券登记结算机构、证券服务机构的有关人员;(七)国务院证券监督管理机构规定的其他人。”

窥我国是如何确定知情人的。

我们把2000年到2012年所有关于内幕交易的行政处罚决定进行了整理，设法将被处罚的主体进行归类。归类的原则基于上述三大类处罚内幕交易模式：(1)信义义务模式。如果被处罚人利用了职务之便，利用内幕消息从事交易而获得非法利益，我们认定为当事人违反了信义义务，进而将该案例计入采用信义义务理论的方式来处罚的案例中。(2)保密或信任义务模式。如果当事人对信息的来源并不承担任何形式的信义义务(通常是没有雇佣关系)，但是基于某种关系(如采访关系)而接触到内幕信息，进而利用该内幕信息进行交易获利的，我们定义为违反保密或信任义务的案件。(3)普遍禁止模式。即便当事人对内幕消息的来源不承担任何形式的信义义务，也并非基于任何关系而得到该消息，只要当事人利用该内幕消息进行交易获利的，我们均认定为普遍禁止模式下的案件。

我们通过统计得出，2000年到2012年的内幕交易案件共38件，其中遵循信义义务理论(Fiduciary Duty Approach, FDA)作出行政处罚的内幕交易案件有33件，占总案件数的87%，只有5%(共2起)适用了保密或信任义务模式理论(Disclosure or Abstain Approach, DAA)，8%(共3起)适用了普遍禁止模式理论(Misappropriation Approach, MA)(见附图1)。因此，这5个内幕交易行政处罚决定，对证监会内幕交易主体认定原则的研究显得尤为重要。

1. 保密或信任义务模式案件

在过去数年内，只有2件内幕交易案件适用了类似保密或信任义务理论。在第一个案件[19]中，当事人黄某时任C公司财务总监，而C公司是上市公司D的控股股东。当事人得知D公司打算定向增发进行融资的内幕消息后，于2007年4月10日买入D公司的股票。4月12日，当事人离开C公司，成为了D公司的董事会成员。在此前一日即4月11日，卖出其持有的D公司股票，亏损了约120元。[20] 第二起发生于2009年，当事人夏某时任《证券时报》浙江站站长。B公司是一家上市公司，A公司是它的控股子公司。在一次采访过程中，当事人得知A公司的一项研发项目获得了成功，经分析认为，

[19] 参见《中国证监会行政处罚决定书(张涛、王东海、魏亮等6名责任人员)》(〔2012〕14号)。

[20] 少量的损失也可以是一种盈利，如果知情人事先得知股价即将骤跌，此时进行内幕交易，以较小的损失避免更大的损失，因此可以看作是一种避损手段。

B 公司的股票价格必将上涨。基于此内幕消息,当事人交易 B 公司股票并获利约 35,000 元。[21]

在这两起案件中,两名当事人对内幕消息来源均不承担信义义务,但却违反了对内幕消息的保密或信任义务。尽管对这两个当事人行为的性质还争议颇多,[22]但证监会很确定地将当事人认定为内幕交易主体。黄某是发行人控股公司的高级管理人员,处罚其行为并非基于证监会的自由裁量权,而是直接适用法定条文(《证券法》第 74 条第 3 项)。但第二个案件的夏某首先基于采访关系得到 B 公司的内幕信息,后违反保密或信任义务进行内幕交易获利,继而受到证监会的行政处罚。因此该案被认为是中国唯一适用保密或信任义务模式的内幕交易案件。然而,在这两起内幕交易行政处罚决定书中,我们并没有看到证监会对当事人与上市公司之间的关系作出更加深入的说明。[23]

2. 普遍禁止模式案件

适用该模式的三起案件均发生在 2011 年。在案件一中,当事人岳某是上市公司 E 的前任高管,在与 E 公司现任高管马某通话 27 分钟后,卖出自己全部股票并进行 E 公司股票的交易,且遭受亏损。本案中一个关键点在于证监会并没有解释该消息的来源——马某的相关责任。然而,证监会在当事人"获取内幕消息"这一点尚有争议的情况下,坚信其违反了内幕交易的相关规定。当事人声称自己与前同事马某通话是为庆祝儿子出生(该事件属实),并非获取内幕消息,同时 78% 的涉案股票是在内幕消息被披露后买入的。综合来看,该案证实了无论合法与否,即便是并未获得内幕消息也会被追究责任。[24]

案件二中,上市公司 G 是慈善基金 F 曾经的捐款人之一,并且 F 基金的一位高管曾经在 G 公司任职。证监会基于上述事实,认定 F 基金因交易 G 公司股票获利的行为属于内幕交易,但处罚决定中并没有说明该内幕消息的具体内容。[25] 可以看出,即便获取内幕消息的可能性极小,但只要有交易事实,

---

[21] 参见《中国证监会行政处罚决定书(夏雄伟)》(〔2009〕26 号)。

[22] 黄某在案件处理过程中声称其交易时并不知晓内幕消息,显然,当事人为避免内幕交易的嫌疑,选择了在 4 月 11 日,即其成为 D 公司董事的前一日,卖出涉案股票并自行承担交易损失。而在第二个案件中,对夏记者获得的消息是否属于内幕消息学界也意见不一。

[23] 中国证监会内幕交易行政处罚决定书,同前注 21、23。

[24] 参见《中国证监会行政处罚决定书(岳远斌)》(〔2011〕57 号)。

[25] 参见《中国证监会行政处罚决定书(光华基金会、任晋阳、梁范栋)》(〔2011〕56 号)。

就极有可能受到证监会的惩罚。本案的理论路径事实上很难被归类到普遍禁止模式,因为在该案的处罚过程中几乎找不到有关认定"知情人"的信息。

相较于案件二,案件三的处罚决定更令人困惑。该案中当事人 H 交易了上市公司 I 的股票并获利约 75,000 元,后向证监会主动汇报情况,承认自己的内幕交易事实。但让人不解的是,证监会要求由 I 公司上缴赔偿额,并由 H 缴纳约 37,000 元的不足部分。[26] 在本案中,证监会再一次对内幕消息源头的责任情况不置一词。此案证实了,只要当事人获得内幕消息后进行交易即可构成内幕交易,而内幕消息的获得手段是否合法与处罚并无联系。

这种执法现状令人担忧,并且会导致过度行使自由裁量权的危害后果。但幸运的是,这类处罚决定在证监会以往的处罚决定中并不常见。

三、执法效果的评价

(一)执法效果的评价标准

由于政治、经济以及所有权结构在不同法域有所差别,因此并没有一个统一的标准或者参数来评价某种执法模式是否有效。[27] 但结合中国法治现状以及执法实践,也可以总结出一些当今内幕交易执法效果的评价标准。

第一,处罚的威慑效果是统领性的、最主要的评价标准。通过行政处罚对内幕交易行为形成有效的威慑,是评价执法效果最重要的一个标准。根据法治理论,法的威慑性总是与法的可预测性相伴的。[28] 为了对潜在的内幕交易者形成有效的威慑,必须要最大化对违法行为后果的可预测程度,这就要求建立可预测的惩罚制度,其中,最重要的因素包括惩罚的严厉性、合理性、协调性和明确性。对内幕交易者的处罚过轻,将难以有效威慑其他潜在的内幕交易者,从而难以有效制止内幕交易行为。

第二,违法程度与处罚力度相适应。这一标准要求同样程度的内幕交易

---

[26] 参见《中国证监会行政处罚决定书(林士泉)》(〔2011〕26 号)。根据 2005 年《证券法》,在大多数情况下,应没收内幕交易所有获利,并处以内幕交易者与获利金额相同的罚款。因此证监会事实上没有权力规定 I 公司上缴罚款,它唯一能做的是命令 H 上缴获利金额并处以相同金额的罚款。

[27] Laura Nyantung Beny, Do Insider Trading Laws Matter? Some Preliminary Comparative Evidence, 7(1) *America Law and Economics Review*, 2005, pp. 144 – 183.

[28] George Bailey, Predictability of the Law, 66 *West Virginia Law Review*, 1963, pp. 1 – 8.

行为应当受到同样力度的行政处罚,否则潜在的内幕交易者仍然会存在逃避处罚或受到较轻处罚的侥幸心理,继续进行内幕交易。

第三,处罚标准的明确性。如果惩罚标准含混不清,公众难以在相关案例里发现处罚的原则,在这种情形下来讨论违法后果的可预测性无疑是徒劳的。

但是,我们在对近年来内幕交易案例进行研究后发现,这三个因素互相交织,共同影响了最终的处罚,因此后文将分析每个因素实际上是如何影响执法的。

(二)我国内幕交易的行政处罚模式

证监会处罚内幕交易的法律依据是《证券法》第 202 条。㉙ 根据该规定,对内幕交易者有两种处罚措施:一是没收所有违法所得;二是处以非法所得 1 倍以上 5 倍以下罚款。对于进行内幕交易但是没有违法所得的,处以 3 万元以上 60 万元以下罚款。

有学者认为,此种处罚模式对内幕交易的处罚力度过轻,无法对内幕交易行为形成有效的威慑。㉚ 然而,有效的法律威慑不仅要靠金钱性的惩罚,也需要有效的执法。就《证券法》第 202 条规定而言,其在对内幕交易的惩罚上存在诸多不明确性,因此公众很难预见内幕交易的违法后果,这严重影响了证监会的执法效果。

(三)我国内幕交易行政处罚模式的缺陷

1. "违法所得"认定方法不尽合理

学理上,对于违法所得的计算主要有两种方法:一种是净利润法,另一种是市场吸收分析法。净利润法认为,违法所得就是获取内幕信息后买入股票,内幕信息公布后将股票卖出,该股票在这一买卖过程中增加的价值。用公式表示就是:违法所得 = 股票卖出价 × 买入股票数量 − 股票买入价 × 买入股票数量。市场吸收分析法认为,内幕交易中股价的增长是因为内幕信息的

㉙ 《证券法》第 202 条规定:"证券交易内幕信息的知情人或者非法获取内幕信息的人,在涉及证券的发行、交易或者其他对证券的价格有重大影响的信息公开前,买卖该证券,或者泄露该信息,或者建议他人买卖该证券的,责令依法处理非法持有的证券,没收违法所得,并处以违法所得一倍以上五倍以下的罚款;没有违法所得或者违法所得不足三万元的,处以三万元以上六十万元以下的罚款。单位从事内幕交易的,还应当对直接负责的主管人员和其他直接责任人员给予警告,并处以三万元以上三十万元以下的罚款。证券监督管理机构工作人员进行内幕交易的,从重处罚。"

㉚ 参见郭峰:《构建中国特色的反内幕交易制度》,载张育军、徐明主编:《证券法苑》2011 年第 4 卷。

刺激，因此市场将内幕信息完全吸收后的股价才应当是股价对内幕信息的反应，因此所谓的违法所得就是内幕交易者利用内幕信息获得的利益，用公式表示就是：违法所得 =（内幕信息被市场吸收后的股价 – 股票买入价格）× 买入的股票数量。下面举一实例说明二者的区别。

假设某公司一经理获取了公司即将并购的内幕信息。他在该信息公布前一日，以每股 1 元的价格买入了 1000 股该股票。第二天，当该内幕信息公布后，假设消息公布当日就完全被市场吸收，股价立即做出反应，该公司股价上涨到了 2 元一股。但是，该经理并没有在内幕信息公布的当天卖出，而是继续持股两周，也就是其获取内幕信息的第 16 天，该股票价格已经涨到了 3 元每股。当天他将股票卖出，在不考虑交易成本和税费条件下，其获利应当是 2000 元。那么在这 2000 元里，有多少是其违法所得？

按照净利润法，该经理的违法所得就是 2000 元[1000 ×（3 – 1）= 2000]。

按照市场吸收分析法，该经理的违法所得就是 1000 元[1000 ×（2 – 1）= 1000]。

通过上述例子可以看出，按照不同计算方法得出的结论完全不同。在股价变动大的情况下，两者之间的差距会更加明显。

我国证监会根据内部执法文件的公式计算各内幕交易案件中的违法所得。[31] 根据该公式，很明显证监会是适用净利润法来认定违法所得的，不同的是认定过程中考虑到了交易成本和配股配息的因素。为详细分析不同认定方法之间的区别，我们研究了 2008 年到 2013 年证监会在内幕交易案件中对违法所得的认定。[32]

---

[31] 根据《证券期货执法手册》（证监会内部文件，不对外公开）第六章第 23 条公布的计算公式：违法所得 = 持有股票现值 + 已经卖出股票的价值 + 股息 – 买入股票价值 – 配股成本 – 交易成本。

[32] 样本说明：由于数据的缺乏，2007 年以前的案例不纳入统计样本。我们分析了 2008 年到 2013 年 6 年间共 49 个内幕交易行政处罚案例，其中有两例[《中国证监会行政处罚决定书（新光硅业吕道斌等 5 名责任人员）》（〔2009〕24 号）；《中国证监会行政处罚决定书（周小南、朱敏、朱敖娣、潘企康）》（〔2013〕29 号）]缺乏股票的购买价格，无法计算违法收益，因此这两个样本也不纳入统计。此外，在股票均衡价格认定方面，本样本中股票的特定时间价格是通过同花顺股票交易软件查询得知。根据半强式有效市场假说理论，股票价格可充分反映出已披露的有关公司营运前景的消息，包含成交价、成交量、盈利资料、盈利预测值，公司管理状况及其他已披露的财务信息等。学者一般认为我国股票市场符合半强有效市场假说理论，根据这一理论，内幕消息一经公布，市场当日就对该内幕信息做出反应并完全吸收，以当日该股收盘价作为受内幕信息影响后股票的价格，即该股票的均衡价格。

我们用市场吸收分析法分别计算了每个案件中的违法所得并与证监会认定的违法所得额进行了比对,结果表明:(1)占比约47%的内幕交易处罚中(23例)[33],用市场吸收分析法计算出的违法所得金额高于证监会认定的违法所得,这意味着证监会如果采用市场吸收分析法,内幕交易者也可能面临更严重的惩罚。(2)采用市场吸收分析法计算出的违法所得的平均值约为176,000元,相比证监会高出近10%(约17,000元)。这一结论充分说明,在我国法律实践中,采用净利润法认定的违法所得并不一定就能起到从严处罚,从重打击的效果。这和直观的感受——净利润法较为严格——相悖。

实际上,采用净利润法计算,还存在可能高估或者低估违法所得的实际值的问题。因为内幕交易的可罚性是基于内幕交易者利用内幕消息所获的利益,该获利就是违法所得,所以违法所得必须和内幕消息有直接因果关系,其认定不能加入其他因素。根据有效市场假设理论,在半强式有效市场下,每股股票的违法所得就是在吸收了内幕消息后的价格与内幕信息公布前的购买价格之差。如果每一个内幕交易者都是在市场完全吸收内幕信息后立即将股票卖出,那么用净利润法计算出来的当然就是违法所得的实际值。但实际情况是,内幕交易者并非都是在内幕消息被市场吸收后这一时点立即将股票卖出。假设在此之后股价又因其他因素发生波动,意味着其中的部分价格变动与内幕消息之间并无直接联系,若将该总体股价变动认定为违法所得,明显是不合理的。因为如果股价因某种其他因素下跌或上涨,内幕交易者受到的处罚可能畸轻或畸重,这明显有悖于行政处罚的比例原则。

此外,在部分案件中,内幕交易者没有完全卖出手中所持的利用内幕信息购买的股票[34],证监会在认定这类案件的违法所得时,仅以已经卖出的股票为主,至于继续持有的股票则不纳入处罚范围。因此,若采用证监会现有计算方法,必然无法实际计算出此类案件内幕交易行为实际违法所得。相反,若采用市场吸收分析法,即使内幕交易者账面上没有任何获利也不影响对其违法所得的认定,因为无论内幕交易者是否将股票卖出,该股票价格在市场完全吸收内幕信息的当天已经做出了充分反应,其违法所得是

---

[33] 实际上,如果去除其中证监会处罚最重的两个案例(详情见附表),计算的权重将发生巨大变化。市场吸收分析法的处罚强度将会超过净利润法。

[34] 参见《中国证监会行政处罚决定书(陈建良)》([2007]15号);《中国证监会行政处罚决定书(张小坚)》([2010]44号);《中国证监会行政处罚决定书(王周屋)》([2013]22号)。

固定的。

因此，从以上两点来看，以市场吸收分析法计算违法所得比证监会现阶段采用的净利润法更加公平合理。

2. 避损案件处罚力度过轻

通常，内幕交易者进行内幕交易可能面临四种结果：（1）内幕消息是利好消息，例如，公司将进行并购、派股，且内幕交易者通过该内幕信息获利；（2）内幕消息是利好消息，但是同时出现了内幕交易者不知道的利空消息，虽然进行了内幕交易，但实际上并没有获利；（3）内幕消息是利空消息，如公司预计盈利大幅下降，内幕交易者在内幕消息发布之前卖出股票，避免股价下跌造成更大损失；（4）内幕消息是利空消息，但因为某些利好因素，没有发生预期股价骤降的结果，此时内幕交易者即使知道内幕消息也没有卖出股票的必要，即使卖出，实际上也并没有避免损失。而我国《证券法》第 202 条中的"违法所得"实际上指前两种利好消息刺激股价上涨的情形，而后两种提前获取利空消息，账面无获利却实际避损的情况下，内幕交易者规避的损失能否认定为"违法所得"则不明确。

假设将避免的损失认定为"违法所得"，对此类案件的处罚就应该首先适用"处违法所得 1 倍以上 5 倍以下罚款"这一规定。若不将其认定为"违法所得"，则应当适用"处 3 万元以上 60 万元以下罚款"这一规定。不同的认定对于内幕交易者而言，其所承受的不同法律后果之差异将是巨大的。

我们通过研究证监会近年内幕交易行政处罚案例后发现，证监会并没有将避免的损失认定为违法所得。综观过去 10 年内（2003 ~ 2013 年）的内幕交易案件，证监会共处罚了超过一百名内幕交易者，但其中只有 3 例是避损案件。[35] 第一例发生于 2004 年，行政处罚决定书里并未标明规避损失额度，内幕交易者直接被处以 2 万元罚款。[36] 第二例发生于 2008 年，内幕交易者规避了 7600 元损失，被处以 3 万元罚款。[37] 第三例案件发生于 2010 年，内幕交易者规避了 3000 元损失，但遭受了 8 万元的罚款。[38]

---

[35] 证监会在行政处罚决定书中特别说明这些案件是避损案件。参见《中国证监会行政处罚决定书（向小云）》（〔2004〕17 号）；《中国证监会行政处罚决定书（潘海深）》（〔2008〕12 号）；《中国证监会行政处罚决定书（姜永贵）》（〔2010〕23 号）。

[36] 参见《中国证监会行政处罚决定书（向小云）》（〔2004〕17 号）。

[37] 参见《中国证监会行政处罚决定书（潘海深）》（〔2008〕12 号）。

[38] 参见《中国证监会行政处罚决定书（姜永贵）》（〔2010〕23 号）。

避损案件在司法实践中数量如此之少,我们认为主要有两方面的原因。一方面,经过统计发现,证监会将一些避损案件归入其他类型案件中,比如意图牟利实际亏损案件。[39] 因此,这种分类错误导致了避损案件数量偏低。另一方面,在避损案件中,执法者很难发现并追究内幕交易者责任。我们分析了受到证监会处罚的账面上亏损的全部案件,其中,有12例个人被处罚的案件属于表面亏损实际避损的案件类型,且均发生在2008年以后。为了检验执法者有否在行政处罚中将实际避损的案件与获利的案件混同,我们选取了内幕交易者将股票卖出后的10个交易日内股票收盘价的算术平均值,作为内幕消息被市场完全吸收后股票的价格,以此计算内幕交易者的实际避损情况。结果表明:在该12例案件中,有9例都实际规避了更大的损失。避损与表面上的获利具有相同的社会危害性,因此没有理由将两类案件区别对待。内幕交易者利用利好消息进行内幕交易获利,其积极财产增加;利用利空信息交易避损,直接后果就是其无形财产增加。这二者效果相同,都是内幕交易者的个人财产的非法增加,又因为内幕交易行为具有违法性,因此增加的财产都构成违法所得。但证监会在实践中并没有没收内幕交易者所规避的损失,而仅仅处以3万到60万元罚款。此类案件当事人的账面利润为零,基于对法律的狭义解释,相比账面利润为正的内幕交易者,他们所受的处罚过轻。这表明我们对避损案件的处罚力度不足,且不将避损案件认定为违法所得是不合理的。

因此,修改《证券法》第202条,对平等处罚利用内幕消息交易股票获利或避损的内幕交易者是非常有必要的。建议尽快厘清规则含混之处。

3. 自由裁量权适用标准不明确

《证券法》第202条关于金钱性惩罚的规定赋予了执法机关大范围的自

---

[39] 参见表格4;《中国证监会行政处罚决定书(瞿湘)》([2008]12号);《中国证监会行政处罚决定书(ST黄海赵建广)》([2009]17号);《中国证监会行政处罚决定书(辽源得亨、辽河纺织、由春玲、赵利)》([2010]22号);《中国证监会行政处罚决定书(岳远斌)》([2011]57号);《中国证监会行政处罚决定书(张涛、王东海、魏亮等6名责任人员)》([2012]14号);《中国证监会行政处罚决定书(沈少玲)》([2012]23号);《中国证监会行政处罚决定书(庄坚毅、王建辉、高金花等6名责任人员)》([2012]37号);《中国证监会行政处罚决定书(马刚)》([2012]54号);《中国证监会行政处罚决定书(李国刚、白宪慧、周富华、姚文喜)》([2013]2号);《中国证监会行政处罚决定书(包维春、冯振民、吴春永)》([2013]14号);《中国证监会行政处罚决定书(周小南、朱敏、朱敖娣、潘企康)》([2013]29号)。

由裁量权。[40] 因此，我们应当明确处罚内幕交易行为时应将哪些因素作为重罚和轻罚的依据，否则就会有滥用自由裁量权之嫌。

前文已经分析，禁止内幕交易的一部分原因是内幕交易者违背了公平原则，内幕交易者利用内幕消息获得了本不该获得的利益，理应受到惩罚。违法者不能通过违法行为获得利益是法律制裁的一条基本原则，内幕交易使证券市场财富分配失衡，法律制裁就是要使这种不公平的失衡回归平衡，并对其他潜在违法者形成有效威慑，因此法律规定对内幕交易者的违法所得全部予以没收并以违法所得为基准，对内幕交易者处以1倍以上5倍以下罚款，其着力点是违法所得。因此，可以作这样一种大胆的假设：证监会在行使自由裁量权时可能以违法所得作为主要衡量标准，违法所得越多，处罚越重。[41]

为了检验这一假设，我们建立了回归模型对证监会处罚内幕交易的案件中违法所得与处罚金额的关系进行了分析，检验结果表明：整体上看，2008年到2013年违法所得与处罚金额具有高度正相关性。也就是说，证监会在惩罚内幕交易时，内幕交易者的违法所得是其行使自由裁量权的主要考虑因素。但是我们又分别对2008年到2013年各年度二者的关系进行了相关性研究（见附图2），发现2008年、2012年、2013年这三年，此二者具有高度相关性（见附图3、附图4），但2009年、2010年、2011年这三年的违法所得与处罚金额却并不相关（见附图5、附图6）。[42] 进一步分析这三年的案例，我们发现，执法机关在这三年里对内幕交易的罚款数额都比较低[43]，这在很大程度上可以解释为何处罚金额与违法所得在这三年里都没有相关性。这似乎表明除了个别案件以外，执法机关在这几年里不愿意对这些获得巨大收益的内幕交易者处

---

[40] 《证券法》第202条规定："证券交易内幕信息的知情人或者非法获取内幕信息的人，在涉及证券的发行、交易或者其他对证券的价格有重大影响的信息公开前，买卖该证券，或者泄露该信息，或者建议他人买卖该证券的，责令依法处理非法持有的证券，没收违法所得，并处以违法所得一倍以上五倍以下的罚款；没有违法所得或者违法所得不足三万元的，处以三万元以上六十万元以下的罚款。单位从事内幕交易的，还应当对直接负责的主管人员和其他直接责任人员给予警告，并处以三万元以上三十万元以下的罚款。证券监督管理机构工作人员进行内幕交易的，从重处罚。"

[41] 当然，我们也可以加入许多其他的考虑因素，例如主观恶性和对社会的危害。但是除违法所得可以量化外，其他的因素都很难被量化，无法作为执法标准来研究。

[42] 需要注意的是2008～2009年的样本过于稀少，这样将影响统计的科学性。实际上在2010年之前，对内幕交易的处罚力度相对不大。但是从2013年开始，处罚数量直线上升。希望在今后的几年里再做些实证研究，进一步观察罚款和违法所得的相关性。

[43] 参见2013年数据图。

以重罚,其罚款数额基本在3万元左右。反观2010年和2012年的内幕交易案件,证监会似乎只注重打击的数量而非惩罚的有效性。这两年案例里,证监会对获得巨大违法收益的内幕交易者仅仅作出表面上的惩罚,这样几乎不能对他们形成任何威慑。但值得注意的一点是,2011年年底证监会主席更换,虽无法在统计学上证明新主席上任与惩罚严厉程度的相关性,但2012年以来对内幕交易行为惩罚的严厉程度明显上升。2013年的案例充分体现违法所得与处罚金额高度相关,表明违法所得是证监会进行处罚所主要考虑的因素。

通过上述分析可以发现,证监会在执法过程中有很大的自由裁量权,但法律并没有具体细化证监会应如何行使自由裁量权。从执法实践来看,违法所得与处罚程度具有高度相关性,即使这是证监会实际执法中默认的考虑因素,但因具体法律规定的缺乏导致执法的任意性,甚至可能因某些政治因素或者领导人的更换而导向不同的执法程度。法治要求法律适用具有确定性、稳定性,但是证监会的自由裁量权因为缺乏明确规范细则,导致其所依据的标准缺乏明确性和可预测性。

四、几点建议和想法

(一)关于主体认定原则

证监会过去十几年内38起内幕交易案件事实发人深省。而正如前文所述,中国的内幕交易相关规则从未明确指出执法机关应当遵循怎样的认定原则,因此,相信本文对各种不同认定原则的梳理,将有助于提高中国相关法律条文的明确性。

1.问题一:是否任何人都可以被认定为内幕交易主体?

本文先前的案例研究证实,在大部分案件中,证监会主要适用信义义务模式,但也在部分案件中适用了普遍禁止模式。换句话说,无论知情人对内幕消息来源承担什么义务(包括完全不承担义务),基于内幕消息进行交易就可能是违法的。但普遍禁止模式的适用开始于证监会主席换届的2011年。[44] 尽管这

---

[44] 参见《盘点历任中国证监会主席》,载中国网:http://guoqing.china.com.cn/2013-03/21/content_28317360_6.htm,最后访问日期:2016年9月25日。

三个案件都发生于2011年之前,但新一届领导团队坚持对这三例内幕交易作出处罚。[45] 此外,适用保密或信任义务理论的两起案件均发生于2009年。虽然并不能证明更换行政首脑与扩大处罚范围之间的必然联系,但2009年与2011年对内幕交易处罚的反常情况却能证明证监会试图改变内幕交易主体的认定原则。

2. 问题二:惩罚是否应当针对每个人,该问题将来又该由谁回答?

正如前文所述,美国内幕交易执法中的主体认定原则经历了三个阶段的发展,即随着证券市场发展,从普遍禁止模式,发展到信义义务模式,再发展到保密与信任义务模式。但中国的内幕交易法则是以完全不同的方式在发展。从本文的案例研究可以看出,"知情人"这一概念范围越来越宽,但法律却未对此作出任何限制。[46] 证监会在2000年到2008年的内幕交易案件中仅仅适用了信义义务模式,但2009年有两例案件的处罚并未基于此。可能是为避免缺乏依据的政策变化引起的学界和社会的批判,一直以来证监会十分谨慎地维持其处罚原则,因此2009年的改变是非常值得注意的。这次改变可以追溯到两年前,2007年中国股市持续走低,民众对市场诚信问题的质疑升级。随着股票市场的衰退,惩罚有特权接触到内幕消息的内部人士,可以成功地将公众的愤怒从监管机构转移至一小部分的市场参与者。因此,尽管禁止内幕交易并不能完全改变市场诚信状况,但立法者仍选择加强对内幕交易行为的监控和制裁。2009年起,证监会主席开始反复强调,证监会将加强对内幕交易行为的制裁。[47] 然而,这种做法却不足以平息公众的不满情绪,因为他们仍相信是执法不力导致股票市场环境日益恶化,造成内幕交易猖獗,破坏了市场环境。[48] 正因如此,证监会最终只能扩大执法范围,处罚任何获取内幕消息的知情人。2011年,证监会开始出现以普遍禁止模式为主体认定原则的内幕交易处罚案例,形成了迄今为止最大的内幕交易主体惩罚范围。

---

[45] 参见《中国证监会行政处罚决定书(林士泉)》([2011]26号);《中国证监会行政处罚决定书(光华基金会、任晋阳、梁范栋)》([2011]56号);《中国证监会行政处罚决定书(岳远斌)》([2011]57号)。

[46] 2005年《证券法》第74条,参见前注20。

[47] 参见尚福林在2009中国金融论坛的讲话,载360doc个人图书馆:http://www.360doc.com/content/09/1223/15/452899_11804828.shtml,最后访问日期:2016年9月27日。

[48] Huang Hui, Insider Trading and the Regulation on China's Securities Market: Where Are We Now and Where Do We Go From Here? 5 *Journal of Business Law*, 2012, p. 379.

基于目前的市场情况,处罚范围的扩张趋势是可以理解的。正如美国内幕交易法第一阶段的发展路径,信义义务模式和保密或信任义务模式的主体认定范围过窄,以至于无法有效规制正在飞速发展中的市场。当投资者对市场失去信心时,监管机构需要确立明确的内幕交易处罚范围。但有一个问题不容忽视:随着市场的发展,当这种处罚模式不利于市场公平公正时,证监会是否会自愿削减自己的权力或者限制自己的执法地盘?有什么理由可以促使证监会自愿放权?证监会又将以什么形式放权?答案不得而知。然而基于公共选择理论,除了由小规模利益集团控制的权力主体,大部分的当权者几乎都不会为公共利益放弃自己的权力。[49] 因此,必须存在其他机构帮助遏制行政机构不断扩张的惩处内幕交易的权力。根据美国的经验,司法机构有权检查和平衡这一权力。当某一个案件的处罚过度不公平,司法机构有权重新规定相关机构的自由裁量权,且这一决定在以后的类似案件中同样生效。[50] 但中国毕竟不是判例法国家。在我国,因内幕交易被证监会处罚后,内幕交易者有权向法院提起诉讼,但由于目前的法律赋予了证监会处罚的自由裁量权,我国法院无法行使如美国法院一样的权力就认定原则本身施加司法干涉。因此,在目前中国的法律框架下,立法是限缩证监会权力的唯一途径,而立法是一项被动且次优的选择。[51] 由于目前没有对个案的司法审查制度,我们应当密切关注证监会的每个内幕交易处罚决定,并且对现行主体认定原则的适宜性进行评价。目前,内幕交易仍然是中国股票市场最关注的问题之一[52],但考虑到证监会打击内幕交易的决心,这种局面终将改变。因此,立法机关定期审查内幕交易处罚原则的适宜性和公平性,对形成高效公正的内幕交易惩治至关重要。

3. 问题三:真正的内幕交易主体能否被认定为惩罚对象?

本文的案例研究成果引发了我们的再思考:执法机构的惩罚对象是否正确?我国公司的股权结构高度集中,但缺乏针对控股股东内幕交易的有效处

---

[49] 有关公共选择理论内容,see James M. Buchanan, The Domain of Constitutional Economics, 1 (1) *Constitutional Political Economy*, 1990, p. 1。

[50] 例如:40 S. E. C. 907 (1961);445 U. S. 222 (1980);462 U. S. 646 (1983);521 U. S. 642 (1998)。

[51] Roberta Romano, Regulating in the Dark, 442 *Yale Law & Economics Research Paper*, 2012, Occessed Septemher 25, 2016. http://papers. ssrn. com/sol3/papers. cfm? abstract_id = 1974148.

[52] 参见肖刚:《加强执法:资本市场健康发展的基石》,载《求是》2015 年第 15 期。

罚,统观中国所有内幕交易案例,针对控股股东作出处罚决定的仅一例。这和我国的公司治理现状不相匹配。

中国的股票市场是由国有制股权市场发展出来的,起初,几乎所有上市公司都是国有的。[53] 在经历了国有股减持和治理结构改革之后,国家绝对控股的上市公司的数量减少,同时国家持股比例也有所下降,尽管如此,绝大部分的上市公司依旧属于国有。[54] 中国公司独有的股权结构导致了一系列不同于发达地区的代理问题,主要包含两方面:首先,由私人控股的上市公司本身就有控股股东代理问题。当所有权高度集中时,上市公司通常会出现控股股东。控股股东可以通过监督管理,减少管理层方面的代理问题。[55] 但同时,控股股东也会利用信息不对称和控股优势地位,通过牺牲小股东利益,从中获益。[56] 其次,国家控制着大量的上市公司,国有资产监督管理委员会(以下简称国资委)的各个部门要代表国家行使股东的权利,对这些上市公司进行日常监督。由于国资委等政府机构通常不愿意积极地介入公司日常治理问题,在国有控股上市公司内,代理问题通常还是管理层代理问题。换句话说,在这些公司里,存在管理层牺牲股东利益而换取自己利益的风险。另外,我们也不能忽略监督存在获得内幕交易信息的便利的行政机关人员。

中国股票市场的代理问题比较复杂,直观地说,除了管理层,控股股东甚至行政机关的相关人都有可能参与内幕交易。但可惜的是,研究结果表示,所有内幕交易案件中只有一起针对控股股东。正如现任证监会主席在最近的一篇文章中所述,证监会每年会启动对约110起案件(包括内幕交易)的调查,但只会对其中不到60起案件作出处罚,其他案件会在没有任何官方解释

---

[53] 参见袁剑:《中国证券市场批判》,中国社会科学出版社2004年版,第6页。

[54] Xiaochuan Wong, Chinese Shareholder Protection and the Influence of the US Law: the Idiosyncratic Economic Realities and Mismatched Agency Problem Solutions, 40 (4) *Securities Regulation Law Journal*, 2013, p. 5.

[55] 更多有关控股股东和管理代理问题内容, see Reinier Kraakman et al., *The Anatomy of Corporate Law: A Comparative and Functional Approach*(1st edn.), Oxford University Press, 2004, pp. 252–256 (Talking about the importance of agency problems in corporate law.); 以及 Jensen and Mecking, Theory of the Firm: Managerial Behavior, Agency Costs and Ownership Structure, 3 *Journal of Financial Economics*, 1976, p. 308 (Analyzing what is agency problem in firm.)。

[56] See Reinier Kraakman et al., *The Anatomy of Corporate Law: A Comparative and Functional Approach*(1st edn.), Oxford University Press, 2004, pp. 252–256.

的情况下作结案处理。[57] 我们不能了解到证监会每年会启动多少针对控股股东或政府机构相关人员的内幕交易案件,同样地,我们也不会知悉有多少案件会被中止处理。但很明显,这些都是执法问题,即便是修改法律也无济于事。

前述对控股股东和政府机构处罚的缺失对执法有两方面的影响。第一,针对特定群体的执法不力对执法机构提出新的要求。在当前的公司股权结构下,这种不平衡的执法模式不利于提高市场诚信,也不利于改善猖獗的内幕交易情况。第二,如果执法机构已经意识到上述问题并做出行动,那么法律法规的改进和社会正义的强化对实现公平、公正的市场环境至关重要。然而可以确定的是,内幕交易法律的执行仍将面临来自地方保护主义、行政干预,以及掌握内幕信息的控股股东的挑战。[58] 同时,证券执法部门需要更多的执法权力去真正地“打老虎”,而不是“拍苍蝇”。

4. 小结

综上所述,主体认定原则是内幕交易归责的关键。基于美国的法律实践,我们总结出三种主体认定原则:普遍禁止模式、信义义务模式以及保密或信任义务模式。[59] 每一种理论模式在不同的市场发展阶段都有其独特的价值和意义。中国的内幕交易执法以信义义务模式为主,普遍禁止模式为辅,这种主体认定原则的混合适用,对于改善当前中国遭受严重内幕交易冲击的证券市场环境可能有效。但由于法律赋予了执法机关巨大的执法权,导致司法机构无权检查执行机关每一项内幕交易处罚决定的合理性,因此立法机关必须建立定期审查模式,通过对内幕交易案件的及时审查和修正,防止不公平的执法行为。同时,过度针对管理层的处罚模式,在中国上市公司特殊的所有权结构下显得十分不平衡,由于控股股东和一些行政机关相关人也有获取内幕消息的途径,并可能进行内幕交易,除管理层外,执法机关也须将它们作为内幕交易的执法对象。立法机关和执法机关需要更加关注执法方面的不平衡并且作出及时回应。

(二)关于内幕交易执法建议

1. 以市场吸收法认定内幕交易的违法所得

证监会对内幕交易违法所得的计算主要依据净利润法,实证研究表明,

---

[57] 同前注 54。

[58] 同上注。

[59] See 40 S. E. C. 907 (1961); 445 U. S. 222 (1980); 462 U. S. 646 (1983); 521 U. S. 642 (1998).

有近一半运用了净利润法的案件得出的违法所得比市场吸收分析法低将近10%，这说明前者不见得一定比后者严厉，而且还存在放纵违法行为，忽略未交易部分的情况。

反观市场吸收法，不仅可以合理认定违法所得数额，使内幕交易者所受惩罚与其违法性程度相符，并且在内幕交易者未完全卖出所持股票的案件中，也不影响对违法所得的认定。基于此，建议采市场吸收法。该方法可有效并公正地对内幕交易者作出处罚。

2. 增强对利用内幕交易避免损失案件类型的处罚

现阶段《证券法》未将该类案件所避免的损失认定为“违法所得”，但事实上，内幕交易者通过减少消极财产所获利益，不会低于通过增加相同数量的积极财产所获利益。因此，利用内幕交易避免损失与获取利益这两种行为的社会危害性相当，证监会对二者处以两种极不相称的处罚，违背了行政处罚应当遵循的公平公正原则。因此，增加对利用内幕交易避免损失的案件的处罚力度，对于达到执法公正公平的目的、适当平衡牟利和避损的处罚力度是非常必要的。

3. 细化自由裁量权适用标准

前面通过定量分析可以发现，惩罚力度与内幕交易者获利大小是呈正相关关系，说明证监会在实际处罚中以内幕交易者获利大小为自由裁量依据。现行《证券法》或者相关司法解释并没有将这一处罚规则明确地书面化，给执法者留下了很大的权力空间，可能导致了执法活动的任意性和不确定性，也会降低违法者对所应当承担的法律后果的可预测性。因此，明确并细化适用自由裁量权标准，明确裁量的因素，也是未来《证券法》修改可以探讨的问题之一。

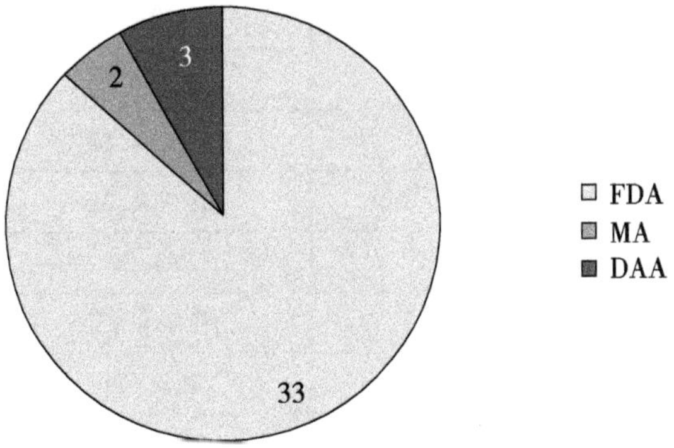

附图1　主体认定原则所占比重

附表　市场吸收方法(MMA)和中国证监会现行方法之间的差额

收益比较			
案件数	收益(人民币)		
	市场吸收法	中国证监会处罚金额	差额
(2013)6	8727.80	96,312.67	-87,584.87
(2013)13	1,171,242	1,005,424.80	165,817.20
(2013)14	-10,072	17,989.36	-28,061.36
(2013)16	154,216.49	241,525.44	-87,308.95
	561,925.98	879,222.19	-317,296.21
	1,050,396	41,412.79	1,008,983.21
(2013)18	951,787.99	2,846,631.46	-1,894,843.47
(2013)19	7840	54,632.15	-46,792.15
(2013)20	161,755.40	577,982.09	-416,226.69
(2013)21	3219	10,599.06	-7380.06
(2013)31	27,711	12,532.12	15,178.88
(2013)35	432,181.58	737,731.49	-305,549.91
(2012)3	-32,959.40	73,991.92	-106,951.32
(2012)14	383,703.58	117,704.64	265,998.94
	37,150	5890.62	31,259.37
	12,300	682.84	11,617.16
(2012)19	766	21,591.43	-20,825.43
(2012)24	566,930	134,773.84	432,156.16
	932,526	753,161.85	179,364.15
(2012)31	1,032,557.62	938,806.39	93,751.23
(2012)47	8666	7897.08	768.92
(2012)49	20,530	19,498.93	1031.07
(2012)51	16,594.74	40,957	-24,362.26
(2012)52	6449.28	5942.33	506.95
(2011)16	7136	16,086.23	-8950.23

续表

案件数	收益(人民币)		
	市场吸收法	中国证监会处罚金额	差额
(2011)24	189, 393. 09	11, 212. 83	178, 180. 26
(2011)26	174, 832	55, 570. 28	119, 261. 71
(2011)32	51, 170	29, 957. 64	21, 212. 36
(2011)41	153, 832. 60	120, 825. 56	33, 007. 04
	17, 647. 50	36, 834. 03	-19, 195. 53
	73, 410	64, 678. 70	8, 731. 30
	21, 600	33, 923. 10	-12, 323. 10
	172, 900	176, 309. 10	-3409. 10
(2011)49	2700	48, 800. 00	-46, 100
(2011)55	294, 106. 46	370, 959. 38	-76, 852. 92
(2011)56	263, 817. 45	21, 429. 02	242, 388. 43
(2010)2	157, 960. 53	141, 955. 80	16, 004. 73
(2010)18	53, 404	98, 632. 34	-45, 228. 34
	19, 152	9, 968. 74	9183. 26
(2010)29	59, 480. 30	69, 385. 26	-9904. 96
	106, 487. 20	48, 819. 02	57, 668. 18
(2010)32	155, 881. 04	112, 346. 05	43, 534. 99
(2010)53	2192	5039	-2847
(2009)4	48, 500	22, 506. 99	25, 993. 01
(2009)26	-2002	34, 046. 40	-36, 048. 40
(2009)45	-3564	29, 534. 09	-33, 098. 09
(2009)47	6550	12, 686. 29	-6136. 29
(2008)46	55, 741. 44	150, 099. 72	-94, 358. 28
	27, 938. 97	75, 106. 63	-47, 167. 66

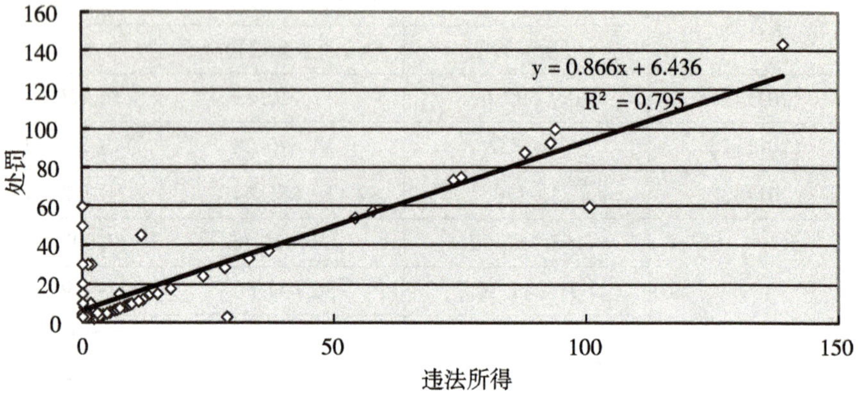

注:结论为高度相关。

附图 2　2008 年到 2013 年处罚和违法所得的相关性回归分析

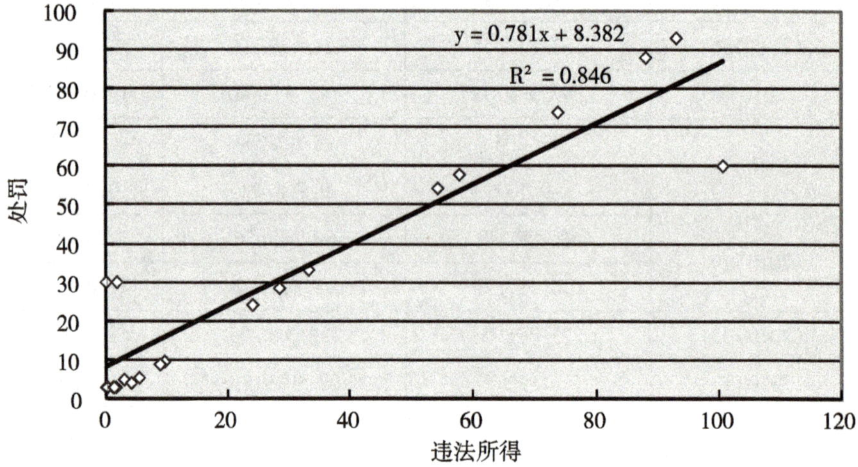

注:结论为高度相关。

附图 3　2013 年处罚与违法所得的相关性

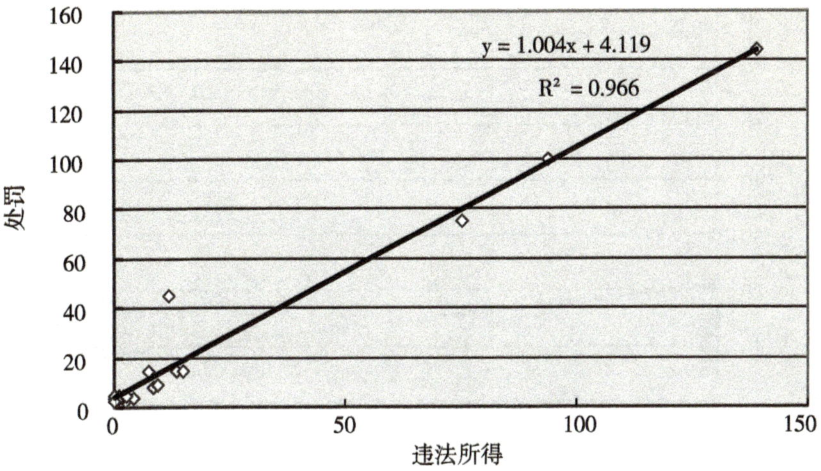

注:结论为高度相关。

附图 4　2012 年处罚与违法所得的相关性

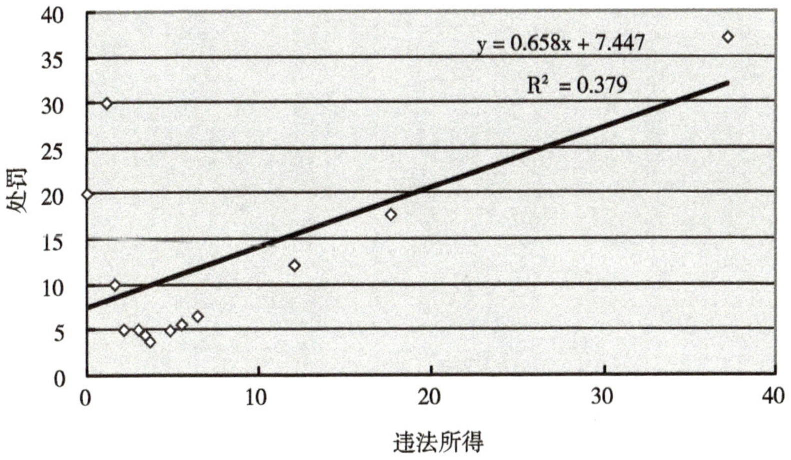

注:结论为不相关。

附图 5　2011 年处罚与违法所得的相关性

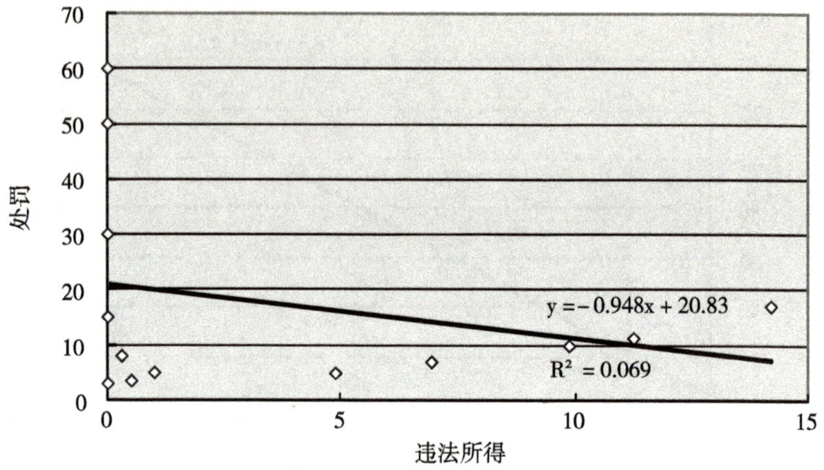

注:结论为不相关。

附图6　2010 年处罚与违法所得的相关性

北大法律和金融评论
(2016 年卷),第 85 ~105 页

证券民事诉讼与投资者保护
——来自 A/B 股市场的实证证据

徐文鸣* 邹宁尘**

内容摘要:证券民事诉讼作为公司治理的重要组成部分,肩负着在事后保护投资者权益的重任。本文选取了由 81 家上市公司发行的 162 只"孪生的 A/B 股",运用自然实验法分析最高人民法院 2002 年颁布的关于证券民事诉讼的通知对样本股票价格的影响。与 A 股组合相比,B 股组合在 3 天的事件窗口内获得了 2.08% 的超额收益。安慰剂测试证实,那些同时发行 A/B 股公司的 A 股和可比较的仅发行 A 股公司的 A 股之间并不存在超额收益。上述实证结果说明,集体行动问题阻碍了 A 股市场的中小投资者运用民事诉讼制度请求损害赔偿。另外,同一上市公司发行的 A/B 股之间超额收益的大小与该公司所在地法院系统的效率呈正相关关系。实证研究的发现对正在进行的证券市场监管改革有重要的意义:一方面,民事诉讼制度应该为中小投资者提供克服集体行动问题的机制;另一方面,无效率的法院系统增加了投资者请求民事赔偿的成本,受侵害的投资者应该被允许选择更有效率的

---

* 中国政法大学法与经济学研究院副教授,意大利博洛尼亚大学法学院法律经济学博士。对本文的评论和建议请发送至作者邮箱:wenming. xu@cupl. edu. cn。本文的英文版本发表在 *International Review of Law and Economics*,2016 年第 45 期,第 23 ~32 页。

** 中国政法大学法与经济学研究院研究生。

法院提起民事诉讼。

关键词:法律执行　投资者保护　证券民事诉讼　A/B股市场　事件研究法　处理效应

一、引言

以证券民事诉讼为代表的私人执行已经成为公司治理的重要外部机制,帮助监督公司高层管理人员。① 跨国实证研究显示,公共执行和私人执行的效率与证券市场发展存在正相关关系。② 良好的法律执行可以引导外部投资者配置更多的权益资产,企业因此更容易获得外部融资。现有文献对发达国家私人执行的实证研究较多,③对于转型国家法律执行制度的研究却不多见。

本文采用了自然实验的研究设计,探讨最高人民法院2002年颁布的《关于受理证券市场因虚假陈述引发的民事侵权纠纷案件有关问题的通知》(以

① Robert B. Thompson, Hillary A. Sale, Securities Fraud as Corporate Governance: Reflections upon Federalism, 56 *Vanderbilt Law Review*, 2003, pp. 859 – 910.

② Rafael La Porta, Florencio Lopez-de-Silanes, Andrei Shleifer, What Works in Securities Laws?, 61(1) *Journal of Finance*, 2006, pp. 1 – 32; Howell E. Jackson, Mark J. Roe, Public and Private Enforcement of Securities laws: Resource-based Evidence, 93(2) *Journal of Financial Economics*, 2009, pp. 207 – 238.

③ 美国《1995年证券私人诉讼改革法案》["Private Securities Litigation Reform Act of 1995"(PSLRA)]致力于限制滥诉和原告律师的代理问题。See Stephen J. Choi, The Evidence on Securities Class Actions, 57(5) *Vanderbilt Law Review*, 2004, pp. 1465 – 1526. 国会通过PSLRA,增加了存在较高诉讼风险企业的估值。See Katherine D. Spiess, Paula A. Tkac, The Private Securities Litigation Reform Act of 1995: The Stock Market Casts its Vote, 18(7 – 8) *Managerial and Decision Economics*, 1995, pp. 545 – 561; Marilyn F. Johnson, Ron Kasznik, Karen K. Nelson, Shareholder Wealth Effects of the Private Securities Litigation Reform Act of 1995, 5(3) *Review of Accounting Studies*, 2000, pp. 217 – 233. PSLRA也减少了针对预测性公告的诉讼。See Marilyn F. Johnson, Karen K. Nelson, Adam C. Pritchard, Do the Merits Matter More? The Impact of the Private Securities Litigation Reform Act, 23(3) *Journal of Law, Economics and Organization*, 2007, pp. 627 – 652. 然而,PSLRA并没有达到所有的预设目标。Choi和合作者发现,由于机构投资者经常作为首席原告,律师事务所试图利用竞选捐赠影响管理公共养老金的政客,规避首席原告规则的监督,增加他们被选为代理律师的可能性。See Stephen J. Choi, Karen K. Nelson, Adam C. Pritchard, The Screening Effect of the Private Securities Litigation Reform Act, 6(1) *Journal of Empirical Legal Studies*, 2009, pp. 35 – 68.

下简称《2002年通知》)对A股和B股市场的不同影响。[④]《2002年通知》第一次明确允许法院接受证券私人诉讼。在此之前,尽管"纸面上的法律"禁止虚假陈述并且为民事赔偿提供了基础,但上市公司事实上不必担心任何私人诉讼的风险。[⑤] 我国证券民事诉讼制度主要承担赔偿投资者的功能,跟美国兼有赔偿功能(compensation)和威慑功能(deterrence)的私人执行制度相比有显著的不同。[⑥] 首先,行政前置程序要求私人诉讼必须建立在公共机构处罚决定的基础上,主要包括证监会的行政处罚或法院的刑事判决。[⑦] 其次,《2002年通知》忽视了股东提起民事诉讼时面临的集体行动问题,要求他们必须采取单独或共同诉讼,而不能采取集团诉讼。再次,被告公司所在地的中级人民法院对证券民事诉讼拥有管辖权,[⑧]这显著增加了原告起诉的成本。最后,尽管实际控制人可以被列为被告,但他们几乎不用支付赔偿,这导致了

---

④ 《2002年通知》仅搭建出证券民事诉讼制度的框架。最高人民法院在2003年还颁布了《关于审理证券市场因虚假陈述引发的民事赔偿案件的若干规定》(以下简称《2003年规定》),规定了证券民事诉讼的制度细节。

⑤ Walter Hutchens, Private Securities Litigation in China: Material Disclosure about China's Legal System, 24(3) *University of Pennsylvania Journal of International Economic Law*, 2003, pp. 599 - 690; Benjamin L. Liebman, Curtis J. Milhaupt, Reputational Sanctions in China's Securities Market, 108(4) *Columbia Law Review*, 2008, pp. 929 - 983.

⑥ James D. Cox, Making Securities Fraud Class Actions Virtuous, 39 *Arizona Law Review*, 1997, pp. 497 - 524; John C. Coffee Jr, Reforming the Securities Class Action: An Essay on Deterrence and its Implementation, 106(7) *Columbia Law Review*, 2006, pp. 1534 - 1586.

⑦ Walter Hutchens, Private Securities Litigation in China: Material Disclosure about China's Legal System, 24(3) *University of Pennsylvania Journal of International Economic Law*, 2003, pp. 599 - 690; Li Guo, V. Y. Ong, The Fledgling Securities Fraud Litigation in China, 39(3) *Hong Kong Law Journal*, 2009, pp. 697 - 718. 此外,对于行政前置程序的作用存在理论上的争论。一部分文献认为,其为民事诉讼设置了程序障碍,虽然可以杜绝滥诉风险,但也限制了有益诉讼的作用。See Walter Hutchens, Private Securities Litigation in China: Material Disclosure about China's Legal System, 24(3) *University of Pennsylvania Journal of International Economic Law*, 2003, pp. 599 - 690; Li Guo, V. Y. Ong, The Fledgling Securities Fraud Litigation in China, 39(3) *Hong Kong Law Journal*, 2009, pp. 697 - 718; Guiping Lu, Private Enforcement of Securities Fraud Law in China: A Critique of the Supreme People's Court 2003 Provisions Concerning Private Securities Litigation, 12(3) *Pacific Rim Law and Policy Journal*, 2003, pp. 781 - 805. 另一些文献则认为,考虑到我国以公权力为主导的监管框架和法院系统的低效率,行政前置程序适合我国的国情,可以增加上市公司的价值。See Marlon A. Layton, Is Private Securities Litigation Essential for the Development of China's Stock Markets, 83(6) *New York University Law Review*, 2008, pp. 1948 - 1978.

⑧ Guiping Lu, Private Enforcement of Securities Fraud Law in China: A Critique of the Supreme People's Court 2003 Provisions Concerning Private Securities Litigation, 12(3) *Pacific Rim Law and Policy Journal*, 2003, pp. 781 - 805.

循环赔偿的问题(problem of circularity)。

我国股票市场的一个突出特征是,部分上市公司同时发行 A/B 股,这为检验私人执行机制在不同制度环境下的作用提供了机会。A/B 股在法律上是“相同的”,反映上市公司相同的基本面、投票权和股息请求权。⑨ 但 B 股市场使用外币计价:上海 B 股用美元计价,深圳 B 股用港币计价,由此导致了两个市场不同的投资者结构。⑩ A 股市场的投资者主要是散户,他们持有上市公司的利益较小,通常采用投机策略。⑪ 对于提起民事诉讼,这些投资者面临集体行动的问题,对诉权存在“理性冷漠”(rational apathy)。相反,B 股市场的投资者主要是国内外的机构投资者,特别是私募基金,⑫他们有足够的激励克服集体行动困境提起民事诉讼。

笔者收集了 81 家上市公司发行的 162 只 A/B 股,并且采用回归的方法以减少潜在偏误。⑬ 在控制了市场流动性、企业特征和行业虚拟变量后,B 股组合在 3 天的事件窗口内,获得了 2.08% 的超额收益。安慰剂测试(placebo test)显示,在事件窗口内,同时发行 A/B 股公司的 A 股和可比较的仅发行 A 股公司的 A 股之间不存在超额收益。另外,同一家上市公司发行的 B 股和 A 股之间的超额收益与上市公司所在地的法院系统的效率呈正相关关系。

本文和最近两篇关于中国证券市场私人执行的论文密切相关。首先,Humphery-Jenner 利用《2003 年规定》讨论了证券民事诉讼制度对证券市场信

⑨ Kalok Chan, Albert J. Menkveld, Zhishu Yang, Information Asymmetry and Asset Prices: Evidence from the China Foreign Share Discount, 63(1) *Journal of Finance*, 2008, pp. 159 – 196.

⑩ 本文讨论的是可流通股的投资者,可流通股主要来自首次公开发行新股、增发新股以及配股和拆股衍生出的可交易新股。在 2005 年股权分置改革之前,可流通的股票主要是由外部投资者持有。

⑪ Walter Hutchens, Private Securities Litigation in China: Material Disclosure about China's Legal System, 24(3) *University of Pennsylvania Journal of International Economic Law*, 2003, pp. 599 – 690; Jianping Mei, Jose Scheinkman, Wei Xiong, Speculative Trading and Stock Prices: Evidence from Chinese AB Share Premia, 10(2) *Annals of Economics and Finance*, 2009, pp. 225 – 255.

⑫ Martin T. Bohl, Michael Schuppli, Pierre L. Siklos, Stock Return Seasonalities and Investor Structure: Evidence from China's B-share Markets, 21(1) *China Economic Review*, 2010, pp. 190 – 201.

⑬ William G. Cochran, Donald B. Rubin, Controlling Bias in Observational Studies: A Review, 35(4) *Sankhyā: The Indian Journal of Statistics, Series A*(1961 – 2002), 1973, pp. 417 – 446; Donald B. Rubin, The Use of Matched Sampling and Regression Adjustment to Remove Bias in Observational Studies, 29(1) *Biometrics*, 1973, pp. 185 – 203; Daniel E. Ho, Kosuke Imai, Gary King, Elizabeth A. Stuart, Matching as Nonparametric Preprocessing for Reducing Model Dependence in Parametric Causal Inference, 15(3) *Political Analysis*, 2007, pp. 199 – 236.

息水平的影响。[14] 他发现在相同的监管环境下，即使是致力于阻止虚假陈述的好的法律，也会因为新法的负外部性给证券市场的信息环境造成负面影响。本文的研究提供了一些新的证据，表明证券民事诉讼制度至少增加了B股市场的机构投资者持有证券的价值。[15] 其次，Huang 指出，仅有25.7%（65/253）的满足行政前置程序的案件被诉至法庭，他认为无效的法院系统是受侵害投资者获得有效赔偿权利的主要障碍。[16] 我们的实证研究支持这一观点。考虑到理论上在满足行政前置程序的情况下，获得赔偿应该是理所应当的，这个比例显得极低。Liebman 和 Milhaupt 认为，"预期赔偿与起诉所需花费的时间、精力和金钱成本相比显得过少"。[17] 由于集体行动困境，受侵害的投资者"用脚投票"，对于私人诉权表现出"理性的冷漠"。

对证券民事诉讼制度的实证研究为证券市场改革提供了经验证据。我国正在推进注册制改革，减少事前实质审查，降低行政机关对首次公开发行市场的干预程度。证券法律执行主要依靠公权力，执行力度较弱，[18]对于注册制改革，如果不辅以高质量的法律执行制度，可能不会达到预期的效果。本文认为集体行动问题是阻碍被侵害投资者获得有效赔偿的主要原因。考虑到行政前置程序，没有必要采用强激励的私人诉讼制度，比如美式集团诉讼。Milhaupt[19] 和 Shao[20] 讨论的我国台湾地区公共非营利机构是一个较为合适的

---

⑭ Mark Humphery-Jenner, Strong Financial Laws without Strong Enforcement: Is Good Law always Better than No Law? 10(2) *Journal of Empirical Legal Studies*, 2013, pp. 288 - 324.

⑮ 需要谨慎考虑这一实证研究的模型识别问题，它利用中国香港、中国台湾和新加坡上市企业作为控制组，与中国上市公司进行比较，而海外上市公司与我国的国有企业可能不存在可比性。

⑯ Hui Huang, Private Enforcement of Securities Law in China: A Ten-year Retrospective and Empirical Assessment, 61 *American Journal of Comparative Law*, 2013, pp. 757 - 798.

⑰ Benjamin L. Liebman, Curtis J. Milhaupt, Reputational Sanctions in China's Securities Market, 108(4) *Columbia Law Review*, 2008, p. 943.

⑱ Franklin Allen, Jun Qian, Meijun Qian, Law, Finance and Economic Growth in China, 77(1) *Journal of Financial Economics*, 2005, pp. 57 - 116. 此外，对美国证券法律执行制度的研究显示，以集团诉讼为代表的高强度的执行机制，是造就美国证券市场蓬勃发展的主要原因。See John C. Coffee Jr, Law and the Market: The Impact of Enforcement, 156(2) *University of Pennsylvania Law Review*, 2007, pp. 229 - 311.

⑲ Curtis J. Milhaupt, Nonprofit Organizations as Investor Protection: Economic Theory and Evidence from East Asia, 29(1) *Yale Journal of International Law*, 2004, pp. 169 - 208.

⑳ Ching-Ping Shao, Representative Litigations in Corporate and Securities Laws by Government-sanctioned Nonprofit Organizations: Lessons from Taiwan, 15 *Asian-Pacific Law & Policy Journal*, 2013, pp. 58 - 94.

改革方向,符合我国以公权力领导改革的指导思想。如果集体行动问题能被很好地解决,能够提高法院系统的效率也会增加私人诉讼的净收益。Huang 提出让受到侵害的投资者拥有自主选择权,在上市公司股票发行地,包括上海、深圳、北京、天津和武汉等地起诉。[21] 这项改革建议显得很有吸引力,这些地区的法院系统相对更有效率,可以降低投资者使用法院系统解决纠纷的成本。

本文安排如下:第二部分讨论《2002 年通知》的制度背景和检验假设;第三部分描述样本数据;第四部分探讨实证分析的结果;第五部分总结并简要论述经验研究的政策含义。

二、制度背景和检验假设

(一)制度背景

我国上市公司在《2002 年通知》之前几乎不用担心私人诉讼的威胁,尽管"纸面上的法律"禁止虚假陈述并为民事赔偿提供了基础。考虑到当时立法和司法的限制,2001 年 9 月 21 日最高人民法院曾发布《关于涉证券民事赔偿案件暂不予受理的通知》(以下简称《2001 年通知》),指令下级法院拒绝接受证券民事赔偿案件。《2002 年通知》设计的民事诉讼制度存在显著的特征,即行政前置程序区分了法律执行的威慑功能和赔偿功能。证券法的公共执行者主要承担威慑功能,负责调查潜在的违法犯罪行为;以证券民事诉讼为代表的私人执行机制主要承担赔偿投资者的功能。

但证监会可支配资源的有限性降低了公共执行对潜在犯罪行为的威慑力。根据披露的数据,证监会 2012 年至 2014 年三年的年度预算分别为 8.48 亿元人民币,9.67 亿元人民币和 9.48 亿元人民币,而美国证券交易委员会(SEC)2012 年预算是 12.9 亿美元。[22] 根据经济规模调整后,我国证监会近三年的平均年度预算为 15,746 美元/10 亿美元 GDP。与 Jackson and Roe [23]报

---

[21] Hui Huang, Private Enforcement of Securities Law in China: A Ten-year Retrospective and Empirical Assessment, 61 *American Journal of Comparative Law*, 2013, p. 793.

[22] 证监会的年度预算数据来源于中国政府网,载 http://www.gov.cn/。SEC 的年度预算来源于其网站,载 http://www.sec.gov/foia/docs/budgetact.htm。

[23] Howell E. Jackson, Mark J. Roe, Public and Private Enforcement of Securities laws: Resource-based Evidence, 93(2) *Journal of Financial Economics*, 2009, pp. 207 - 238.

告的 2005 年股票市场监管机构公共预算的跨国数据相比，证监会的年度预算排名较低。卢森堡对证券监管投入最高，每 10 亿美元 GDP 中约有 47 万美元用于支持证券监管活动，而美国的监管者获得的监管投入大约在 8 万美元/10 亿美元 GDP。我国监管机构的产出同样较低，证监会在 1999 年《证券法》发布后的 4 年内，一共针对上市公司进行了 169 次监管处罚，约每年 42 件。[24] 而 2002 年到 2004 年间，美国证券交易委员会平均每年做出 639 次行政制裁。[25]

《2001 年通知》发布 4 个月后，最高人民法院发布了《2002 年通知》，改变了此前对于民事诉讼的态度，允许下级法院接受满足行政前置程序的虚假陈述民事赔偿案件。这是市场始料不及的外生事件，因为公共机构几乎不会在这么短的时间里否定自己之前的决定，不一致的行为被认为是有损官方权威的。《2002 年通知》并不是为了迎合同时发行 A 股和 B 股的上市公司，而是多方团体游说的结果，包括律师事务所、投资者和证监会。[26] 现行民事诉讼制度存在以下特征：首先，由于设置了行政前置，它仅承担赔偿投资者的功能。其次，虽然责任人有时被列为被告，但他们几乎不需要自己支付赔偿，这会造成循环赔偿的问题。最后，《2002 年通知》并没有关注投资者面临的集体行动问题。一方面，投资者只能提起个人诉讼和集合诉讼，而不是集团诉讼。另一方面，被告公司所在地的中级法院拥有管辖权，这一安排显著地增加了投资者参与诉讼的成本。

本文实证模型的识别依赖于部分上市公司发行法律上相同的“孪生 A/B 股”这一制度。同一上市公司发行的 A/B 股具有相同的基本面、投票权和股利请求权，但 B 股以外币计价：上海 B 股市场以美元计价，深圳 B 股市场以港币计价。这一制度性差异为测量不同市场对民事诉讼权利的评价提供了可

---

[24] Gong-meng Chen, Michael Firth, Ning Daniel Gao, Oliver M. Rui, Is China's Securities Regulatory Agency a Toothless Tiger? Evidence from Enforcement Actions, 24(6) *Journal of Accounting and Public Policy*, 2005, pp. 451 - 488. 此外，仅关注证监会做出的正式处罚，可能降低对其监管产出的测量。有两部分的数据并未被披露：证监会未披露不带来监管行动的案件和对上市公司较轻微违法行为的非正式处罚。另外，交易所对上市公司的谴责也会带来声誉成本。See Benjamin L. Liebman, Curtis J. Milhaupt, Reputational Sanctions in China's Securities Market, 108(4) *Columbia Law Review*, 2008, pp. 929 - 983.

[25] Howell E. Jackson, Variation in the Intensity of Financial Regulation: Preliminary Evidence and Potential Implications, 24(2) *Yale Journal on Regulation*, 2007, pp. 253 - 291.

[26] Katharina Pistor, Chenggang Xu, Governing Stock Markets in Transition Economies: Lessons from China, 7(1) *American Law and Economics Review*, 2005, pp. 184 - 210.

能。A股市场的投资者主要是散户,持有上市公司的利益微不足道,他们通常采用投机的策略。㉗对于提起民事诉讼,中小投资者面临集体行动的问题,即使满足了行政前置程序也"理性冷漠地"对待提起民事诉讼。鉴于显著的行动成本,卖掉股票"用脚投票"是比求偿更有效率的选择。因此,请求民事赔偿的权利对于A股市场的散户来说无足轻重。

相反,B股市场的投资者主要是国内外的机构投资者,他们持有上市公司的利益更大。Bohl、Schuppli 和 Siklos 指出,"中国的富人阶层更可能拥有交易B股的美元账户",并且他们通常通过私募基金投资B股。㉘ 在对投资者交易模式的研究中,Chan、Menkveld 和 Yang 证明B股市场由机构投资者主导,每笔交易的交易量比A股市场大。㉙ 因为存在高昂的交易成本,投资者不可能在事件窗口内在A股和B股市场之间进行套利交易。首先,我国存在外汇管制,外汇买卖在当时是受到限制的。其次,做空在两个市场都是被禁止的。最后,外国投资者只能在B股市场投资。因此,投资者不能同时卖出一家上市公司的A股,同时买入B股并赚取无风险利率。因此,B股市场的投资者有更强的激励来克服集体行动问题,因而《2002年通知》对B股市场具有更强的正面影响。

(二)检验假设

依据上述讨论,集体行动问题是投资者参与民事诉讼的主要阻碍。对于A股市场的散户来说,他们持有给定公司的股份很少,对于诉权抱着"理性冷漠的"态度。但B股市场投资者行使民事诉讼权利的预期收益较大,他们受到激励来克服集体行动问题。因此,我们预测B股市场投资者对于《2002年通知》赋予投资者民事诉讼权利的评价要高于A股市场投资者。

假设1(集体行动问题):由于B股市场的投资者能更好地处理集体行动问题,B股投资组合与A股组合相比,在事件窗口内将获得正的超额

㉗ Walter Hutchens, Private Securities Litigation in China: Material Disclosure about China's Legal System, 24(3) *University of Pennsylvania Journal of International Economic Law*, 2003, pp. 599 – 690; Jianping Mei, Jose A. Scheinkman, Wei Xiong, Speculative Trading and Stock Prices: Evidence from Chinese AB Share Premia, 10(2) *Annals of Economics and Finance*, 2009, pp. 225 – 255.

㉘ Martin T. Bohl, Michael Schuppli, Pierre L. Siklos, Stock Return Seasonalities and Investor Structure: Evidence from China's B-share Markets, 21(1) *China Economic Review*, 2010, p. 192.

㉙ Kalok Chan, Albert J. Menkveld, Zhishu Yang, Information Asymmetry and Asset Prices: Evidence from the China Foreign Share Discount, 63(1) *Journal of Finance*, 2008, p. 177.

收益。

因为投资A股市场的散户缺乏解决集体行动问题的有效工具，样本内的A股和可比较的只发行A股上市公司的A股在事件窗口内的收益并无显著的差异。

假设2(集体行动问题：安慰剂测试)：同时发行A股和B股上市公司的A股组合与可比较的只发行A股上市公司的A股组合之间不存在显著的超额收益。

Huang指出，只有1/4的可诉案件被起诉至法院，无效率的法院系统增加了投资者请求损害赔偿的成本。[30]《2002年通知》第5条规定，被告公司所在地的中级人民法院拥有管辖权。上市公司一般是地方经济增长的重要贡献者，与当地政府保持紧密的联系，可以对法院系统施加影响。所在地法院系统效率较高的上市公司的B股投资者愿意支付更高的溢价，因为他们能以更低的成本获得损害赔偿。

假设3(法院效率)：同一公司发行的B股相较于A股的超额收益和上市公司所在地法院系统的效率正向相关。

三、样本选择和实证分析策略

本文实证研究的样本包括上市公司发行的"孪生A/B股"。样本选择采用了如下方法：笔者从上市公司数据提供者Wind Information Co., Ltd.收集了2001年12月31日前在上交所和深交所完成首次公开发行的A股和B股数据。随后，从样本中剔除了2002年1月15日暂停交易的股票，以及只发行A股或B股公司的股票。经过筛选，样本包括81家上市公司发行的162支A/B股。表1展示了样本公司依据行业和省市的分布。一个可能影响实证研究外部有效性(external validity)的因素是，样本公司有2/3位于广东省和上海市，即两个证券交易所的所在地。

---

[30] Hui Huang, Private Enforcement of Securities Law in China: A Ten-year Retrospective and Empirical Assessment, 61 *American Journal of Comparative Law*, 2013, pp. 757 - 798.

表1　上市公司按行业和省份的数量分布

省(直辖市)	材料	工业	可选消费	日常消费	医疗保健	金融	信息技术	公用事业	小计
安徽	0	0	2	1	0	0	0	0	3
北京	0	0	0	0	0	0	1	0	1
广东	2	5	5	1	1	7	1	1	23
海南	0	1	0	0	0	1	0	0	2
河北	0	0	0	0	0	0	1	0	1
黑龙江	0	0	0	0	0	0	0	1	1
湖北	2	0	0	0	0	0	0	0	2
湖南	0	0	1	0	0	0	0	0	1
吉林	0	0	1	0	0	0	0	0	1
江苏	0	1	2	0	0	0	0	0	3
辽宁	1	2	0	0	0	0	0	0	3
内蒙古	0	1	0	0	0	0	0	0	1
山东	1	0	1	1	0	0	0	0	3
山西	0	0	0	0	0	0	0	1	1
上海	3	11	6	2	2	6	2	0	32
天津	0	1	0	0	0	0	0	0	1
浙江	0	0	0	0	0	0	1	0	1
重庆	0	0	1	0	0	0	0	0	1
小计	9	22	19	5	3	14	6	3	81

注:本表采用 WIND Information Co. ,Ltd. 提供的行业分类。

为了调整不同股票在事件前的特征差异,笔者在多元回归模型中还控制了以下自变量:第一,2001 年 7 月 14 日到 2002 年 1 月 14 日半年间的日均换手率(TURNOVER),以反映同一家公司发行 A/B 股流动性的差异。第二,上市公司的市值(MCAP),鉴于私人提起诉讼的固定成本,只有预期收益较高的案件值得起诉。[31] 第三,2001 年中报披露的每股收益(EPS),盈利能力较强的上市

---

[31] Stephen J. Choi, Do the Merits Matter less after the Private Securities Litigation Reform Act. ? 23(3)*Journal of Law, Economics and Organization*, 2007, pp. 598 – 626.

公司,有更多的财产支付受侵害投资者的赔偿。第四,上市公司的国有股比例(STATE),国有企业对当地法院存在较高的影响力,这会增加诉讼的预期成本,阻碍投资者提起民事诉讼。第五,由樊纲和王小鲁构建的 2001 年市场中介和法律环境的发展指数(CE2001),以反映司法系统的效率和起诉的预期成本之间的关系。[32] 第六,2001 年中报披露的资产负债率(LARATIO),因为 Firth,Rui 和 Wu 发现杠杆率较高的公司更有可能进行虚假陈述。[33] 第七,上市公司的财务指标,包括市净率(PB)和净资产收益率(ROE)。第八,实证模型的设定还包括行业虚拟变量,以控制可能存在的行业固定效应。表 2 展示了各变量的定义和描述性统计量。

表 2 变量定义和描述性统计量

变量名称	样本容量	均值	标准差	最小值	最大值	定义
被解释变量						
$CR_{(0)}$	162	-1.94754	2.307006	-9.9776	1.6227	事件当天股票的收益率
$CR_{(-1,1)}$	162	-4.19158	4.076124	-27.0434	3.3898	3 天的事件窗口内股票的收益率
$CAR_{(0)}$	81	1.2137	2.4496	-3.9880	7.0768	事件当天同一公司发行 B 股和 A 股之间的超额收益率
CAR(-1,1)	81	2.4204	3.8606	-6.7773	11.3610	3 天的事件窗口内同一公司发行 B 股和 A 股之间的超额收益率
解释变量						
TREATMENT	162	0.5000	0.5016	0.0000	1.0000	虚拟变量(B 股 = 1,A 股 =0)

[32] Hui Huang, Private Enforcement of Securities Law in China: A Ten-year Retrospective and Empirical Assessment, 61 *American Journal of Comparative Law*, 2013, pp. 757 - 798.

[33] Michael Firth, Oliver M. Rui, Wenfeng Wu, Cooking the Books: Recipes and Costs of Falsified Financial Statements in China, 17(2) *Journal of Corporate Finance*, 2011, pp. 371 - 390.

续表

变量名称	样本容量	均值	标准差	最小值	最大值	定义
ABDUMMY	162	0. 5000	0. 5016	0. 0000	1. 0000	虚拟变量(同时发行 A/B 股公司的 A 股 = 1,仅发行 A 股公司的 A 股 = 0)
TURNOVER	162	0. 8313	0. 4030	0. 1186	2. 6381	事件发生前半年内的日均换手率
MCAP	162	3. 5856	0. 2206	3. 1765	4. 3129	2002 年 1 月 14 日上市公司的市值的对数(百万人民币)
EPS	162	0. 0999	0. 1473	-0. 3170	0. 9956	2001 年半年报披露的每股收益
STATE	162	35. 6096	21. 9391	0. 0000	73. 5247	国有股比例
CE2001	162	7. 0038	2. 4228	2. 2900	9. 4200	樊纲和王小鲁(2003)构建的各省市法院效率水平
LARATIO	162	47. 2482	20. 2561	8. 8966	99. 3211	2001 年半年报披露的资产负债率
PB	162	5. 001003	7. 543794	0. 8546	72. 5278	2001 年半年报披露的市净率
ROE	162	0. 7508	20. 9714	-181. 3774	15. 1682	2001 年半年报披露的净资产收益率
TURNOVER (B/A)	81	0. 1822	0. 6093	-2. 1592	1. 5474	同一上市公司发行 B 股与 A 股日均换手率比的自然对数
PB(B/A)	81	-0. 5332	0. 2132	-1. 2285	-0. 0209	同一上市公司发行 B 股与 A 股市净率比的自然对数

四、实证分析结果

本部分主要报告通过回归分析检验前述假设的实证结果。第一部分和第二部分检验了关于集体行动问题的假设1和假设2,第三部分报告了检验关于法院效率的假设3。

(一)集体行动问题

表3显示以CRs作为被解释变量的OLS回归结果,样本容量为162只A/B股。第2、3列展示了以1天和3天事件窗口计算的CRs为被解释变量和TREATMENT、行业虚拟变量及截距项为解释变量的回归模型。TREATMENT变量的系数显著为正,表示在事件窗口内存在显著的处理效应。当事件窗口设置为1天时,B股组合获得超额正收益大约为1.21%,当事件窗口设置为3天时,B股组合获得超额正收益大约为2.42%。回归结果与假设1是一致的,B股投资者对于民事赔偿请求权的估价高于A股投资者。

现有文献显示,可以通过控制样本个体的特质降低潜在的偏误。[34] 因而,我们将测量股票流动性的指标TURNOVER纳入实证模型。大陆境内的投资者自2001年2月19日起可以交易B股,导致B股市场的流动性大幅上升。B股日均换手率为0.87,而A股日均换手率为0.79。另外,模型还控制了那些可能影响私人诉讼成本和收益的变量,包括MCAP、EPS、STATE和CE2001。第4列和第5列展示了实证分析的结果。在第4列中,B股组合的处理效应在事件当天增加到大约1.30%,并且非常显著(t-stat = 3.82)。TURNOVER变量的系数为负,显示换手率越高的股票在事件当天获得的超额收益越小。与Choi发现的结果相似[35],MCAP变量的系数为正,这意味着

---

[34] William G. Cochran, Donald B. Rubin, Controlling Bias in Observational Studies: A Review, 35(4) *Sankhyā: The Indian Journal of Statistics, Series A* (1961 - 2002), 1973, pp. 417 - 446; Donald B. Rubin, The Use of Matched Sampling and Regression Adjustment to Remove Bias in Observational Studies, 29(1) *Biometrics*, 1973, pp. 185 - 203; Daniel E. Ho, Kosuke Imai, Gary King, Elizabeth A. Stuart, Matching as Nonparametric Preprocessing for Reducing Model Dependence in Parametric Causal Inference, 15(3) *Political Analysis*, 2007, pp. 199 - 236.

[35] Stephen J. Choi, Do the Merits Matter less after the Private Securities Litigation Reform Act.? 23(3) *Journal of Law, Economics and Organization*, 2007, pp. 598 - 626.

规模越大的公司获得的处理效应越高。变量 STATE 的系数为负,但是不显著(p-value = 0.138)。在第 5 列中事件窗口被设置为 3 天,TREATMENT 变量的系数增加为 2.45%(t-stat = 4.07),测量流动性的指标 TURNOVER 不再显著,但是 MCAP 和 EPS 的系数都显著为正。

最后,我们控制了其他在事件发生前上市公司报告的财务指标,包括 LARATIO、PB 和 ROE,回归的结果显示在第 6 列和第 7 列。总体来说,TREATMENT 变量的系数在两列中都显著为正。MCAP 变量在两个回归模型中都显著为正,为规模效应提供了支持证据。STATE 变量的系数为负,在第 6 列中显著,但在第 7 列中不再显著(p-value = 0.118)。在上述实证模型中,TREATMENT 变量显著为正的系数确认了假设 1,说明 B 股组合与 A 股组合相比获得了正的处理效应。B 股投资者持有的利益更大,他们更有可能行使请求损害赔偿的民事权利。

(二)集体行动问题:安慰剂测试

本部分利用安慰剂测试检验假设 2,比较《2002 年通知》对样本中的 A 股和可比较的仅发行 A 股上市公司的 A 股在事件窗口内的收益。笔者设置了一个虚拟变量 ABDUMMY,它表示一只 A 股是否为同时发行 A/B 股上市公司的股票。如果某只 A 股是同时发行 A/B 股公司的股票,那么 ABDUMMY 等于 1,否则等于 0。由于中小投资者没有激励克服集体行动问题,假设 2 认为这两个组合 A 股在事件窗口内的 CRs 不会存在显著的区别。因此,我们收集了在 2001 年 12 月 31 日之前完成首次公开发行的 943 只 A 股。

为了降低样本的异质性和"极端对照组"(extreme counterfactual)带来的偏误,本部分采用了 Rosenbaum 提出的"最优配对算法"(optimal matching algorithm)[36],利用倾向指数(propensity scores),从 943 只 A 股中选择最具可比性的 81 只 A 股作为对照组。为了检测配对前后变量的平衡程度,本文采用了 Ho、Imai、King 和 Stuart 的建议[37],在表 4 中报告了"最优配对算法"选择前后,处理组和控制组间标准化的均值差的改善比例。从最后一列看出,"最优配对算法"显著地降低了部分变量之间的异质性。

---

[36] Paul R. Rosenbaum, Optimal Matching for Observational Studies, 84 (408) *Journal of the American Statistical Association*, 1989, pp. 1024 - 1032.

[37] Daniel E. Ho, Kosuke Imai, Gary King, Elizabeth A. Stuart, Matching as Nonparametric Preprocessing for Reducing Model Dependence in Parametric Causal Inference, 15(3) *Political Analysis*, 2007, pp. 199 - 236.

表 3　检验集体行动问题假设的回归分析结果

变量	$CR_{(0)}$	$CR_{(-1,1)}$	$CR_{(0)}$	$CR_{(-1,1)}$	$CR_{(0)}$	$CR_{(-1,1)}$
TREATMENT	1.21373*** (0.342308)	2.420431*** (0.6094994)	1.295873*** (0.3375841)	2.454306*** (0.6042116)	1.183505*** (0.3537663)	2.084638*** (0.6068643)
TURNOVER	—	—	−1.036012* (0.5672843)	−0.4272408 (0.9524042)	−0.9036373 (0.6025543)	0.2114237 (0.8940987)
CE2001	—	—	0.0130168 (0.0840954)	0.0722295 (0.1565225)	0.0145969 (0.082744)	0.0886853 (0.152693)
EPS	—	—	1.150675 (0.9096238)	3.902661* (2.258654)	0.5389276 (0.9051433)	1.702179 (2.216733)
MCAP	—	—	1.474869* (0.7760931)	3.891488*** (1.237036)	1.526744* (0.8208349)	3.680032*** (1.302592)
STATE	—	—	−0.0118952 (0.0079842)	−0.0138908 (0.0138408)	−0.0162278* (0.0085739)	−0.0224649 (0.0142706)
LARATIO	—	—	—	—	0.0119285 (0.0105708)	0.0206633 (0.0177688)
PB	—	—	—	—	−0.03436** (0.0140337)	−0.1076038*** (0.0225908)
ROE	—	—	—	—	0.0147266*** (0.0049895)	0.0481093*** (0.0088076)
Constant	−1.571865*** (0.4178163)	−4.322515*** (1.024967)	−6.373432** (2.882236)	−18.90978*** (4.722698)	−6.795192** (3.112863)	−18.57694*** (5.082238)
Industrial dummies	Included	Included	Included	Included	Included	Included
样本容量	162	162	162	162	162	162
R^2	0.1537	0.1397	0.2315	0.2246	0.2528	0.2984

注：1. 实证模型设定为：$CR_{(-t,+t)} = a + b_0 * TREATMENT + b_1 * X + e$，其中“X”表示控制变量。

2. 括号内显示的是稳健的标准误。

3. *、**、***分别代表10%、5%、1%的显著水平。

表 4　配对后变量之间的差异

变量名称	全样本标准化的均值差	配对样本标准化的均值差	改善比率(百分比)
TURNOVER	0.163	-0.1193	26.8101
CE2001	0.9384	-0.0396	95.7777
EPS	-0.0591	-0.1138	-92.3776
MCAP	0.8521	0.0316	96.2963
STATE	-0.2307	0.1967	14.7692
LARATIO	0.3058	0.0677	77.8586
PB	0.1589	-1.8787	-1082.3394
ROE	-0.1312	-0.0895	31.7993

注:均值差经过标准化,即除以同时发行 A/B 股公司的 A 股的标准差。

表 5 报告了回归分析的结果。在第 2 列和第 3 列中,ABDUMMY 变量并不显著,这表明仅发行 A 股上市公司的 A 股和同时发行 A/B 股上市公司的 A 股在事件窗口内的 CRs 没有显著的差异。这一结果支持假设 2,即 A 股投资者缺乏克服集体行动问题的激励,因此他们对于提起民事诉讼权利的估值不存在显著的差异。

表 5　安慰剂测试的回归结果

变量	$CR_{(0)}$	$CR_{(-1,1)}$
ABDUMMY	-0.055624 (0.4388186)	-0.496487 (0.6927927)
TURNOVER	-0.176226 (0.2515735)	0.3151355 (0.4285614)
CE2001	-0.562661 (0.1118013)	-0.281081 (0.1959544)
EPS	1.013084 (1.417821)	-0.0162 (2.017172)
MCAP	-0.009881* (0.6030868)	2.454456** (1.132379)
STATE	0.0162149 (0.0099487)	-0.008668 (0.0141676)
LARATIO	0.0016035 (0.0128024)	0.0074591 (0.020487)
PB	0.0199834*** (0.0005364)	0.0054925*** (0.0008667)

续表

变量	$CR_{(0)}$	$CR_{(-1,1)}$
ROE	-0.055624*** (0.0064247)	0.0487941*** (0.0102974)
Constant	-4.622671** (2.183986)	-11.72813*** (4.341867)
Industrial dummies	Included	Included
样本容量	162	162
R^2	0.1024	0.1024

注：1. 实证模型设定为：$CR_{(-t,+t)} = a + b_0 * ABDUMMY + b_1 * X + e$，其中"$X$"表示控制变量。

2. 括号内显示的是稳健的标准误。

3. *、**、***分别代表10%、5%、1%的显著水平。

（三）法院效率假设

本部分检验假设3，即上市公司所在地法院的效率决定了事件窗口内同公司发行的B股相对于A股的超额收益。因此，实证模型使用等式(1)计算的累计超额收益作为被解释变量，样本容量减少为81家上市公司。另外，依据等式(2)和等式(3)计算同公司发行B股和A股的相对换手率和市净率：

$$TURNOVER(B/A)_i = LN(TURNOVER_{i,1}/TURNOVER_{i,0}) \qquad (2)$$

$$PB(B/A)_i = LN(PB_{i,1}/PB_{i,0}) \qquad (3)$$

其中，$TURNOVER_{i,1}$是第i个上市公司发行B股在事件发生日前半年的日均换手率，$TURNOVER_{i,0}$是第i个上市公司发行A股在同时期内的日均换手率。而$PB_{i,1}$是第i个上市公司2001年中报披露的B股的市净率，而$PB_{i,0}$是第i个上市公司2001年中报披露的A股的市净率。

表6报告了实证分析的结果。在第2、3列中，被解释变量分别为1天和3天事件窗口内的CAR，解释变量为CE2001。一元回归分析显示变量CE2001与被解释变量存在显著的正相关关系，其系数分别为0.245和0.393。上市公司所在地法院系统的效率越高，其B股在事件窗口内获得的超额收益越大，实证分析的结果支持了假设3。接下来，我们通过增加控制变量，考察一元回归分析的结果是否稳健。

首先，第4、5列考虑了流动性差异，增加控制变量TURNOVER(B/A)。CE2001的系数仍然显著为正，并且其大小与第2、3列报告的数值相似。然而，变量TURNOVER(B/A)的系数并不显著，表示其与CARs之间不存在显著的关系。

其次,模型的设定考虑了影响民事诉讼成本和收益的变量。Choi 注意到由于民事诉讼存在显著的固定成本,只有规模较大的公司会遭受民事诉讼。[38]因而,模型增加了控制变量 MCAP,以反映规模效益。另外,盈利能力较强的上市公司有更强的赔偿能力,模型因此控制了变量 EPS,以反映公司的盈利能力。

再次,投资者很难从国有企业那里获得赔偿,国有企业一般对地方经济发展贡献较大,与当地政府的关系较为密切,可以影响法院的判决。因此,模型控制了变量 STATE。回归分析的结果显示在第 6、7 列。解释变量 CE2001 与超额收益 CARs 存在显著的正相关关系。唯一与被解释变量存在显著关系的是 MCAP,为规模效益理论提供了支持证据。

最后,上市公司的财务指标可能反映出该公司进行虚假陈述、遭受民事诉讼的风险,实证模型的设定增加了反映上市公司财务状况的变量 LARATIO、PB 和 ROE。回归分析的结果显示在第 8、9 列。变量 CE2001 的系数与前述回归分析显示的相似,然而全部控制的财务指标都不显著。笔者将所有控制变量加入模型的设定,结果显示于第 10、11 列。在第 10 列中,变量 CE2001 的系数为 0.244,并且在 5% 的水平上显著,所有其他控制变量都不显著。在第 11 列中,CE2001 的系数约为 0.333,但是略微不显著(p-value = 0.103)。另外,变量 MCAP 与被解释变量具有显著的正相关关系。

表 6 报告的实证结果支持假设 3,确认了上市公司所在地法院系统的效率水平与该公司发行 B 股相对于 A 股的超额收益之间存在正相关关系。这一结果同样为 Huang 的观点,[39]即无效率的法院系统阻碍了投资者获得民事赔偿,提供了支持的经验证据。在相同的法条规则下,由于法院系统的效率存在差异,理性的投资者预期到现实中投资者保护的区别。他们愿意为那些能以较低成本行使的权利支付更高的溢价。因此,增加法院系统的效率,可以为公权力主导的证券法律执行制度提供额外的价值。

---

[38] Stephen J. Choi, The Evidence on Securities Class Actions, 57 (5) *Vanderbilt Law Review*, 2004, pp. 1465 – 1526.

[39] Hui Huang, Private Enforcement of Securities Law in China: A Ten-year Retrospective and Empirical Assessment, 61 *American Journal of Comparative Law*, 2013, pp. 757 – 798.

表 6　检验法院效率假设的回归分析结果

	$CAR_{(0)}$	$CAR_{(-1,1)}$	$CAR_{(0)}$	$CAR_{(-1,1)}$	$CAR_{(0)}$	$CAR_{(-1,1)}$	$CAR_{(0)}$	$CAR_{(-1,1)}$	$CAR_{(0)}$	$CAR_{(-1,1)}$
CE2001	0.245264** (0.103587)	0.3930957** (0.1791056)	0.2307658** (0.1068921)	0.3784904** (0.1829177)	0.2225717** (0.1078999)	0.3422343* (0.1803831)	0.2846137*** (0.1011579)	0.418756** (0.1964777)	0.2442264** (0.1120288)	0.3328647 (0.2015181)
TURNOVER (B/A)	—	—	−0.6154129 (0.4678056)	−0.6199523 (0.6362394)	—	—	—	—	−0.574813 (0.5220549)	−0.377921 (0.68628)
MCAP	—	—	—	—	1.295927 (1.31989)	2.921245* (1.631505)	—	—	1.038273 (1.338936)	3.087565* (1.604999)
EPS	—	—	—	—	2.168463 (1.468871)	2.923781 (2.275297)	—	—	1.595103 (1.562925)	3.1702 (2.567481)
STATE	—	—	—	—	−0.0046332 (0.0133372)	−0.0102842 (0.0203214)	—	—	0.0062424 (0.0155087)	−0.005796 (0.0239907)
LARATIO	—	—	—	—	—	—	−0.0193386 (0.0134453)	−0.0110858 (0.021517)	−0.018031 (0.0139167)	0.0015122 (0.0197831)
PB(B/A)	—	—	—	—	—	—	0.7625371 (1.309432)	0.5957403 (1.987354)	0.8846481 (1.419989)	0.4990285 (2.23926)
ROE	—	—	—	—	—	—	−0.0019949 (0.0066444)	−0.0057989 (0.0098428)	−0.008836 (0.006236)	−0.014023 (0.009981)
Constant	−0.5040573 (0.7157893)	−0.3327432 (1.395711)	−0.2904017 (0.747523)	−0.1175116 (1.406961)	−5.043353 (4.536107)	−10.37666 (5.962706)	0.5421066 (1.005026)	0.3332983 (1.510122)	−3.166242 (4.833871)	−10.81782* (5.934551)
Industrial dummies	Not included	Not included	Not included	Not included	Not included	Not included	Not included	Not included	Not included	Not included
样本容量	81	81	81	81	81	81	81	81	81	81
R^2	0.0592	0.0612	0.0824	0.0707	0.0991	0.1130	0.0869	0.0653	0.1315	0.1219

注：1 实证模型设定为：$CAR_{(-t,+t)} = a + b_0{}^* CE2001 + b_1{}^* X + e$，其中“$X$”表示控制变量。

2. 括号内显示的是稳健的标准误。

3. *、**、***分别代表10%、5%、1%的显著水平。

五、结论和政策含义

《2002 年通知》的设计初衷在于赔偿因上市公司虚假陈述受损害的投资者。但是,由于使用中国司法系统的成本高昂,其赔偿功能很难实现。中小投资者通过民事诉讼程序获得的预期赔偿低于其支付的成本。实证研究显示在满足行政前置程序的可诉案件中,相当大比例的案件并没有被诉至法庭,投资者不愿意花费成本请求可以直接获得的损害赔偿。因为 B 股市场的投资者持有上市公司的利益较大,本文通过实证分析证明了他们对私人执行的权利评价更高。另外,我们还发现控制了公司特征后,地区司法效率和同一公司发行的 B 股相对于 A 股的超额收益呈正相关关系。所在地法院系统更有效率的上市公司发行的 B 股的投资者,愿意为请求民事赔偿的权利支付更高的溢价。实证结果支持了 Huang 的观点。㊵ 他认为效率低的法院系统增加了受侵害投资者获得赔偿的成本。

实证分析的结果为我国证券民事诉讼制度的改革提供了几点参考。首先,法律应当为投资者提供克服集体行动问题的制度,现有文献主要围绕两种可能的机制:美式的集团诉讼㊶和我国台湾地区的公共非营利机构㊷。集团诉讼拥有显著的优势,可以为执法者提供监管者欠缺的强激励。㊸ 但以私人主导的执行机制,与我国监管改革理念相冲突。事实上,考虑到行政前置,民事诉讼制度主要承担赔偿投资者的功能,并不需要提供强激励的机制。公共非营利机构可以达到克服集体行动问题的目标,并且享有规模经济。一方面,作为证券诉讼的统一代表,它可以代替所有受侵害的投资者求偿,避免了重复承担个人行动的固定成本。另一方面,作为证券私人诉讼的反复参与者,它可以积累诉讼相

㊵ Hui Huang, Private Enforcement of Securities Law in China: A Ten-year Retrospective and Empirical Assessment, 61 *American Journal of Comparative Law*, 2013, pp. 757 – 798.

㊶ Walter Hutchens, Private Securities Litigation in China: Material Disclosure about China's Legal System, 24(3) *University of Pennsylvania Journal of International Economic Law*, 2003, pp. 599 – 690.

㊷ Curtis J. Milhaupt, Nonprofit Organizations as Investor Protection: Economic Theory and Evidence from East Asia, 29(1) *Yale Journal of International Law*, 2004, pp. 169 – 208; Ching-Ping Shao, Representative Litigations in Corporate and Securities Laws by Government-sanctioned Nonprofit Organizations: Lessons from Taiwan, 15 *Asian-Pacific Law & Policy Journal*, 2013, pp. 58 – 94.

㊸ Johnathan R. Hay, Andrei Shleifer, Private Enforcement of Public Laws: A Theory of Legal Reform, 88(2) *The American Economic Review*, 1998, pp. 398 – 403.

关的人力资本，降低单项诉讼的平均成本。如果集体行动问题能被很好地解决，提高法院系统的效率也能改善投资者的境况。有学者提议，应该给受损投资者裁量权，自由选择在公司的上市地起诉，包括上海、深圳、北京、天津和武汉。[44] 这些地区金融市场相对发达，法院系统的效率较高。这样可以进一步降低投资者获得损害赔偿的成本，提高他们参与民事诉讼的净收益。

---

[44] Hui Huang, Private Enforcement of Securities Law in China: A Ten-year Retrospective and Empirical Assessment, 61 *American Journal of Comparative Law*, 2013, pp. 757 – 798.

论坛实录

北大法律和金融评论
(2016年卷),第109~116页

北大金融投资与法律论坛实录(一)

主讲人:张巍

时间:2015年3月26日

地点:凯原楼307会议室

一、主讲人介绍文章

这是我和李继写的文章,写了很长时间,数据比较旧,但是没办法,中国的数据挺难拿。数据来源于"中国私营企业的调查"。这个调查规格挺高,每两年做一次。最近公布的是到2012年的,2014年的应该也有。数据有问题,问题在于每年提的问题不一样,同样的问题设置的问卷选择项也不一样。因此,各年没多大可比性。我看完觉得2002年的数据是最可靠的,于是用了这一年的数据。

我俩都不怎么懂金融,我对法律发展感兴趣,李继的研究偏重于政治经济学。大家都知道,西方有个产权假说的理论。这个理论从科斯开始。科斯认为不需要法律干预,国家只需要做一件事,就是确定和保护产权,其他方面由私人去解决,依赖私人秩序。诺斯也认为,经济发展的最终动力是产权,好的制度保护产权。这样,逐渐发展出来所谓的产权假说。这个假说是否适合中国?学术界有是、否、模棱两可三种观点。从文献来看,认为是的有2005年、2010年的几篇文章。2010年的一篇文章直接说中国是符合产权假说的,司法对产权保护越有力,就越适合投资。还有一篇2010年的文章讲的是研发投资,结论一样,司法对产权保护越有力越适于投资。持反面观点的文章也有。有的文章没有用定量方法,而是定性方法研究,认为中国“靠关系”。很多这方面研究侧重中国乡镇企业,2005年有一篇这方面的文章。和我们关系比较大的研究,通常采用的是世界银行的数据,采用数据的年份和我们所用数据年份接近,都是2002年前后的数据。此外,也有一些政治学的文献认为,政治关系可以替代产权保护,也可促进投资、促进发展。

我们研究的问题是正式的司法保护关系和非正式的产权保护关系,研究两种关系对投资决策的影响。

怎么衡量投资决策呢?那一年的私营企业调查分为研发投资决策和一般性投资决策。因此,我们也把它们区别对待,用0(决定不投资)和1(决定投资)来代表是否投资的变量。这是一个定性的变量。当然,投资决策理论上也涉及金额大小,可以是一个定量的变量,但是,我们的数据中没有这些信息。

在解释变量方面,我们采用的变量基本都是套用以前用过的变量。世行的问卷调查也有类似的问题。比如,世行调查问卷问企业家,“经常用什么方式解决纠纷?”问卷给出的答案其中一个是“找法院”。因此,我们看有多少企业选择了这一项。同时,我们看它在同一个省和行业的比例。比如,我们在上海的食品制造业中调查了30个企业,看上海的食品行业有多少企业选择经常用法院解决纠纷。为什么要引入省和行业确定两个维度?原因在于,我们要研究的是法律大环境,不是单一企业,环境要大于企业,省和行业当然超过了单个企业自身范围。同时,这也能避免内生性问题,防止说不清因果关系走向。我们投给杂志的时候,也作过说明。我们认为,出现内生性问题,一般是由于单个企业编出故事,说一个省一个行业有特殊的东西。我们采用省和行业维度,研究法律大环境,就不太可能出现这个问题。

总体而言,我们主要采用了4个变量:“在民事纠纷中用什么方式解决”,“和行政机关发生行政纠纷中用什么方式解决”,“你是当地企业发生纠纷用什么方式解决”,“你是外地企业发生纠纷用什么方式解决”。这样,就上海企业而言,我们就有当地民事、当地行政、外地民事和外地行政4个变量衡量司法质量。

就政治关系的衡量而言,我们把前人用过的办法都拿来用。比如,企业家是否做过干部、国企职员、党政机关职员、人大代表、政协委员,是否是党员。我自己不太相信党员有多大作用,但是,之前文章用过,还发现了党员身份确实有作用,于是,我们也把是否是党员作为变量加入。但是,结果没发现有什么影响。

除此之外,我们还用了一些典型的控制变量,如企业家的性别、年龄、受教育程度,企业经营年限、销售额、职员数等。职员数经常作为企业规模大小的衡量标准。还包括银行贷款这个变量,研究金融资源的分配,看是不是私营企业很难得到银行贷款,所以发展不起来。此外,还有地域特征变量,主要是当地经济发展程度,用当地国内生产总值(GDP)衡量。律师人口比,没有直接数据,但前几年社科院做过"中国市场化指数"调查,其中有根据律师比得出的系数,反映律师占人口的比例。所以市场化程度这个变量,我们直接用社科院的指数。

从估测的方法来看,Probit、Tobit、OLS 三种我们都用了。一般而言,Probit 模型最稳定,针对 0 和 1 这种定性变量最合适,比如是否投资这样的变量。相对来说,它在计量中所需要的假设少。当然,OLS 假设最少,但是,衡量投资强度要看投资额占资产的比。这个比例一般在 0 和 1 之间,但也可能大于 1。Tobit 用于存在值域区间的变量,背后假设多,对数据要求高,用得比较少。这几个方法测试结果大体一样。

我们的主要发现是,一般性投资决策和当地法院处理诉讼的质量有正相关性。对于在我们样本中出现频率最高的典型企业,"多少当地企业愿意经常用法院解决行政争端"变量的值提高一个标准差,投资可能性增加 22.5%,这是一个概率,不是投资量。同时,一般性投资决策和政治关系没什么关系。

另外,司法质量和研发投资决策没什么关系,而政治关系与研发投资决策有正相关性。如果企业主过去是干部,研发投资可能性增加 40%。企业主的政治关系对投资的决策影响很稳健,对小大企业都有影响;但是,从量上看,小企业受到的影响最大。此外,司法质量对一般性投资的影响也集中在小企业(雇员中位数以下的是小企业)。

此外,银行贷款对投资有积极作用,但是,它主要集中在大企业,这和以前的发现不同。以前我们认为,小企业可否得到银行贷款影响其投资,现在发现是大企业受影响。

怎么理解这些发现?简单地来讲,企业对产权保护有不同层次的要求。

对于短期投资而言,它需要成本低、强度低的保护。司法就是这种制度。它提供一定程度的保护,不强但是成本较低。尤其在行政诉讼方面很重要,这和科斯的观点吻合。私人对私人的纠纷更容易通过关系、重复博弈来解决;私人和国家机关的纠纷,要反复博弈很难。从样本来看,小企业特别难。所以,小企业对正式司法保护需求很强。

对于长期投资而言,它需要高强度、相对成本高的保护,即政治关系。成本高是因为要寻租,付租金,尤其当双方都要寻租的时候,成本更高。寻租不能大张旗鼓,开始不知道该找哪条路。而司法一定程度上是公开的,寻租有风险,找的人“翻了船”,自己也会受牵连。

研发投资是高风险的事情,愿意投资的人是因为得到政治关系的保护不怕风险,还是这些人本身有冒险精神?怎么区分?你为什么去创业?哪个国家是创业人数最多的?孟加拉国!因为大家找不到工作,被迫去创业。还有是被吸引去创业的。他发现好机会,觉得自己要有更大的事业发展。被吸引去的,更愿意做研发投资。因此,人的风险偏好对投资决策有影响。我加入了变量来控制这个影响。

政治关系保护产权的具体机制是如何的?潜规则怎么运行?难以研究。

二、互动环节

评论和问题1:

问:总体感觉框架很清楚,观点也是大家能接受的,有批评和推进,但没有颠覆产权理论,而是把产权理论搞得更细。实证部分,你基本把所有能想到的变量都过了一遍,很耗神。现在数据都用的是访谈(survey)形式,采用问卷方式。问卷问的都是谁,什么企业?同时,我对访谈不是很信任。采用访谈方法,需要设计、控制的因素很多,这些人的答复能不能信?我看文章有几个注解反复说,访谈是怎么做的,存在什么问题,你是不是自己对别人做的这些访谈也不太放心?

张巍:我觉得产权理论有一定道理,不能都推翻。我们研究用的数据,很多其他研究都用过。很多研究都用访谈,世界银行也是。我国也有统战部、社科院搞的访谈,规格比较高。理论上他们的质量比较高,但是,他们做的访谈,每年都变,没有可比性,这是这个访谈数据存在的问题。对访谈结果不信任和如何做实证研究,这是两个层次的问题。访谈中,他说的都是假的,我建立在他说的可信基础上处理。最后结果存在出入,这个没有办法。但是,对于基础性的东西,现在主要还是采取访谈的方法。不光研究企业家采用访谈,腐败指数、政治自由度等的研究,也采用访谈,很主观。除了对一般对象的访谈外,还有专家采访。访谈结果主要有这两类数据。总体而言,访谈存在问题,但大家都普遍采用,现在还不知道到底怎么完全解决其中的偏差。

问:有没有别的方法来处理?比如,通过司法质量那个变量?采用访谈的话,你问诉讼法教授一个法院程序的问题,他或许没有专职律师清楚。很多年前,姚洋的一篇文章用过一些相对客观的数据来代表司法质量,如各省的结案率。你怎么看?

张巍:这更难说,差异性很大。如果需要提高撤诉律、调解率,法院可能会采取各种办法,会让数据失真。比如,欠水电费案件,立了案之后,法院会找辖区内水电煤公司协调,交了费再撤诉。所以,法院公开的数据中有的可信度高,有的可信度不高。不同研究中,大家的做法不一样。相比而言,我更愿意相信访谈结果。被调查者作假的动机小。同时,在研究中大家都用访谈数据,我也就用了,没有特别考虑。

评论和问题 2:

问:您用的私营企业调查报告问了些什么问题?

张巍:大体有以下几方面的问题。一方面是个人情况和家庭信息,如家里开支情况、收入情况,一周几天和家人吃饭。另一方面是企业经营情况,包括销售额、负担税费、摊派,是不是向海外投资、是不是有专利。还有一些社会问题,比如,问他觉得自己的社会地位如何。此外,还有一些应景的问题。比如,某年江主席提出了什么说法、胡主席提出了什么说法,这些说法对他们有什么影响。我们研究问的“用什么方法解决纠纷”这一问题,20 世纪 90 年代到 2008 年的访谈中都涉及,但之后就取消了。

问:这些数据都是公开的?

张巍:是半公开的,可以买,或者用关系找。2012 年的访谈,没有我想要的,我就没去买。他们每年出总结性报告,还出书。这些都是公开的。

评论和问题 3:

问:文章假设企业背后有比较强的政治关系。这个假设有没有问题?在中国体制下,社会精英都被吸收到体制中去了。规模大、做得好的企业,企业主一般在县、市都能获得人大代表、政协委员资格。这里的因果关系怎么界定？谁影响谁？比如,企业是纳税大户、雇员多,企业是否会获得当地政府照顾？还是说企业主和市长关系好,所以,征地拆迁获得照顾、税收上有优惠？

张巍:规模的影响,雇员数、年销售额等,这是看企业大小对投资决策的影响,这比较好处理,也能控制。麻烦的是本来没政治关系,因为企业干得好,后来被戴个官帽子。这个变量内生性很大。我用它是因为别人用了,好在做出的结果差不多。我最关心的、觉得最可靠的变量是做企业前有没有做过官员这个变量。不过,数据没到那么细的程度。数据显示,做企业前做过官员的,最高到处级。这个范围限定在国家机关,没有涉及国有企业。但是,国企负责人是有级别的。在这里,我们忽略了国企的部分,问卷中只问是不是国企负责人。

问:不能光控制规模大小,中国各地差异很大,是否应该控制地域？北上广深和宁夏肯定不同。在穷地方一个马铃薯工厂就可能是重要企业,在北京郊区就不算。

张巍:穷富地区不是很好的控制因素,我们用的是企业处于大城市、小城市、村镇这个控制变量。

问:各个省份的结果和你想象的差不多？

张巍:这没看,我就看了大面。而且,我看的是省和行业的数据。

问:开始就想问访谈都是谁回答的？大小企业怎么区分？

张巍:60人以上的企业是大企业,因为中位数是60。

问:考虑投资决策时,怎么想到用研发投资？

张巍:有文章专门研究中国企业研发投资和法律的关系,他们发现了正相关性。他们用的是世界银行的数据,我用我的数据试了试,发现结果不一样。然后,我就开始编故事,看看怎么能解释我们的发现。

评论和问题4:

问:照理讲,2001年金融抑制更明显,为什么数据中反而显示银行贷款多？

张巍:问的是到2001年为止,企业得到多少银行贷款。我们发现,贷款对大企业影响大。小企业融资一般在个人圈子里解决,大企业搞大投资没有贷款不行。

评论和问题5:

问:研究企业发生纠纷后是否诉诸法律手段,但不是诉诸得多就可以获得解决。我觉得中国法治走向还是工具主义的,有利于自己的就采用,这和西方差距大。

张巍:新加坡是不是法治?它是典型的工具主义。产权保护指数排位新加坡很靠前,这么多人存心迎合李光耀的可能性不大。科斯到诺斯,也没说要法治多好。实际上还是工具层面的,用没用好。民主不民主不重要,重要的是产权。没法说用法律手段了就是保护得好,它问的是"是不是经常用"。有文献发现,中国人对法律的态度两极分化,没用的时候很相信法院,用完评价不好。我们采用的数据中,调查对象对法律有一定认识,用了还用,这样的数据还是能说明些问题的。

问:有个发现是"有关系的人用法院用得更好",这怎么理解?

张巍:小企业越有关系的用法院用得越好。对大企业来讲,两者关系也是正向的,但这个发现不稳定。

评论和问题6:

问:在国外的政治关系影响怎么样?

张巍:美国政治关系影响少。有文章研究警察开罚单的情况,针对当地人开的罚单少,有点像我们的地方保护主义。有篇讲意大利的文章,说有政治背景的人在司法上容易得到拥护。在中国,研发投资的成果,通过关系维持的研发投资最后的安全性如何,百度和谷歌(Google)竞争,阿里巴巴和易贝(ebay)竞争,究竟谁最后胜出,这还需要观察。

问:官员迁移会对企业有何影响?

张巍:企业跟着领导走的时候会有一定影响。今年法和经济学年会有篇文章研究政商勾结。近期很多官员倒了,对经济是否有影响,这应该可以观察到。

问:政治权力集中了很多经济资源,商人需要跟他们勾结,这种状态是不是可持续的?中国不是个资源平均的社会,如果变成资源平均的社会,是不是又影响经济发展?

张巍:有研究发现,在政治体制更加多元化的社会里,高质量的创业多。不像孟加拉,人们快没饭吃了,才去创业。高质量的标准是能否雇用其他人。能雇用就意味着有一定的经济规模,好处更多。高效创业最好的是在北欧,这是世界劳工组织研究得出的结论。多元的政治体制也取决于选举制度。两党制对决下,小党派不容易出来;在比例制选举的地方,小党派能够出来。

在更多元的政治体制下,高质量创业更多。

评论和问题 7:

问:试过试验方法吗?

张巍:没有。微观的可以试验,法律和发展怎么试验?宏观的现象很难用试验方法。

问:后续研究开始了吗?

张巍:没有。

问:文章是实证研究,接下来想说什么?有什么规范意义上的观点吗?

张巍:我们的研究,论证的是看中国到底需不需要好的产权制度。中国现在这种欣欣向荣的状况就很好吗?这是学界讨论很多的问题。有一种观点是,幸好中国没有搞好产权保护,所以中国才有了发展。当然,也存在相反的观点。

(整理:侯梦旭)

北大法律和金融评论
(2016 年卷),第 117 ~137 页

北大金融投资与法律论坛实录（二）

主讲人:翁小川

时间:2015 年 4 月 3 日

地点:凯原楼 307 会议室

一、主持人介绍

翁小川老师本科毕业于华东政法大学,后来在新加坡国立大学获得硕士学位,再从美国宾夕法尼亚大学获得博士学位。2014 年年初,我们在上海开会,我希望他来北大给大家做个讲座。为此,翁老师特别认真地写了一篇文章。今天,我们很荣幸请到翁老师来北大做讲座。

二、主讲人演讲

首先,我非常感谢北大金融法中心和唐老师给我这个机会,来北大就我最近关于内幕交易的一个研究和大家做一个交流。我这篇论文是在两篇关于内幕交易行政处罚的英文论文基础上融合而成的。我看了彭冰老师 2011 年在《证券法苑》上发表的一篇文章:《内幕交易行政处罚案例初步研究》,受到不少启发,所以决定写这篇文章。看了彭老师的文章后,我想,通过研究内幕交易行政处罚的案例来说明内幕交易的一些问题,会不会比较有说服力一

些。然后我就开始着手研究,一旦研究起来就发现了许多有意思的事情。

(一)问题提出:为什么要规制内幕交易?

实际上,内幕交易并不像大家想象的那么简单。在绝大多数人看来,内幕交易很简单,就是掌握内幕消息,然后利用内幕消息进行交易,所以应该受到相应的处罚。今天,为了给在座各位提供背景知识,我会花一些时间解释为什么要规制内幕交易。内幕交易的规制是一个非常复杂的问题,世界各国都有不同的观点。

首先,我们来看一下演示材料上的三个案例。这三个案例在不同的国家可能有不同的法律处理后果。第一个案例的主角是彼得·格里芬(Peter Griffin)。他到酒吧喝酒,他的酒友酒醉后告诉他一个内幕消息,说他们公司两个礼拜后要合并。彼得·格里芬相信了这个消息,进行了交易并且获利。这个案例带给我们的问题是,什么人是内幕交易人,怎样认定内幕交易人,像彼得·格里芬这样的人算不算是内幕交易人?第二个案例的主角是迈克·斯考特(Michael Scott)。他在打电话时得知,自己的公司要被合并了,他非常惊讶,大声喊了出来。他的妻子在旁边听见,妻子利用这个消息进行了内幕交易并获利。第三种情况是前两个案例的修订版:如果在这两种情况下都交易了,但是没有获利,是否需要被处罚?总的来讲,不同国家采用不同方式、不同理论来解释内幕交易,最后也带来了不同的处罚结果。

在这里,基础问题是我们为什么要处罚内幕交易?如果我们把这个基础问题——为什么处罚——搞清楚了,那么,我们用得出的原则去分析前面两个案例,也就能知道他们是否应该被处罚。

在分析为什么规制内幕交易之前,有一点需要说明的是,在过去二三十年里,有将近50%的文献认为不需要规制内幕交易。有很多法学家和经济学家认为内幕交易是好的,内幕交易能给我们带来一些益处,或者说不会给社会带来任何利益的减损,所以,我们不应该规制内幕交易。我先给大家介绍一下这方面的争论,然后介绍我的研究。这方面的争论在我这篇论文中没有体现,实际上是我在研究的过程中,由这个研究的结果慢慢推到这个问题的起源,即为什么我们需要规制内幕交易?

总体而言,认为内幕交易不需要规制的主流理论有三个。第一个理论是有效定价的理论。什么是有效定价理论?大家在研究证券法时会接触到柠檬市场理论,该理论主要解决信息对称和产品质量的问题。如果买家对产品质量不清楚,买家给出的价格可能会偏离产品价值,最后会有一些卖家离开市场。这里的原因在于,商品不能卖到他心里的价位,所以,他可能离开,最后,整个市场可能就会崩溃。

那么,这个理论与内幕交易不需要规制之间有什么联系呢,实际上二者之间有一个很远的溯源关系。首先,我们需要知道商品的价值,这样市场才会一直存续下去。商品的质量和透明度很重要。如果我们不知道商品的质量和具体价值的话,市场最后会崩溃。有些时候,我们会发现,商品的真实价值和反映出来的价格是不对称的。举个例子,一个石油公司派勘探队找油田,经过三四年的时间找到了一块地,地下面有油田。在发现油田到把这个消息公布的这期间里,这个石油公司会买这块土地。这段时间里,公司股票的价格是不能完全反映其价值的。按照有效市场理论,什么时候公司股票的价格才能完全反映公司股票的价值呢?当股票的价格完全包括了这个公司的全部信息的时候,这时的股票价格才是有效的价格,这时的市场才是有效的市场。在我刚才说的例子里,至少在公布信息之前的这段时间,这个公司的股票价格是无效的。

那么,如何解决这段时间的无效的价格,有一些经济学家提出,应该鼓励内幕交易。但是,这种观点也面临非常强的反驳观点。一个主要的反驳观点是,有的法经济学家认为,实际上内幕交易无法改变一只股票的供求关系。一只股票的供求关系不改变,它的价格就不会发生变化,那么有效定价理论的目的就无法通过内幕交易实现。

无论动用多大的资金量,个人是无法改变一只股票的供求关系的,因为当今证券市场的主流投资方式是组合式的投资方式,基金管理人和投资者选股票的方式是按照行业来的,而不是以每个公司为单位来的。比如说要选风险偏好不同的股票的话,可能会先看石油行业、加工业,再看食品的进出口业,在一个个行业里选择公司。同一行业里的公司风险偏好可能是一样的,把它们选出来组成一个篮子,进行组合性投资。

如果允许对一只股票进行内幕交易,内幕交易会导致这只股票的价格发生很小的波动,其他没有内幕信息的投资者会认为,这只股票的价值偏离其真实价值,他们会买入或卖出这只股票,使它的价格回归到它的真实价值,同时买入或卖出同行业的其他股票来维持整个组合性的投资。所以,要改变一只股票的供求关系,你的力量必须强大到足以改变该行业所有公司股票的供求关系。所以,有效定价理论受到非常强大的质疑。

第二个认为不需要规制内幕交易的理论认为,内幕交易是一个有效的薪酬激励机制。2001年安然公司破产之后,我们对高管的薪酬激励体制非常不成功,特别是在金融创新改革之后,很多薪酬激励体制现在看来是无效的。比如,在美国的衍生品市场中,股票期权立即可以交易,将股票期权授予高管之后,马上就会有投资者购买。但是,如果马上就将股票期权转手,那么,它的激励性质就没有了。持不需要规制内幕交易观点的人就认为,既然现在所有的激励机制都失效了,那么,内幕交易不失为一种事后的激励机制。高管和公司签订合同后,高管很大的一部分收益将来自内幕交易。允许内幕交易后,高管就会努力创造一些信息,这些信息会增加公司的价值,因此,内幕交易会激励高管更好地为公司工作。

反驳这一理论的观点认为,这存在很大问题,内幕交易不能起到薪酬激励的作用。最大的问题是不公平。比如说,我和比尔·盖茨同时在一个公司工作,都是高管,工作同等努力。但是,由于他比我有钱,可以比我买更多的股票进行内幕交易,他的报酬就会比我更高,但实际上我们做的工作是一样的,作的贡献是一样多的。因此,把内幕交易作为一种薪酬激励机制实际上是一种非常不公正的做法,而且,很多人会在没有为公司作出贡献的情况下获得奖励,因为允许内幕交易,其享受了内幕交易的好处。

第三种理论是公共选择理论。这种理论把政府机构看成自私自利的个人,为了自己效用最大化而工作。有一部分学者认为,我们要规制内幕交易是因为很小一部分人会因为规制内幕交易而获利,他们才是这个制度的需求者,但这对整个社会并没有好处,因此,没必要动用公用资源去规制内幕交易。那么,谁是需求方我们这里不展开讲,简单地来讲,主要是一些券商。反驳这一理论的观点认为,目前没有实证研究证明这些制度的需求者会向政策制定者进行游说,要求制定规制内幕交易的规则。

总体看来,目前最强有力的三个认为不需要规制内幕交易的论点都不太成立。那么,我们是否可以推出需要规制内幕交易呢?下面来讨论需要规制内幕交易的原因。我们也会发现,需要规制内幕交易的理由其实也不怎么成立。需要规制内幕交易的理由可以分为经济方面和非经济方面的理由,主要有以下三个。

第一,内幕交易损害其他投资者。这也是大家最直观的反应。一提到内幕交易就会联想到肯定有人受害。但如果仔细想想,到底谁受到了内幕交易的损害?当今的证券交易市场中,交易的双方并不知道对方是谁。卖方只是下单,把他的要求发到证券交易所,最后由证券交易所完成交易。内幕交易完成之后,很难知道谁是真正的受害人,这是其一。其二,无论是否有内幕交易,即使能发现受害人,交易的相对方都已经决定以该价格卖出或买入一定的股票,只不过不是卖给内幕交易人,因此,很难说内幕交易人进行了欺诈,使受害人成为内幕交易的牺牲品。从投资者的角度来说,内幕交易很难发现其中的受害人。

第二,允许内幕交易损害被交易的公司。被交易的公司有名誉这种无形资产,如果允许内幕交易,别人会认为该公司的信誉存在问题,从而不愿意与其进行资本的交易,就会推高公司的融资成本。这也存在非常强大的反驳论点。反驳论点认为,没有办法证明公司的投资人实质上在哪一方面受到损害,在哪一种方面减损了其利益。这和第一点比较像。如果不能证明公司的投资人实质上在哪一方面受到损害,实质上公司的融资成本就不会增加。

第三,侵犯公司的财产权。这是当今比较有说服力的支持规制内幕交易的观点。这种观点认为,可以把内幕信息视为公司的财产,虽然信息对公司本身没有什么价值,但是公司有权不让第三人使用,如果第三人进行使用,就视为侵犯公司的财产权。到目前为止,这是一种比较有说服力的观点,在之后的论文中我们可以看到这一观点在现实生活中的体现。

从传统法学的角度来说,规制内幕交易的理由是我们认为内幕交易不公平。有一部分人因为掌握了内幕信息,就有获利的可能性,我们认为这不公平。但实际上深入推演这个问题,必须找到经济上或文化上的理由来支持,主张不公平能够成立。不然不公平是非常抽象的,而且,在不同的社会,对公平有不同的理解。

我在复旦上课时,复旦有一个摩洛哥班,班上都是摩洛哥的学生。其中一个已婚男学生和另一个女学生恋爱并打算结婚。因为摩洛哥是一夫多妻制,班里同学都认为没问题。由此可见,公平原则不是放之四海而皆准。如果没有经济上或文化上理由的支持的话,没有办法说什么是公平、什么是不公平的。在有些地方公平,在另一些地方可能不公平。

所以,如果我们说需要规制内幕交易,那么,可能只有两个重要的理论支持。第一是将公司的内幕信息视为公司财产加以保护。任何人都不能侵犯这个财产权,即使是捡到信息也属于侵权。第二种方式是如果在一个国家中认为规制内幕交易的真正原因是认为它不公平的话,就需要看是否绝大多数人都认为这个行为是不公平的。

比如,一个出租车司机在开车的时候,听到后座的公司首席执行官打电话,讨论下一个星期公司兼并重组的问题,这个出租车司机听到这个消息后进行了交易,赚了很多钱。这种情况如果发生在我们国家,绝大多数人的反应会是:为什么那个人不是我?他不会感到不公平,只会认为司机运气好。如果大家都觉得不公平,可能就有规制的必要。如果说绝大多数人都不会认为这个不公平,可能就没有规制的必要。

按照政府和官方媒体的宣传,规制内幕交易是为了保护投资者对市场的信心。但是,反过来看这个问题,如果内幕交易泛滥,投资者是否还会投资到证券市场中去?看一下1933年的美国证券市场和20世纪90年代我国的证券市场,大家还是拼命地往股票市场中投资,只不过投资的方向不同。当时是打电话找人,问谁有内幕消息。如果内幕交易得到很好的规制以后,我们的投资可能就是研究组合性投资等问题。

有个经济学家做了个研究,采用问卷方法,要求投资者回答问题。第一个问题是,你是否怨恨内幕交易?100%的人都说怨恨。第二个问题是,如果有内幕消息你是否会交易?有70%的人说会;有30%的人说首先会去核实,如果消息为真,则会交易。这就告诉我们,实际上有无内幕交易对投资者的影响是不重要的,投资者关心的是他是不是那个获得内幕信息的人。因此,有的国家为了支持规制内幕交易会援引一些义务上的要求。如果在一定岗位上对信息来源有一定的义务,比如说信义义务,那么,他就不能利用特殊的地位取得信息。因为大家都会觉得这样不公平,比如,利用高管的职位取得的信息。我在文章中也谈到,有的国家采取的就是这种信义义务模式,这些国家在立法层面上归根结底是认为内幕交易是不公平的,而不是认为内幕信息是一种财产权。

(二)主体认定原则的探究

我的这个研究分为两个方面:一是主体的认定原则;二是执法效果的评价。

不管是我国的证券法,还是中国证监会的有关规定,都没有说明哪一种人是内幕交易人。不同国家大体有三种模式。有一些人可能会对信息的来源负有义务,如果认为只需要处罚这些人,那么,该国可能采用的就是信义义务模式。除非对信息的来源负有信义义务,负有义务又交易的话,大多数人认为这种做法不公平,否则,国家不会处罚。另外,如果认为内幕信息是公司财产,那么,任何人都不能侵犯公司的财产权,即使是顺耳听到。绝大多数人都不会认为这是不公平的,但也会受到处罚,这就属于文章提到的第一点,普遍禁止模式。在这种模式下,任何人有内幕消息,要么将其公之于众之后进行交易,要么就不要交易。第三种模式是保密或信任义务模式。这种模式产生的背后有故事。很多西方国家最初采取的都是信义义务模式,它比较容易判断:只要是高管或其他人对信息来源负有一定信义义务,那么,进行内幕交易就违反了信义义务。后来,全球发生了兼并重组的潮流,情况变得复杂起来。

比如,A 公司正在考虑兼并 B 公司,A 公司可能会请投行或律所为 A 公司提供一些咨询意见。这些人无疑是 A 公司的信义义务人,但是,这些人对目标公司 B 完全不负有任何信义义务。这些人如果交易目标公司的股票,在信义义务的模式之下就无法处理。因为他们对目标公司不负有任何义务。这时就出现了第三种模式,即只要违反了任何保密或信任义务,不管这种义务的来源是目标公司还是收购公司,都会被认定为是内幕交易人,这就是目前美国、英国以及其他很多国家采用的保密或信任义务模式。这三种模式在一些发达国家有一个发展过程,即从信义义务发展到保密或信任义务的模式。

但从发展历程来看,在信义义务模式和保密或信任义务模式之前,发达国家基本都采用过普遍禁止模式,比如,1933 年,美国证券市场内幕交易泛滥,为了达到扩大打击范围的目的,美国证监会采用普遍禁止模式,就是任何人都不能够进行内幕交易。但是,在执行了一段时间后,大家发现证监会权力太大,很多人被不合理地处罚了,一个典型的案子是齐亚瑞拉(Chiarilla)案。齐亚瑞拉是一个到美国淘金的墨西哥人,在一个复印店工作。有一天她在工作时,隔壁楼里的公司经理来到复印店要求紧急复印一份材料。齐亚瑞拉看到这是一份兼并重组合同。虽然经理把交易双方涂掉了,但是齐亚瑞拉猜出了交易双方是谁,于是从亲戚朋友处借来 10 万美元进行了投资,赚了很多钱,足够自己开一家复印店。后来,美国证监会发现此事,诉其违反内幕交易法律,要没收其所有违法所得并判处 10 年徒刑。齐亚瑞拉的律师坚持和美国证监会打官司,经过好几年上诉,联邦最高法院受理了此案。最后,联邦最高法院认为美国证监会普遍禁止模式适用的范围太广,要求美国证监会确立一个规则作为处理内幕交易的依据,这样就产生了信义义务模式。后来到20世纪90年代,美国兼并收购浪潮出现,又把这个范围扩大,产生了上面提到的保密或信任义务模式。

那么,我国是如何规定的?根据《证券法》第73条规定,禁止证券交易内幕信息的知情人和非法获取内幕信息的人利用内幕信息从事证券交易活动。这句话在我看来透露的信息非常少。什么是知情人?什么是非法获取内幕信息的人?我们是否可以这样理解,非知情人以外的人都是非法获取内幕信息的人?知情人是否有一定义务来源才能称其为知情人?这些《证券法》完全没有说。再看《证券法》第74条,第74条以罗列的方式给出会被认定为是内幕信息知情人的人,但是,第74条仍然等于没能解释第73条提到的知情人和非法获取内幕信息的人这两类人究竟是什么人。第74条第7项还规定,内幕信息知情人还包括国务院证券监督管理机构规定的其他人。说白了,证券监督管理机构认为是内幕交易人就是内幕交易人,认为不是就不是。这就造成一个现象,通过法律无法得知哪些人是内幕交易人。

这就是我们进行案例研究的第一个目的。通过案例研究,我们把这个"黑箱"里面的东西展示给大家,让大家知道,我国内幕交易的处罚原则,以及哪些人会被行政机关认定为是内幕交易人。

经过分类统计,我们发现,从2000年到2012年年初一共有38个案子,其中有33个处罚对象都是对信息的来源负有信义义务的,但是,在两个案子中,处罚对象是对信息来源负有义务,但不是信义义务。比如,在一个案子中,一位记者去采访当事人,当事人给了他非常有价值的信息。当事人给他信息是因为相信他的目的是采访,而不是让他去交易。而这位记者得到了信息之后就去做了交易,并且获利。证监会对记者进行了处罚。我们把这个案子归类到违反信任或保密义务的类型里面。

此外,我们还发现,在三个案子中,处罚对象对信息的来源不负有任何义务。也就是说,根本不知道他是如何获得内幕消息的,证监会也没有刨根究底地查这个人是如何获得内幕消息的。但是,这个人承认有内幕消息并交易了内幕消息,最后,证监会对其进行处罚。我认为,在三两个案件中,证监会援用了普遍禁止模式。只要拿到了内幕消息,不管消息是通过什么渠道获得的,不管对消息的来源有没有承担义务,都必须要被处罚。

如果我们把处罚模式画个饼图,最大的一块处罚模式是信义义务模式,范围相对最小的是信义务模式,即只有对消息的来源负有信义义务的人才会被处罚,稍微扩大一点是信任或保密义务的内幕交易处罚模式。这三种模式的处罚范围是依次扩大的。我们只要在历史上处罚的案子中找到一个处罚的是对信息来源没有任何义务的人的话,我们就可以认为,我国处罚的模式是普遍禁止模式。虽然我们的聚焦点是在负有信义义务的人上面,但是,我们可以比较自信地说,我国的处罚模式是普遍禁止模式。这是研究的第一个方面。

(三)执法效果评价

第二个方面是我做了一个执法效果的研究,《证券法》第202条规定,处罚的方式一共有两种:第一种是没收违法所得。第二种是罚款,有违法所得的处以违法所得1倍以上5倍以下的罚款;没有违法所得或者违法所得不足3万元的,处以3万元以上60万元以下的罚款。但是,如果我们采用狭义方式解释这个条款,我们会发现它有几个问题。

第一个问题是,它没有规定避损的案件应该如何处理。我们如果宽泛地解释这个条款的话,可以认为避免的损失属于违法所得。但是,我们不知道证监会到底会不会这样解释,或者在执行中有没有这样解释。至少从字面本身来看,我们无法发现内幕交易适用于避损这样一种情况。也就是说,当得知了一个很坏的消息,抢在市场之前把股票卖掉可以少损失一点,而事后知道这个消息的人损失就比较多。

第二个问题是违法所得的认定。通过查阅文献可以发现,违法所得的认定有两种方法。一是净利润的计算方法,这是一种很简单的方法,也就是用股票卖出的价格减去股票买入的价格,再乘以股票的数量,最后得出违法所得。根据证监会内部文件,目前证监会对违法所得也是这么认定的。二是市场吸收的方法。市场吸收法与净利润法相比的好处在于,市场吸收法尽可能地减少了其他因素对股票价格的影响,使当事人最大限度地受到违反内幕交易法律的惩罚。它的计算方法是,用内幕信息被市场吸收后的股价减去股票买入价格,再乘以买入的股票数量。

举例来说,假设某甲获取了公司即将并购的内幕信息,他在该信息公布前一日,以每股1元的价格买入了1000股该股票。第二天,当该内幕信息公布后,假设消息公布当日就完全被市场吸收,股价立即做出反应,该公司股价上涨到了每股2元。但是,他并没有在内幕信息公布的当天卖出,而是继续持股两周,也就是其获取内幕信息的第16天,该股票价格已经涨到了每股3元,当天他将股票卖出。此时,按照净利润的方法计算,该人的违法所得是2000元,但是,如果按市场吸收法的方法计算,如果市场有效的话(当然这里会有争论,难点也就在这里),内幕信息一旦被公之于众,则内幕信息会被包含到股票的价格中去,那么,我们就以2元1股的价格作为基准,减去其买入的价格1元1股,再乘以股票数量,该人的盈利就是1000元。

在这个案例中,采取不同的计算方法,违法所得会发生变化,那么,是否采取净利润的计算方法一定比采取市场吸收的计算方法计算的违法所得更多呢?实际上,这是不一定的,这取决于股票市场价格的变化,是往上涨还是往下跌。我们做了一个研究,见文章中的表格。首先,我们按照证监会的计算方式,计算这些案例中的盈利,然后,我们在第一列记录中使用市场吸收的方法计算的盈利。我们发现,47%的案子运用市场吸收的方法比证监会运用净利润的方法计算得出的处罚金额更高。也就是说,不一定按照证监会这种净利润的计算方法就处罚更重。

第三个问题是自由裁量权的运用。关于自由裁量权的运用,我们可以再看一下《证券法》第202条的规定。该条规定,区别不同情况将处以违法所得1倍以上5倍以下的罚款或者处以3万元以上60万元以下的罚款。这个幅度可以说是非常大的,证监会以怎样的原则运用自由裁量权,在法律上没有规定。如果自由裁量权的运用没有任何原则的话可能会比较危险。我们的研究一部分就是想看证监会是否在真实地利用自由裁量权,或者就像我们大胆猜想的那样,证监会实际上并没运用自由裁量权,而是完全由当事人的违法所得来决定罚款金额。

我们对2008年到2013年的处罚做了一个回归分析。从中可以看出,从2008年到2013年,罚款和违法所得高度相关。2008年、2012年、2013年逐年来看的话也是高度相关的,但2009年到2011这三年不是高度相关的,主要原因是罚款力度非常小。不是罚款偏离了回归线,而是罚款数额很少导致不相关。

为什么取2008年到2013年?这是因为2008年到2013年的信息比较有价值。我们做过一个处罚决定字数的统计,发现在2008年之前处罚决定的字数都在1000字到1500字,其中有七八百字是介绍当事人的基本信息和案件背景,非常简单,没有什么研究的价值,对我们研究执法效果没有什么参照意义。彭老师研究的是1995年到2008年的案件,可以看到,案件的数量非常少,有些年份甚至没有内幕交易的处罚。但2008年以后,案件数量逐年上升。就2011年而言,违法所得不断增加,但违法所得和其获利是没有关系的,而且,罚款金额也非常少。2010年和2009年也是这样。通过上述研究提出的几个问题,最主要是希望激发读者思考现在运用的模式是不是合理,且怎样使它变得更加合理。

(四)几点建议和想法

在主体认定原则问题上,我们发现的第一个问题是:是否任何人都可能会被认定为内幕交易人。我们的回答是肯定的,任何人都可能被认定为内幕交易人,无论对信息的来源是否负有信义义务。

第二个问题是改变认定原则最终是由谁来决定。刚才提到,美国的认定原则有一个变化的过程,从刚开始的普遍禁止原则发展到信义义务最后再变为信任或保密义务原则。在美国,司法机构有权力来限定行政机构的权力,联邦最高法院作出判决,美国证监会就会主动缩小或限制其运用权力的范围。在我国,法律已经明确授权给证监会进行处罚,从司法角度来看已经无能为力。目前,中国正处在资本市场发展初期,此时采用普遍禁止的原则并没什么不对。有很多人认为,我们资本市场中的内幕交易还是非常普遍的。目前,证监会执法信心坚定,可以预见,在不远的未来,内幕交易会得到一定控制,到那时谁去要求证监会缩减它的执法范围。如果指望证监会自发缩小其执法范围,估计是不太可能的。按照公共选择理论,每一个政府机构都是自私自利的,而且存在一个"地盘"的概念,每个机构都希望自己的地盘越大越好,而不会自发缩小它的地盘。我们能做的,是从立法的角度不断加以审视,是否还需要把现在的这种完整的权力交到证监会手中?一旦不需要,就应该确定类似信义义务原则或信任或保密义务原则来限定行政机关对内幕交易案件处罚的范围。

第三个问题是我们的处罚对象是否存在偏颇?这是本研究的"副产品"。我们关注了哪些人会被确定为内幕交易人。我们发现,只有三个案子中处罚的对象是公司的控股股东。而基于我国资本市场的现状,我国绝大多数上市公司的资本结构是高度集中的,控股股东处处存在。如果存在控股股东,就会有很强的机制来监督管理层,同时,控股股东也会获得大量有关公司营运的内幕信息。那么,既然控股股东同样能获得大量内幕消息,为什么没有成为内幕交易处罚的对象？或者说,为什么对控股股东进行处罚的案子那么少？在我印象中只有一个案子,是黄光裕的那个案子。其余的案子都是与控股股东无关的人,要不是记者,要不是公司的管理人。在我国目前特定的股权结构下,我们是否考虑控股股东的内幕交易责任。这是在主体认定原则下提出的第三个问题。

在执法效果问题上,我们提出的第一个问题是,是否以市场吸收的方法认定违法所得比用净利润的方法认定违法所得更合理？我国的证券市场波动很大,在这种情况下处罚内幕交易行为,以净利润的方式计算违法所得实际上不是很科学的,因为很多其他因素会加入到交易的过程中,最后影响认定的金额。我们认为,市场吸收法比较合理,能够最好地惩治内幕交易行为。

执法效果方面的第二个问题是要加强对避损案件的处理。避损案件我们处理得太少。如果了解中国证券市场的话,我们知道,中国证券市场有几次比较大的"跳水",2007年甚至从6000多点跳到1000多点,这么大的"跳水"却没有抓出很多避损案件,这是令人惊讶的。我想肯定有许多避损案件。

避损案件在处罚中可能会有两方面的问题。一是避损案件比较难以发现。我们关注的焦点都是那些赚了钱的人,那些没有赚钱的人我们就不太关注。二是我们有可能把避损的案件当作盈利的案件来处理。我们作的研究有很多的副产品,其中一个副产品就是看所有被处罚的案子当中它们的盈利状况如何？我们发现,近乎一半的案子是没有盈利甚至是亏损的。这样就会推出一个很可怕的结论:如果内幕交易处罚的对象进行内幕交易最终盈利的机会是50%,我们还有什么必要惩罚呢？这样谁都会认为内幕交易是公平的,不存在不公平的情况。这说明,我们可能会把一些避损案件当作盈利的案件来处理。我们挑选了其中12个非常可疑的案件来进行研究,看看他们是不是避损的案件。我们观察了信息公布后90日股票价格的平均值,发现其中有9个案件实际上是避免了更大的损失。这说明,证监会把一些避损案件当作盈利案件来处理。如果按盈利的案件来处罚避损的案件的话,首先没有违法所得,就无从没收。其次,罚款是从3万元到60万元,如果没有违法所得的话,按照目前的标准也罚不了多少钱。

在执法效果方面我们提出的第三个问题是,我们必须细化自由裁量权的适用标准。就像刚才说的,从我们的回归模型可以看出,目前的自由裁量权并不是真正的自由裁量权。有些案件虽然获利比较小,但是其社会影响很坏。在这种情况下,如果运用自由裁量权可能要罚得更多,但是,目前证监会可能是明哲保身,也可能是为了谨慎运用自由裁量权。我们认为,其罚款和违法所得数额是高度挂钩的,在今后要有一些细化的规定,列出一些在罚款时需要考虑的因素,来细化自由裁量权的使用,真正使自由裁量权起到作用。

以上是我们对近几年的内幕交易案件实证研究的结果,但其实证研究的成分非常少,只是做了一些比较肤浅的研究,以启发大家日后在这个领域再继续深挖。谢谢大家,非常欢迎大家提问!

三、互动环节

评论与问题1:

问:我来提两个问题,第一个是文章结构和理论方面的问题,第二个是方法论上的问题。第一个问题是,你希望表达的理论或观点是什么?我在《北大法律和金融评论》第一卷的前言中提到,我们希望讨论的文章,既有技术问题的分析,也有一定程度宏观层面的论文讨论,讨论人和自然、法律和社会方面的问题。我读了你的文章后,我的感觉是,你是在讨论政府机构的行为,它有很多毛病。我看你列了几点,无外乎就是:第一,案例少,少可能就说明它不太尽责。第二,方法比较糙,你提到净利润法和市场吸收分析法,看起来净利润法是一个比较糙的方法,而市场吸收分析法需要考虑很多细致的因素。所以,证监会使用的方法还是比较粗糙的。第三,执法有些任性或随意。比如,你在文章中提到,某前任主席上台以后,突然间采用了和以前不同的处理办法。这当然不是说前任主席不好,而是说,证监会很容易因为某个偶然因素的变化而导致其整个理论方法的变化。在我看来,你就是在描述一个比较"差"的中国政府机构的行为。但是,政府机构不够好,这似乎是一个普遍问题,你把你的故事讲出来,能帮助我们更好地理解政府行为模式吗?比如,所有其他政府机构如工商局是不是也是这样?中国证监会的行为模式和美国证监会的行为模式是否一样?你的故事对于我们理解政府机构的一般行为模式有什么帮助吗?这是一个比较务虚的问题。

第二个是比较实一点的问题,涉及方法的问题。我先引用一下彭冰老师对你文章的评论。他说,"有的问题从实证角度来看是非常有意思的,比如说市场吸收法和净利润法的测算就很有说服力,彰显了实证研究的魅力”。但我自己觉得,从不好的角度来讲,文章的问题也不少。第一个是样本太少,这是证监会的问题,从研究的角度来看,你研究了 40 来个案例,我们能从这 40 来个案例的梳理里挖掘出什么东西来呢?从计量上看,二三十个样本也是可以研究的,但是,样本少了,信息就更有限,能够得出的结论就很少,有局限。同时,方法是否稍微简单了一些?比如,两个方法的比较只是简单的算术比较,而不是统计意义上的比较。你得出的结论说,两种方法计算出来的结果平均差异 10%。这个结论会不会让人觉得稍微粗糙了一点?最后的回归分析也是。搞计量的人会认为你的研究没有控制其他因素。你画了条线是否就表明了二者的关系一定是线性的?会不会有其他的因素在起作用?比如说,2011 年不相关是否是极端值的影响?如果把一些极端值排除了,是否会有更高的相关性?当然,这样讲可能对你不太公平。根据我的观察,我觉得可能你这个方法是未来若干年内法学界能够接受的实证研究方法的极限了,再深一点别人就完全不明白你在说什么了。这是一件好事,我们找一个大家都能接受的方法来讨论一个问题。但关起门来讨论,你如何回应别人的评论,说你的这个方法稍微粗糙了一点?

翁小川:非常感谢唐老师这两个点评,一针见血地指出了我文章的两个软肋。

第一个软肋就是我到底在理论上能拔高到什么程度?我国关于内幕交易的文章我看过不少,都是比较宏观层面的,比如谈处罚过轻,或者内幕信息如何认定等,在那个基础上能够进行拔高的不多。这是我自己的苦恼之处。我的论文最后为什么停在此处,就像唐老师刚才提到的,我发现了非常多的点可以深挖。比如说,就市场吸收分析方法来讲,可以讨论何时市场完全吸收了这个信息。有的人说,消息发布当天就吸收了,有的人说消息发布后 30 天、有的人说 90 天,世界各国有不同的做法。任何点深挖下去都可以写一篇论文。我的文章为什么停住了,一方面和我的工作时间有点关系,另一方面我想在前人停住的地方踏出一小步,看看能不能启发大家在某个方面继续深挖下去。今后我自己可能在某个方面再写一篇文章,把里面留下的问题给解决了。当然,您提出的这个问题是我的一个软肋,当时我在讲的时候就有点惴惴不安。

第二个也是我的软肋,样本太少,研究方法也太简单,确实如此。您提出的这个问题实际上和第一个问题也是紧密相关的。因为本身我想要说明的问题也很简单,没有想挖得很深,如果在某个方面挖得太深,在内幕交易的其他方面没有相应的研究成果作为支持的话,很可能独木难支,没有办法再深入下去。我现在就是用一个非常粗的方法,把问题提出来。如果前人有过研究,我就可以在他们研究的基础上加以深入。不过您提出的问题很对,确实我的研究样本量太少,我做过一个图表,发现内幕交易案件的执行量,从2000年开始是一个非常陡峭的上升图形,在2013年甚至达到了40多个,但之前就非常少,每年10个已经非常了不起了,有的是4个、2个甚至是1个。所以,也许在2016年或2017年做这个研究可能更合理一些,无论是在统计方法的丰富性上,还是在统计的样本的数量上。

评论与问题2:

问:问一个有中国特色的问题。我们研究内幕交易的前提是有效市场理论,股票价格吸收了市场上的信息。但前人的研究多是针对美国证券市场的。在中国,证券市场被政府高度管制,股票价格不仅吸收了市场信息,更吸收了政府管制的信息,比如突然之间的税收调节信息。所以,在您的研究中有无一些案例,如政府工作人员开关门会议,官员利用这些信息进行股票交易并在其中获利?如果没有类似案例的话,您认为这种情况是否应纳入内幕交易的管制中?

翁小川:首先,我对你提出的第一方面问题稍微做一点回应,即是否有其他方面的信息影响内幕交易的行为?我们的研究发现,有一半的人是没有获利甚至是受损的。对此的一个解释就是内幕信息在中国可能的影响程度要受到很多其他因素的牵制,仅知道一个内幕信息是不足以获得盈利的,所以,一半的案子是亏损的。

其次,关于政府工作人员的问题,这是个非常前沿的问题。2013年年底,美国国会也在讨论这个问题。与政府管制相关的信息,是否能作为内幕信息,进而处罚相关的内幕交易行为?到目前为止,这在美国还没有一个定论。之所以没有定论,原因在于,很难界定政府信息对市场有多大影响?这实际上涉及政府是大政府还是小政府的问题。在我国,发改委每年发布的一些信息对市场影响是非常大的。我们是大政府,在这样的背景下,政府公开的信息对市场有很大的甚至是决定性的影响。我初步的观点是,这些信息也应该作为内幕信息处理。大量的国有企业,国家股东对国有资产的监督管理是通过政府部门进行的。那些部门的相关人员有接触到内幕消息的便利,对他们进行处罚也是内幕交易执法的一个有力抓手。从我们研究的案例来看,至少在2013年前没有处罚过政府官员。“3·27国债”案中也没有处罚相关的政府机构人员。谢谢你,你的问题提得非常好。

评论与问题3:

问:我想请问您几个问题。您的文章里很多地方涉及了主体问题。“两高”有个司法解释(最高人民法院、最高人民检察院《关于办理内幕交易、泄露内幕信息刑事案件具体应用法律若干问题的解释》),其中在第1条和第2条对主体作出了明确界定,包括在非法获取的来源上采用推定的方法,哪怕两者之间仅仅是接触联络,但只要是在敏感期有接触联络的话,就推定有非法获取。这也印证了您的结论,即我国采用了绝对禁止的方法。我的问题在于,既然有这么明确的规定,那么做实证研究的价值何在?

第二个问题是内幕信息形成的起始节点问题。您刚刚也提到了黄光裕案。我认为,这也是我国内幕交易认定的一个重要节点。就内幕信息形成的起始节点而言,根据“两高”的司法解释,我们认为,它是对不同主体区别对待的。比如说,最先接触到信息的人相比后面接触到信息的人,在认定内幕信息敏感期上,可能认定前者的期限更长。而在黄光裕案中,黄光裕可能不是一个严格意义上的内幕信息知情人员,但是,由于他对决策的影响,作为控股股东我们有理由推定他可以影响决策。所以,推定他对企业决策有影响之后,他从一开始就接触内幕信息了,也就可以把他纳入内幕信息知情人的范围中。司法解释是2012年6月施行的。我想知道的是,在2012年6月后,在实践中有没有这方面类似的案件?

最后,再加一个小问题,提到内幕交易不得不提民事赔偿。我看到您有海外背景,相信您对美国的民事赔偿机制也很了解。我了解到,美国的民事赔偿机制,在确定受损害的主体上,规定得比较简单。同时进行反向操作的人都可以提起诉讼。在中国,民事赔偿机制的空间有多大?

翁小川:第一个问题,你提得非常好,那个司法解释我也看到了,在我们做研究的同时出来的。为什么我们选择忽略这个司法解释?第一个考虑因素是,这个司法解释是指导刑事审判还是指导行政处罚,《证券法》已经明确把权力授予证监会。在这种情况下,司法解释对证监会有多大的影响现在并不知道。这是对第一个问题的简短回应。

第二是时间的起点问题,我可能无法给你很好的回复。黄光裕这个案件,就时间的起点而言,我认为完全没有问题,因为作为大股东他是发起商业活动的起点,可以控制公司的行为。如果宽泛地解释内幕信息产生的起点,我觉得完全没有问题。特别是在中国,我认为处罚大股东应该特别得到支持,就像我刚才提到的,大股东被处罚得非常少,几乎没有。我完全赞同这个起点上的推断。

第三是关于民事赔偿的问题。我刚才在介绍理论的时候也提到了,内幕交易的相对人很难发现。其实,美国也试过很多次。你说它有内幕交易民事赔偿机制,其实,美国在很多时候也是很谨慎的,绝大多数不支持民事赔偿。首先需要证明是否被欺骗。美国的内幕交易法是在欺诈法律的基础上发展而来的,必须证明存在欺诈(fraud)。如果相关人员没有被欺骗的话,他是无法起诉的。很多人已经决定了要买卖这只股票,不管相对方是谁。对于一个已经知道的事情,如何证明被欺骗?

可能存在的一种情形是,如果内幕交易使公司股票的价格发生变化,而因为股票价格的变化,当事人卖出或买入这个股票,这时他可以提起被欺骗的诉讼。但是,内幕交易是否会影响股票的价格是没法断定的。有经济学家认为,如果要改变公司股票的价格,需要影响整个行业的股票的供求关系。因此,我认为现在谈民事赔偿机制还太早,禁止或减少内幕交易应该从行政或刑事的角度入手,而不是从民事的角度处理。

而且,退一万步说,即使有民事赔偿制度,那么发现内幕交易的主体是证券监督管理机构,个人要发现内幕交易是很难的。所以说,即使现在有民事赔偿机制,也必须等证监会真正执行好内幕交易的管制,才能推进民事赔偿机制。但是,我觉得民事赔偿机制非常难以实现,证券交易的相对方不太明确,相对方并没有受欺骗,或者相对方已经决定了要买或卖这只股票。抱歉由于我对相关方面的研究不多,只能给你一个非常简单的回复。

评论与问题4:

问:我插问一个彭老师的问题,也是我关心的问题,就是数据样本的问题。中国现在有多少个内幕交易处罚案例呢?一共只有40多个吗?彭老师对你的文章有一个书面评论:“如果统计结果成立的话,绝大多数都是信义义务模式,但这段的叙述方向不好。应该是通过统计分析发现,证监会采用了狭窄的信义义务模式,几个其他的案例应当作为例外,这可能导致打击范围过小。不过我怀疑统计的结果,在我的印象中证监会对并购重组过程中涉及内幕交易的处罚案例不少,这些案例都是信义义务模式吗?那些非上市公司的收购人的中介机构依据什么原则认定呢?"换句话讲,你的这个研究收集的数据是否是全的?

翁小川:问题越讨论越深了。如果仔细观察我的研究会发现,案子的数量是不一样的,之前只有38个,在分析计算利润的方法时,案例数增加了。在作认定方法的统计时,我们是以一个处罚案例为单位统计的,而在计算处罚数额时以处罚的个人为单位的,一个案件中可能有三四个人,所以,数量上会有差异。彭老师说,有大量中介机构在并购重组中进行内幕交易。现在我也在反复考虑这个问题是不是合理。我们现在完全采取美国的信义义务认定方式,即中介机构进行服务是临时信义义务人,因此,我们认为中介机构属于信义义务人。所以,这40来个样本已经涵盖了所有这些案子。彭老师2011年发表的那篇文章中只有30多个案子。

评论与问题5:

问:有几个问题想请教翁老师,一个是您说的信义义务模式的这些义务人是否是指《证券法》第74条规定的人,这个范围的人您认为是属于信义义务模式下的义务人。除了《证券法》第74条,证监会出过一个《证券市场内幕交易行为认定指引》(试行),里面定义了内幕人的概念,分了几条来说明。一是把《证券法》第74条第1项到第6项规定的证券交易内幕信息的知情人归为一类来说明。二是根据《证券法》第74条第7项兜底条款,内幕人还包括以下几类人:(1)发行人、上市公司;(2)发行人、上市公司的控股股东、实际控制人控制的其他公司及其董事、监事、高级管理人员;(3)上市公司并购重组参与方及其有关人员;(4)因履行工作职责获取内幕信息的人;(5)本条第1项及本项所规定的自然人的配偶。三是将前述第1项、第2项所规定的自然人的父母、子女以及其他因亲属关系获取内幕信息的人归为一类。四是兜底条款,即通过其他途经获取内幕信息的人。我觉得这个文件可能已经表明证监会采取了普遍禁止模式,但是,我猜测这个规定隐含的含义是,如果定义为内幕信息知情人可能是负有信义义务的,如果没有使用这个概念,可能就属于违法获取内幕信息的人。当然,这只是我的一个猜想,不一定正确。该指引第6条对《证券法》第74条的兜底条款进行解释的时候,包括了一个"本条第(一)项及本项所规定的自然人的配偶",负有信义义务人的配偶和信义义务人的关系已经很亲密了,那么他(她)是否负有信义义务呢?

翁小川:上述规定是证监会对《证券法》第74条的解释,但是实际上还是未穷尽,最后还是有一个兜底条款,可能还会不断出新的解释。我认为,该规定和我们研究的相关性并不大。关于哪些人可以归入信义义务人的问题,其实可以写一篇文章。而你提到的配偶能否作为信义义务的知情人问题,在国外是推定为知悉内幕信息的,因为基于配偶之间天然的亲密关系,而且配偶获利的一部分也是本人的获利。这就满足了内幕交易的构成要件。但是如果配偶能够证明信息来源方式,以及他没有传递信息的意愿,例如,丈夫本不想让妻子知道内幕消息,躲在房间中打电话,而妻子在门外听见,这样就可以切断信义义务传播的锁链,最后可以以信任或保密义务模式来处理。妻子对丈夫负有信任或保密义务,但信义义务的锁链就可以切断了,因为丈夫并没有把信息传递给她。这两种情形的举证原则不同。我这个研究提出来的一般建议就是,如果有人问,在某种情况下会不会被认定为内幕交易,你可以用文中提到的几个案例回答说,在我国无论身份如何,消息来源如何,是否负有义务,只要利用内幕信息交易,都可能作为内幕交易人被处罚。

评论与问题6:

问:插一个彭老师的问题,关于控股股东的问题。我的猜测是,控股股东是中国比较独特的现象,可能会衍生出很多国外看不到的现象,会发展我们的理论,丰富内幕交易的规制经验。彭老师的问题是,"针对控股股东处罚的例子仅有一个,与我国公司治理现状不相匹配,这个结论的得出有点仓促,哪些情况下控股股东会构成内幕交易,你为什么认为要加强控股股东内幕交易的处罚?或者是否应提出我们存在控股股东内幕交易但是实际上没有被处罚的案例来支持"?另外,彭老师还提了一点评论,"实际上在内幕交易处罚案例中,被处罚的对象多为自然人,很少有公司作为内幕交易者被处罚的案例,这方面值得探讨"。

翁小川:谢谢!确实是非常好的两点。关于第一个问题,在一定程度上我同意彭老师提出的问题,我的这个结论有些仓促。但是,我为什么提出这个结论,在文中也有所交代。我们现在资本市场结构存在特殊性,控股股东完全有条件接触到核心的信息,但为什么他们没有进行内幕交易?我觉得这个有必要再进行进一步的研究。

但是,要提出控股股东进行了内幕交易但是没处理的案件,这是很困难的,内幕交易人一般不会告诉你他进行了内幕交易,从实证研究的角度提出实例是非常困难的。我只是从现在资本市场的股权结构现状来推出这样一个结论,即控股股东有非常便利的条件进行内幕交易,但为什么没有进行,是否是我们的关注不足?不过,正如刚刚这位同学提到的,目前持股超过 5% 的股东如果进行大规模股票交易的话需要进行登记,可能这样进行内幕交易就比较困难,所以,可能导致控股股东即使进行内幕交易也会采取更隐秘的手段,令人无法发现。所以,就彭老师提出的第一个问题来讲,我认为确实可以延伸出去,进行一个更深入的研究。

第二个问题,我没有做这方面的研究,在研究的过程中我们也注意到了这个问题,即为什么处罚的绝大多数都是自然人,法人占的比例很少。而我国法人控股股东比例非常高。所以,为什么我们很少处理法人,这确实是一个很有意思的问题,我回去一定再多做一些研究。

评论和问题 7:

问:翁老师您好,我想请教您几个问题。第一个问题是,您在处理违法所得的时候把同一个案件中的几个数据都放进里面了。我想请问,您对共线性的问题是怎么处理的。比如说 2008 年的数据很少,只有四个点,靠右的两点都是属于同一个案例的,因此,想请问您是如何调整这个共线性的问题的?第二个问题涉及证监会发布的指引。有的人认为这个指引在形式上和实体上都不是合法的,在形式上它未对外公布,在实体上它逾越了《证券法》的规定,比如说把内幕知情人的范围扩大了。对这个问题您怎么看?最后,刚刚您提到,很多国家最初都是采取普遍禁止模式。我想请问,除了美国,还有哪些国家采用了这个模式?

翁小川:好的,我分别回答。第一个来说共线性的问题,也就是唐老师刚刚提到的数据样本不足的问题。我比较有信心的是 2008 年到 2013 年这段时间数据整体的高度相关性。但是,我觉得我们应该分年份再进行研究。但是,分每一年进行研究的话,数据样本是非常不足的,有的年份甚至没有,所以,你提出的问题是对的,分年份来讨论相关性是存在问题的。如果很严谨地来处理的话,有些点是可以不要的。第二个问题实际上是老生常谈了。我们在 1997 年制定第一部《证券法》时,就有规定说证监会要把相关处理方式公开,包括 IPO 审批的流程公开。但是,IPO 审批流程是 2013 年公开的,一共花了 16 年。这种情况在实践中是非常正常的,但是从法律的角度来看这个是违法的。第三个问题,哪一些国家经过了普遍禁止模式到信义义务模式的过程。可以说,英联邦曾经的一些殖民地国家,大部分都是如此,澳大利亚、新加坡都是这样。

评论与问题8:

问:最后请教老师两个问题。我也觉得净利润法和市场吸收法这两种计算违法所得的方法比较有意思。您也提到,内幕交易的可罚性是内幕交易者利用内幕消息获得了利益,这个获利也就是违法所得,这个获利应当和内幕信息有直接的关系,而不能包含其他因素。您也以这个理由来反驳说现在我们采取净利润法的方式计算违法所得,其实还包含了其他的因素,可能会导致证监会的行政处罚畸轻畸重。但是,如果反过来想,如果采用市场吸收法,是否内幕消息公布当天的股票价格就代表了内幕消息的影响呢?而且是仅仅吸收了内幕消息后所做出的充分反应呢?这在统计的时候需要控制变量。比如,政府制定的重大的产业政策、行业基本生产原料价格变动等,这些都需要控制,才能把干扰的因素剔除,才能说明是内幕信息影响了股票价格。但是,现在的两种计算方法还是简单的统计。如果加入了这些控制变量之后,可能带来的问题更多,如何加入变量、选择哪些因素、这些因素是否可以定量的加入等?此外,加入这些变量后再统计净利润法和市场吸收法,可能我们的结果是完全不一样的。

翁小川:你的第一个问题,在美国有很多学者都在写,并且有争论。从问题的起点上说,有的学者认为净利润的观点是合理的,他是从刑法的角度来讲的,也就是从主观违法性的角度来讲的。比如,偷了一个钱包,里面有100元,但是不小心遗失了其中的10元,在认定时仍然认定为偷了100元而不是90元。因此,这个问题的起点本身就是有争论的。第二个问题,如何引入其他因素。实际上我们应该反过来考虑,如何更好地确定市场把信息完全吸收的时间点。这也存在很大的争论,主要是围绕市场有效性进行争论,有人认为信息公布当天就可以完全吸收,有人认为是30天,有人认为是90天,这里面问题很多,确实可以写一篇文章。

主持人:好的,那我们今天的讲座到此为止,大家再次感谢翁老师!

翁小川:谢谢大家!

(会议记录:吴冬妮)

北大法律和金融评论
(2016年卷),第138～159页

北大金融投资与法律论坛实录(三)

主讲人:刘庄

时间:2015年6月4日

地点:凯原楼307会议室

一、主讲人演讲

(一)案例引入

我现在研究陪审团制度,有几个有意思的案子引起了我的关注。2014年,美国有一个枪击案,白人警察枪击黑人小伙子,陪审团决定不起诉白人警察。美国很多人批评美国司法系统有问题,但没有人说法官或者法院有问题。案情其实还是比较清楚的,就是白人警察的生命受到了威胁,于是这个警察朝犯罪嫌疑人开了枪。

类似的案件还有1992年的洛杉矶暴动。白人警察殴打黑人青年,被路过的人拍下来了,引起了四天的大暴动。暴动中死了很多人,经济损失近十亿美元。案件是陪审团审的。虽然引起了很大的争议,但没有人批评法院。大家都批评美国的司法制度。

更明显的是辛普森案。很明显,辛普森杀了他的老婆,刑事法庭却判他无罪。但也没人批评美国法院司法不公正。更怪异的是,在辛普森案的民事审判中,法院认定辛普森杀了他老婆,而在刑事审判中居然认定他没有杀他老婆。这等于是司法内部不一致,但也没有人批评法院。

这些案子让我思考陪审团制在美国司法系统中的作用。

正好中国也有一些案子作为参照,如彭宇案。有一个南京的小伙子把老人家撞倒了。当时法院认定的事实是这样的:老人摔倒了,彭宇有没有撞老人大家不知道,法院就推定是彭宇把老人撞倒了。舆论批评法官乱判,树立了不好的先例,造成的社会效应是没有人去扶老人。后来还出了一个案子。有个小女孩摔倒后,身边经过了 17 人,没有一个人去扶她。大家就进一步批评法院乱判,法院威信再次被削弱。实际上,两年之前,也就是案子发生三四年之后,彭宇又接受了一次媒体采访。他承认确实是他把老人家撞倒了,法官当时的判断没有问题。但是没有用,司法形象已经受到很大的影响。

还有类似的案件涉及定罪问题。比如,在许霆案里,一审法院广州中院知不知道自己判许霆无期徒刑判得太重?从各种情况分析,我估计广州中院肯定是知道的。广州中院不是一个法官素质很差的法院,它是一个经济发达地区的法院,法官都是具有本科、硕士学历的科班出身。更重要的是,我们有规则。无期徒刑以上的刑罚案件一定要上该法院的审判委员会。也就是说,会有十几个专家一起讨论案子,作出最后裁判。在这种情况下,广州中院集体判决的结果仍然是无期徒刑。也就是说,这不是法官的个案。判了许霆无期徒刑之后,公众舆论又起来了,指责法官胡乱判案。但就当时的一系列情况来看,法官这么判是合法的,而且是经过审慎考虑的。但这个案子为什么法官没有减轻处罚?《刑法》里有一条,上报最高人民法院之后可以在法定刑之下减轻处罚。广州中院为什么没讨论出这个结果来?为什么没上报最高人民法院,让它批复来减轻处罚?这就是另一个问题了。总之,在这个情况下,一审的判决作出之后大家就开始批评法院,说法院乱判。

(二)司法的根本难题

这两个案件,特别是关于事实认定的问题,结合起来就让我想到司法根本性的难题:对事实的判断是十分艰难的。很多时候,我们并不知道事实是什么样子。举个例子,比如说窦娥案。我们知道,窦娥案里最冤的是窦娥。但我仔细看了这个案子,我觉得整个案子最冤的应该是案件的主审法官。主审法官叫梼杌。

窦娥案的案情是这样的:窦娥的丈夫去世后,窦娥和婆婆相依为命。有一天,有个无赖借了婆婆的钱,婆婆向这个无赖讨债,但这个无赖要勒死婆婆。后来呢,张驴儿父子救了窦娥的婆婆。但其实张驴儿父子也是流氓,想借此搬进窦娥家,并威胁窦娥和他们父子二人住在一起。后来又发展出来的问题是,张驴儿想毒死窦娥的婆婆,霸占窦娥。于是他就在点心里下了药。但张驴儿的父亲不小心把点心吃掉了,就死了。然后,张驴儿就去告窦娥,说窦娥杀死了自己的父亲。

我觉得法官是最冤的一个人。假如你是法官,你如何判定谁是凶手?有个无赖搬到了窦娥的家里,无赖的爹死了,没有任何技术手段检测这是什么毒药,也没有任何技术手段追查人的内心状态,你推定谁是凶手?你肯定不会觉得儿子杀了自己的爹。再综合一些情况,就肯定觉得是窦娥杀了张驴儿的父亲。两个无赖搬到窦娥家里了,他们有一定的矛盾,自然而然就想到了应该是窦娥杀了张驴儿的爸爸。实际上,我们有一个"上帝视角",我们本来就知道窦娥是冤枉的,但是"上帝视角"明显冤枉了审案的法官。

这个案件的问题在于,在很多案件中,法官遇到了同样的情况。事实不清也要对这个案件进行事实判定,也要定罪量刑,那这就很可能受到群众的批评。

在窦娥案中,实际上法官的罪恶形象是被关汉卿有意塑造的。如果你是个法官,只看没有被塑造之前的案情,看一系列的证据,你不会知道这个法官是个罪大恶极、贪赃枉法的法官。关汉卿在塑造法官的形象时是很使劲儿的,法官的名字叫梼杌,当时的人们都知道梼杌是古代一个很凶猛的怪兽,一出场就给人以暗示。有一些唱词我们都知道了,比如法官说:"我做官人胜别人,告状来的要金银。"对梼杌的形象描写直接展示了梼杌的心理活动,但作者并没有对梼杌审判案件的过程有任何描写。

实际上,如果你作为法官,你不知道窦娥为什么是冤的,在结合一切证据的情况下,仍然会觉得窦娥是真正的杀人凶手,当时这么判应该没有任何问题。窦娥通过超自然的力量——六月飞霜、魂出现在钦差大人面前——把这个事解决了,最后梼杌被革职。总地来说,我觉得案子里最冤的是主审法官,因为他遇到了所有的司法体制都没办法解决的问题,就是怎么判定事实,怎么在证据不全、事实根本没办法判定的情况下认定一个案件的事实,这跟彭宇案的法官是一样的情况。且无论他们有没有贪赃枉法,核心的问题在于这个难题是任何司法都解决不了的。美国的司法也一样。比如在去年的弗格森案中,白人警察是不是有意过度使用了暴力,这没有办法判断。

(三)如何保护法官/法院的权威

那现在就演变成了另一个问题:当大家都没有办法判定事实的时候,谁来保护法院？不知道大家都明白这个问题的逻辑没有，有些事实在一定情况下是无法判断的，那么，法官的威信如何不被削弱，法院的权威怎么保障？最重要的是，整个司法体制面对这样的情况应该有怎样的制度安排？这是我主要思考的问题。

我的核心观点是，陪审团制可能是个解决方案。通过中美的对比，我们知道，陪审团是一个帮法院分担责任的机制。比如弗格森案，人们明知道法官没有办法判断事实，即使在知道了所有的证据的情况下也没办法判断，这个时候用陪审团来作决策，法官自然而然就没有责任了。这是一个很重要的机制。在陪审团作决策的时候，可以把法官的形象中立出来，把对事实的判断和定罪问题抽出来，法官以一种超然的形象出现在公众面前。另外，陪审团会帮法院承担舆论压力，这是陪审团可能实现的功能。

在我国如果能有这种机制，不管是 6 个人、9 个人还是 12 个人，在一定情况下使用陪审团制，很可能会舒缓法院内部的压力。比如，在许霆案这种案子里面，法官不一定不知道判无期徒刑太重了，但他会面临很多压力。一个压力是，当地的金融部门可能给法官打电话，如果不重判许霆的话，以后 ATM 机出事，那用户还是会拼命取钱，银行的利益可能会受到很大的损害。所以，案子中可能会有当地金融机构干预的成分。另外，法院内部有很多的压力。比如，如果案子判得不对，或者想在法定刑以下判刑，就会有很多麻烦，要走很多程序。广州中院可能要和广东高院沟通，要过一段时间才有可能把案子判下来。广州中院如果知道案子判得太重，想改得轻一点，在法定刑以下判的话，那内部流程造成的成本也是很高的。

(四)陪审团的作用

以上是一系列的理论推导，根据两个案子凭空想象陪审团有什么作用、没有什么作用、对司法体制是否有好处。理论不一定可靠，因为理论是从个案中总结出来的，不一定有很强的普适性。而且，理论也存在争议。很多法律人认为，陪审团是个糟糕的制度，因为大家会觉得法官判案更专业、更有效率。如果让老百姓来判案，可能不一定是好事。一是老百姓素质不高，而判断关系到他人身家、财产、性命；二是老百姓容易受到舆论影响，愤青、暴民很多。也有人批评陪审团制度成本高，因为陪审团的义务一般是强制的。比如，让唐老师有一天不干活，去当陪审员，等于社会效益的损失。但是，政治学学者拥护这个制度。主要理由是，陪审团制是人民当家作主在司法中的体现,保障人民参与司法,体现人民民主;陪审团也监督了法院,让法院不能乱审判;陪审团也保证了审判独立,法院有理由反对其他机构的干涉。

所以,在这个问题上,有理论支持,也有理论反对。我想验证一下理论是不是对的。我有几个实证发现。一是有陪审团的国家,老百姓更信任司法;二是在有陪审制的国家,法院权力更大;三是人们对司法的信任会间接导致这个国家法院绩效的提高。文章主要介绍了第三个发现,不过是很初步的发现。

这三个发现总体来说验证了以前托克维尔说的话:“表面上看来似乎限制了司法权的陪审制度,实际上却在加强司法权的力量;而且,其他任何国家的法官,都没有人民分享法官权力的国家的法官强大有力。”《论美国的民主》我很早就看过,但回过头来看这句话,我觉得托克维尔太厉害了,他的预言到现在都成立。托克维尔在 19 世纪就被人看作未来学的先驱者和最重要的政治预言家,现在从很多方面来看是很对的。

1. 发现一:在有陪审团的国家,人们更信任司法

我现在来说一说这个实证发现是怎么来的。数据的来源与以往我用的数据没有区别,我找到了所有我能找到的比较司法制度的数据。我分了很多个很细的检验标准,在控制了法系、审判独立、判例法、法官是否有终身制、有没有司法审查、国家 GDP 等所有因素之后,陪审团制度对于提高人民对司法的信任还是有重大意义的。

比如,以法国和另一个大陆法系国家荷兰为例,法国有陪审团制度,法国所有重要的刑事案件都适用陪审团审判,而荷兰没有陪审团制度。法国和荷兰的人均 GDP 差不多,审判独立程度差不多,法系一样,法官的社会地位差不多。如果比较这两个国家,你会发现,法国人民对法国法官的信任程度会高于荷兰人民对荷兰法官的信任程度。因为样本点比较多,有 100 多个,所以,还是举法国和荷兰这个例子,看得比较清楚。

更有意思的是,普通法系乘以陪审团制度的系数为负。这是一个交乘项,意思是在普通法系国家,有没有陪审团制差别没有那么大。如果比较两个大陆法系国家,一个国家有陪审团制,一个国家没有,我们便会发现陪审团制这个因素会变得很重要。

所谓交乘项,就是一项比较,用一个 2 × 2 方格来比较。先比较英美法系国家,比较有陪审团制度的英美法系国家和没有陪审团制度的英美法系国家

的情况,得出一个信任值的差。比如说,英美法系国家的信任增加值是0.3,就是指英美法系国家有陪审团制比没有陪审团制的信任值要多这么多。而在大陆法系国家,有陪审团制度的国家和没有陪审团制度的国家相比,信任增加值是0.6。那么,用0.3减去0.6就是-0.3。就是说,在大陆法系国家,陪审团带来的增加值比在英美法系国家陪审团带来的增加值要多。这个问题比较复杂,不能很好地讲明白。大致意思是斜率比较高,大陆法系国家斜率更斜。

我们的回归控制了很多因素,比如司法腐败、审判独立、GDP、法系渊源等。我们能够从结果看出,陪审团制度对于增加民众对法官的信任还是很明显的。我们还做了其他回归检验,控制了不同的变量。可以看出,不管怎么控制,陪审团的作用还是很明显。

此外,我们通常的误解是,陪审团只是英美法系的制度,这是错的。非常多的大陆法系国家有陪审团制度,而很多普通法系国家却没有陪审团制度。我把例外的情况标注在这里。我们周围很多国家和地区已经或者正在考虑引入陪审团制度。比如,日本引入了陪审团,但用得少且不典型。韩国、我国台湾地区也在想引入。苏永钦当大法官之后写了篇文章,设想台湾地区刑事案件怎么应用陪审团制度。

还需要注意的一点是,其他国家的陪审团制度和我们的陪审员制度是完全不一样的。关键在于陪审团有没有对事实和定罪的最终决定权。什么是最终决策权呢?比如,在法国,陪审团由9个陪审员组成,他们与3个法官一起来进行事实判断和定罪。他们的决策规则要求至少有8票才能定罪,为什么是8票?这保证过半数的陪审员(至少5名)认定了,保证案件决策在陪审员手中,而不是在法官手里。因为3个法官如果都同意,那还需要5个陪审员,在9个陪审员中也占多数。

日本的制度比较特殊。它很类似于我们的陪审员,但其比我们国家的陪审员在案件的判断中要多一些话语权。北欧的国家,还有俄罗斯,向来都有陪审团制度,现在仍然在用。俄罗斯比较特殊,俄罗斯引用的是法国的司法制度,16、17世纪在刑事案件中都用陪审团制度,十月革命之后被废除了,而在苏联解体之后又引入了陪审团制度。这是一些特殊的情况。很多普通法系国家压根儿没有陪审团,如新加坡一直都没有,印度在20世纪40年代废除了陪审团制,因为种姓差异太大,判决会有问题。北爱尔兰于20世纪70年代终止了陪审团制度的使用，因为北爱尔兰有严重的民族问题，并且在 20 世纪 60 年代出了很多问题。这是世界上陪审团制度的一些问题。但总地来说，我们发现，有陪审团的国家，人民会更信任司法。

2. 发现二：有陪审团的国家，司法的权力更大

第二个发现是，在有陪审团的国家，这个国家的司法权力更大。那用什么来衡量呢？世界正义项目有一个调查，其找每个国家 200 多个法学家或法官来问：你们国家的法院能在多大程度上限制政府的权力？这就形成了一个指标，就是司法限制权力的指标，拿这个指标作为数据。我们发现，在其他情况不变时，有陪审团制的国家，司法限制政府权力的能力更强，这项评分更高。其他的指数也一样。比如，陪审团制和一个国家有没有司法审查制是高度相关的。一个国家如果有了陪审团，就更可能在司法制度中出现司法审查制度。什么是司法审查制度呢？就是法院有权利根据宪法判断政府或立法机构立的法是否合宪。这是我的第二个发现。

3. 发现三：人们对司法的信任会间接导致这个国家法院绩效的提高

第三个发现比较复杂，就是发给大家的这一整篇文章所讲的。用一句话来表达就是，在有陪审团的国家，人们对司法更信任，然后信任的提升导致了司法绩效的提升。为什么这个问题很复杂呢？一是就现有数据分析方法而言，我们无法判断司法绩效和司法信任之间的因果关系。现在有这种相关性，意思是一个国家法院绩效越高，人们对司法越信任。但是不是司法的绩效导致了对司法的信任呢？不一定。也可能是反过来，反过来相关关系也是存在的。当一个国家对司法越信任，这个国家执行合同的效率往往也越高。我们找到了一种显著的相关关系，就是司法信任和司法绩效之间的相关关系，但是，我们不知道是司法信任导致了司法绩效的提高，还是说司法绩效的提高导致了民众更信任司法。这是计量经济学中比较核心的问题——因果关系倒置（孰因孰果）的问题。这个问题有一系列解决的方法，我拿陪审团作为工具变量来解决这个问题，来推断司法信任导致司法绩效的提高。

工具变量方法比较复杂，我花几分钟把这个问题讲明白，比如美国犯罪学领域的核心问题。多配备警察肯定能降低刑事犯罪率，但是，每个城市在投放财政资源的时候，在聘用警察的时候，都会考虑一个很细的问题：多聘 1 个或 1% 的警察，犯罪率能降低百分之多少？因为这个数不能随便配，要和别的财政投入平衡。比如，是不是投给公立学校是更好的投入呢？因为小孩受

到了教育,人力资本提高,会有更好的生活,更不会成为罪犯。是把钱投在教育里,还是直接投入警察配置里,对城市的发展更有利?这就变成了经济学家关心的问题,就是警察人数对犯罪率的弹性,大家都想算增加1%的警察能减少百分之多少的犯罪率。但是,现在的数据显然是算不出来的,因为这两个数据在统计上是正相关的。什么意思呢?可以观察到增加1%的警察就增加了1%的犯罪率,是正相关的。为什么呢?这就是因果关系倒置问题。可能是犯罪人数增加了导致政府多配置警察。

有个好事的经济学家找到了第三个因素,就把这个问题解决了。这个因素是市长选举年。为什么要用这个因素呢?他发现,当进行市长选举时,市长为了连任都会多配置警察在城市里,这种配置和犯罪率增高是没有必然关系的,因为不可能一到市长选举年犯罪率就增加了。那在这个问题上,市长选举年和犯罪率没有直接的因果关系。通过估计市长选举年带来的警察人数增加而间接导致的犯罪率下降,来解释警察人数和犯罪率高低这个因果关系,把增加多少警察能减少多少犯罪这个弹性系数算出来了。不知道大家理解了没有?比如,美国有500个县,他观察到,每到县长选举这一年必然要在城市里多布置警察,同时,这一年犯罪率有细微的下降,这个下降肯定是由警察人数增加导致的。通过一增一减,把警察人数增加和犯罪率减少的关系算出来,而工具变量是市长选举年。这种方法要求工具变量对统计结果(被解释变量)没有直接因果关系(外生的),只和中间变量有直接的因果关系,和结果有间接的因果关系。比如,刚才谈到的,每当市长选举的那一年,犯罪率会下降,这个理论中是否是选举年是工具变量,被解释变量是犯罪率的高低,中间变量是选举年的时候市长会多配置的警察数量。

再举个例子。咱们专业的人都知道法律与金融学派很重要的一张图,描述的是公司法对小股东的保护程度提高了一个国家的金融市场发展水平这个关系。用什么来衡量金融市场的发展水平呢?用股市占GDP的比例来衡量。但是,即便观察到了公司法对小股东保护程度的增加和金融市场发展水平的相关关系,也不知道谁是因谁是果。可能是法律保护程度越高,金融市场越发达;也可能是金融市场越发达,立法机关更倾向于保护投资者,金融市场发展本身导致了立法的变化。不知道哪头是因哪头是果。

法律和金融学派的作者用的方法是把法系渊源提出来作为一个外生变量。他们最初认为,法系渊源对于金融发展水平来说是外生的,是什么法系跟今天的金融发展水平是没有直接的因果关系的。因为法系是19世纪初通过英法殖民带到各个国家的,是历史的制度,和今天的金融发展没有关系。但和历史的制度有关系的是,今天不同国家的金融法采取了不同的路径,测试这种路径的标准是公司法对小股东的保护程度。法系跟法律、跟公司法本身是有直接因果关系的,而跟金融的发展没有直接因果关系,但法律的变化跟金融发展有相关关系。通过这样一条逻辑线索判断:法律的强保护导致金融发展水平提高,从而确认了从法律到金融发展这样的因果关系,而不是金融发展带来了法律保护的强化。对世界银行来说,这个发现很重要,只要改变法律,这个国家的经济情况就会有改变,可以通过希望改变法律的方式来提高一国经济发展水平。这就是工具变量的方法,把法系渊源作为重要的工具变量。再解释得清楚一点就是,法系渊源导致了法律的变化,法律变化导致了金融发展水平的变化。

在计量经济学方面,有一个专门做这个变换的方法。先拿工具变量(法系渊源)来预测中间变量(公司法保护水平)的值,再用这个值(法系渊源导致的公司法保护水平变化估值)估计金融发展保护水平的值。如果估计结果显著,那么这个工具变量回归就成立。如果估计不显著,那么,这个因果关系就是不显著的。这是一种特殊的统计方法,比较复杂。而且要经过很多检测,比如弱工具变量的检测。这样估计会出现很多问题,我们把问题一一排除之后才能说估计是成功的。

我的文章主要用的就是这种方法。司法信任和法院绩效之间的因果关系不明。有个工具变量是陪审团制度。陪审团制度在大部分国家都只在刑事案件中出现,应该与民事、商事、金融案件的法院绩效不存在因果关系。但是,我们在统计上发现,有陪审团制度的国家司法绩效更高,发生的渠道就只有司法信任。陪审团制导致司法信任的提高,司法信任的提高导致了司法绩效的提高。这样,我们做了一个工具变量的回归。在统计上,文章表格报告的结果都是显著的。比如,就法院的债权保护水平而言,陪审团制导致信任提高,会间接导致一个国家法院在债权保护上的绩效提高。另一项是法院执行合同的能力,陪审团制导致信任提高,会间接导致法院执行合同能力的提高。这些都控制了其他可能有作用的因素,如司法腐败、GDP等。这就是现在总体的实证发现。

但是,第三个发现比较费解,即为什么司法信任导致司法绩效提高。我的解释主要就是声誉机制在起作用。所以,这篇小文章的题目是《信任、声誉与司法绩效》。从理论上说,人们更尊重、信任司法的时候,法官行业的自我认同更高,有更高人力资本的人都会进入这个行业,从而导致了司法绩效提高。整个理论是这样的。但是,中间很多细节需要再验证。我也看到一篇文章:法官工资和一个国家的司法信任程度成正相关,就是说法官工资越高的国家,人们对司法越信任。反过来就是人们越信任司法,法官的工资越高。这就间接验证了我的人力资本理论。这些数据在这里并没有展示。

4.对以上三个发现的理论解释

我上面的三个实证发现,包括陪审团制可以增加人们对司法的信任、可以使司法有更强的权力、可以提高司法的绩效,这些发现需要一个理论解释,而且是一个综合的理论。我的理论是,如果判决(书)是一种产品,那么它是一种信用商品。什么是信用商品?用过之后还是不知道它的质量是好是坏。在法院中,比如说彭宇案,每个人都知道彭宇案是怎么判决的,每个人都在用司法这个产品,对我们来说是公共产品,每个人都会关注判例是否公正。但对我们这些消费者来说,产品质量无法把握,我不知道案件的事实是什么样的,我就无法判断法官判决的质量。因此,即使使用之后,我们还是不知道产品的质量,这就是信用商品。

经济学上还有几种产品。一种是搜索产品,只要搜索得足够细就可以知道产品的好坏。比如,上淘宝只要看买家评价,就知道卖家的好坏,卖家的产品就是搜索产品,可以通过信息搜集在使用之前知道质量。还有一种产品叫经验产品,试过之后就知道物品好不好了,比如可乐(喝一口就知道好不好喝)和餐厅(吃一顿就知道好不好),这就是经验产品。还有就是信用产品,使用之后仍然不知道质量。在一般的厂商理论里,一般的经济学理论怎么解决这个问题?信用商品会导致严重的信息不对称和逆向选择问题,没办法判断质量时就倾向于把质量判断为市场中位,这是著名的柠檬市场理论,每个消费者判断成中位,就会导致市场不存在。简单来说,市场中严重的信息不对称导致了买卖双方的信任危机,最终导致市场崩溃。

但我们在实践中观察到,信用市场是存在的,怎么解决上述问题?在经济学上一般倾向于通过控制生产信用商品厂商的生产流程来控制信用商品的产出。最简单的例子是医生,即通过医生的培训教育和医疗行业的职业伦理来控制。医生为什么是信用商品?有两个原因:一是大多数病是自己好的,不是医生治好的;二是医生开很贵的药你也不知道,医生延长治疗期间你可能觉得他是好医生,马上把你打发回家你可能觉得他不是好医生。但其实可能恰恰相反,把你打发回家的才是好医生。实证研究证明,医生给自己开的药的价格平均比给患者开的要低30%。这是瑞士的一个实证研究结果。这种行业只能通过事前的生产流程监督,保证生产的产品的质量。比如在美国当医生要经过长期培训,树立非常高的荣誉感,一旦出了问题惩罚也更严重。

律师有时候也是信任产品,于是对医生、律师行业来说,职业伦理要求很高。陪审团被我视为一种生产流程,一是陪审团本身可以监控司法产品的产出过程,因为他直接参与了产生过程。二是它分担了法官的责任,在事实问题根本没有办法判断的情况下,民众不会攻击、抱怨法官或司法本身,而是理解为民众和司法一起作决策的机制。这就缓解了司法本身面对的难题,也就是彭宇案中的压力。

5. 理论的推广

这个理论是比较有普适性的理论。在其他法律领域也能看到这种责任分担机制。比如在公司法中,关联交易要报特别委员会批准,有的国家用独立董事制度来批准,实际上就是责任分担机制。因为公司的收购和关联交易往往是一种商业判断,事后很难通过股价或其他信息判断交易质量,本质就是信任商品。我们希望通过责任分担机制保障公司本身或管理层受到股东的信任。可以把关联交易理解为产品,把股东理解为消费者。这是一样的道理。

在美国的医疗法中,医生有很重要的对当事人的告知义务,医生在诊断之前要告诉患者:比如我现在要对你进行怎样的手术。你的病我们有三种治法:保守治法是吃药;激进治法是开刀;折中治法是放疗化疗,我推荐这种治法,但要不要这么做需要你的同意。这实际上让患者承担了医生职业的责任,是一种责任分担机制,减轻了对信任商品市场可能存在的不信任,这种不信任可能导致体系崩溃。在中国,就会导致像现在这样的情况,大家无论如何都不相信司法。在美国,这种制度会增强对人们对医疗职业的信任。

这是整个文章实证发现的理论,文章比较初步,拿过来是希望大家提意见的,做得很不完善,希望大家多提意见。特别是责任分担机制靠谱吗?大家想到别的领域还存在这种机制吗?可以跟我说说,对我会有很大的帮助。

那就讲到这里,请大家批评。

二、互动环节

评论和问题1:

问:你今天讲的内容和文章的内容似乎有差异。文章讲的是信任和司法绩效,但刚才讲的都是陪审团的问题。我先讲一下昨天读完文章以后的读后感,一会儿再讲我刚才听完以后的感受。刚才讲的内容,我还没完全消化。我昨天读完文章后,脑子里跳出几个词:信任、声誉、绩效。读你文章最后一部分关于机制的讨论,似乎你主要在讨论法官个人的素质,如是否勤奋、是否聪明等。然后,我的第一个感觉就是,这讨论的还是100年前法院的模式啊!100年前,卡多佐说过,大意是法院是由一个个独立思考的孤独的法官组成的。所以,法官判案这件事,大家觉得是法官一个人的事。100年后,20世纪80年代初,耶鲁大学的欧文·菲斯教授说,法院跟政府的发展是一致的,法院已经不是个体法官组成的法院了,法官和法院已经官僚化了。官僚化的意思是,判案不是法官一个人的事。法官有助手、助理。我参观过美国联邦地区法院法官的办公室,法官有法警、秘书、打字员、书记员,是一个完整的团队。有团队支持的法官判案和个人法官判案一定会不一样。现在,很多机构都不是个体在做事,而是一群人在做事。比如,一个上市项目,几百页招股书,肯定不是一个人能写出来的,都是一个团队在做。除了专业人士组成的团队以外,现在机构内部还有支持团队(中后台)。为了让专业团队发挥更好的作用,中后台得靠谱。所以,公司内部现在都要讲文化、讲奉献,通过文化把公司内部不同的人整合为一个整体。我的感觉是,你的文章还是在解释传统的法官、法院,解释100年前的法院或法官在干什么。但是,所有的数据都是在讲一个整体、一个团队的表现。现在采用的方法和实际看到的现实不一定能对得上。那问题就出来了。选题是不是合适?你是应该解释法官个人是不是聪明、勤奋,还是应该采用衡量法院整体的指标来看待法院呢?第二个读后感是关于技术的。我感觉你想把信任、声誉和绩效联系在一起,但我好像只看到信任和绩效,而且信任和绩效算是等同了吧。有关声誉的讨论我没看到,我感觉你漏掉了。同时,最后虽然也讨论了声誉,但感觉不是在讲声誉,而是在讲一个人的勤奋和智商。所以,我看不出来你是怎么把信任和绩效通过一个微观机制联系起来的。

今天听完以后,我感觉比较清楚了,变量都联系起来了。我的理解是,讨论陪审团,你其实是讲组织形式。这种组织审判的形式,或者宽泛一点讲,这种法院的工作方式可能会带来什么影响,如何带来法院绩效的提高。但是,讨论陪审团这一具体的技术组织形式,能够衍生出你后面讲的这么多东西吗?能够这么普适吗?陪审团有这么大的功效吗?能和法院绩效联系在一起吗?

刘庄:我写文章的时候遇到了很大的问题。到底把法院看成机构还是法官个人,这是两种不同的理论。把法官看成个体是经济学喜欢用的,经济学没有太多其他的内容,只有通过个体来解释,不太好处理组织形态的制度。我确实没找到很好的办法。这个稿子是很初步的,我希望先写一个稿子出来,于是先拿经济学一般的方法来解释。解释的来源是波斯纳写的法官的效用函数理论。因为没有更好的前人文献,只能从这个出发。但是您说的是对的,我也不觉得法官审判是个体化的。美国还好一点,法官还比较个体化,但是,在我国,法官一定是集体判案的,法官可能会把案子交给副庭长,难的案子交给庭长,庭长还要交给副院长。一般基层法院都要获得副院长审批后才能定案,这明显是一种集体行为,与波斯纳想象的个体主义的法官差得更远。

但是,我想有一点是一致的。如果能证明老百姓对法官或法院整体的信任能够导致法官、整个法官群体人力资本的提高,那么,我的结论就是有效的。一个国家司法声誉越好,好的法律人就更倾向于进入法官职业,这是比较直观的。

在初稿中,我用的概念比较乱,我把声誉和信任画等号,老百姓的信任就等于法官声誉。为什么要提出声誉这个概念呢?这是为了和经济学方法论联系在一起。要把外部的信任转化为内部效用函数的一部分,就必须认定法官都在乎声誉,所以,外部信任带来内部效用(声誉),而努力工作导致司法绩效的提高。从长期来看,法官职业的声誉提高了,更好的人进入法官群体,司法绩效也就提高了。这就凭空多了一个声誉的概念,显得很乱。后来,我想把这个概念删掉,把个体主义抽出去会更好一点。把法院当作一个机构或职业,对其整体的信任会导致司法绩效的提高,而微观的机制还是人力资本理论。就是老百姓越信任司法,法院的声望越高,越好的人越倾向于当法官,那么司法绩效就提高了。这个理论不可能每一步都有数据支持,只能是有限的环节有数据支持。所以,初稿就慢慢转到了现在的思路。

陪审团本身与司法信任的关系就是,不管我们怎么理解陪审团制度,实证数据不会骗人。实证上的所有因素都控制了,陪审团就是在各个方面都好一点,这也可以用案例、制度作微观解释。我想,这篇文章的贡献是打破了人们以往对陪审团制度的偏见。我们可能觉得它没多少作用,或者有反作用。比如,人们通常认为,老百姓判案是不靠谱的。实际上现在看来,老百姓判案对整个司法体制来说是利大于弊的,肯定有弊端,但总体看更好一点。这就是文章的核心贡献。如果我得出的结论是,陪审团会降低人们对司法的信任,这也是个好文章——至少从美国人的角度来看,因为结果很意外。不过,得出来的结果是陪审团会增加信任,也挺意外的。不管得出什么结论都会有人觉得很意外。

评论和问题 2:

问:这篇文章似曾相识。于是我翻了一下之前你的文章。你在之前的文章中说,在影响司法公信力的因素中,最核心的因素是一国的司法审判是否较为独立,第二个因素是法系渊源。你之前说,在英美法系国家,人们普遍更相信司法,就是说英美法系影响公信力、信任。第三个因素才是本文所说的,陪审团制度能增加人们对司法的信任。你的上一篇文章和这篇文章之间的关系是怎样的?

刘庄:从技术上来说,如果要有一个模型估计司法信任怎么样能更高,有几个核心因素:审判独立、法系、陪审团制度。其实还有互联网部署、信息传播速度等。我做一个模型大概能解释 60% 的信任度。这篇跟之前的文章很不一样。之前的文章回答什么因素导致了司法信任,这篇文章想回答司法信任有什么效果。

评论和问题:3:

问:为什么这里要把陪审团作为工具变量?我读完之后感觉是要告诉政策制定者我们应该采用陪审团制度,似乎重点应该放在对陪审团的讨论上?

刘庄:我写成今天这样,有点偶然性。陪审团有一定的正面作用,这是我的发现和理论解释,我不倾向于提出任何政策建议。为什么要把陪审团作为工具变量?因为文章要解决因果关系的问题。我要考察信任会不会提高绩效。这个因果关系现在还没有人确认。我要想用一种方法确认,并且希望大致算出司法信任提高1%能够提高多少司法绩效。文章不是给法学院同学看的,这是经济学家、社会科学家关心的问题,要精确地确定一种因果关系。所以,我按经济学的格式写的文章。我在回归里控制了法系和审判独立,但即使控制了这些变量之后,陪审团制仍然可以增加司法信任。

问:如果把审判独立作为工具变量,控制陪审团,会得出什么结果?

刘庄:不能把审判独立作为工具变量。审判独立跟司法绩效有直接的因果关系,所以,如果用审判独立作为工具变量,这个方法就失效了。

问:是否可能存在两个因素相互作用,而出现第三个因素同时作用于这两个因素?

刘庄:陪审团对民事绩效没有作用,只是在刑事案件中起作用。

问:陪审团可以作为工具变量,我理解,但我想先暂时抛开这个问题。从根本上来讲,你想证明信任对司法绩效的影响。我想问,可不可能英美法系这个因素既影响了信任又影响了绩效?

刘庄:可能。

问:这是不是也符合我们基于常识的判断?

刘庄:我明白你的意思了。有人做过研究,提出英美法系这一因素影响司法绩效。但是,他做的是错的,工具变量用错了。2008年,他承认做错了。他说,法系渊源影响司法绩效、金融发展水平有无数渠道,但不一定是通过法律移植、公司法发展。举个例子来说,英美法系国家司法信任比较高,但英美法系受新教影响更强,这说明宗教渊源也可以影响金融市场发展水平。此外,英美法系国家文化也不一样,种族也不一样,这些公司法之外的因素是不是都会影响金融发展水平?如果是,那么法系渊源这个工具变量就失效了。

问:他是不是错在用英美法系作为工具变量来论证英美法系对司法绩效的影响呢?

刘庄:带来的问题是他的结论(法律导致金融发展)就不存在了。原来大家有疑惑,不清楚法律本身会不会影响金融发展水平。1997年,LLSV组合说会,用的方法是工具变量方法。但是,现在发现是错的,结论就消失了,这个问题没有确切的结论。我的做法不一样,我没有说法系渊源对于司法绩效有没有影响,我也不确定两者有没有因果关系。但是,陪审团的作用我是确定的,用它来确定社会科学中的一个因果关系,这个是有意义的。

评论和问题4:

问:您之前提到集体决策缓释压力的例子,我们本能地想到中国审判委员会制度。这个制度在您的理论中处于什么样的位置呢?

刘庄:集体决策这件事,虽然都是集体决策,但大家还是认为,审判委员会属于法院,陪审团代表群众,两个集体不一样。举个最极端的例子,假设许霆案后,市长给法院院长打电话,说关照一下这个案子,当地银行都关注这个案子。法院院长也在审判委员会中,没有任何理由去反对市长。如果案子是陪审团决定的,院长就可以拒绝,说"我可能也无法控制,陪审团都是随机招的,我不知道当天会有哪些人,我也没法施加压力"。陪审团和法院是两回事,审判委员会和法院是一回事,集体决策、分担责任这个机制在审判委员会中就不存在了。

问:这个有经验支持吗?据我所知,审判委员会也是会在法律上好好讨论案子的。

刘庄:当然是,我不否认这一点,我只是说作用没有我们想象的大。我完全同意集体决策会分担责任,但是,这不会减少对机构的抱怨。

问:你讨论的不是对法官个人的信任吗?审判委员会不是分担了对法官个人的责任吗?

刘庄:我说的是对法院作为一个机构的信任。

评论和问题5:

问:我还是没有理解你说的这个机制。如果陪审团减少了专业人士、内部人士的责任,那怎么就能提高法院执行合同的能力呢?这个链条是怎么连上的?

刘庄:有陪审团的地方民众更信任司法。这是个实证发现,我们认为它大致是成立的。越信任司法的地方法官的社会地位越高。

问:还是通过经济利益和激励起作用,有一个中间因素在起作用,所以才会涉及声誉的问题。其实,你提出声誉这个概念就是想说:更好的人被吸引进法官群体,因为他知道陪审团可以帮助他分担责任。但是,问题出来了,好的人、聪明的人愿意跟一群智商不那么高的人共事吗?可能说智商不那么高有点不恰当。反正就是和完全不同的一类人共事。这也会是一件痛苦的事情啊!我知道它可以帮我分担责任,但是,这群人和我完全不一样啊!可能比较笨,可能比较不理性,等等。聪明的人也不愿意跟一群——说得直白一点——智商不太高的人一起共事啊!

刘庄:现在的实证研究结论是,85%左右的案件中,陪审团和法官的决定是一样的,决策区别不大。在剩下的15%的案件中,陪审团的决策更仁慈、处罚力度更轻。我想说的是,其实大家在对事实的判断差别不大。

问:那你怎么吸引好的人进法院呢?

刘庄:当老百姓都不埋怨法院了,法院的社会地位就会高一点。这种职业无法通过更高的工资吸引人,只能通过高声誉和社会地位、形象来吸引。所有国家都是一样的。陪审团在边际上改变了人们对司法的信任,这种信任会提高法官的社会形象,从而在边际上吸引人才进入法院。

评论和问题6:

问:如果没有审判独立的前提,搞陪审制是不是很危险?为什么会说这个问题,我很了解日本,日本司法信任度很高,它采用陪审团的时间很短。在我国,在审判独立尚存在诸多问题的前提下,陪审团是否会变成一种工具?

刘庄:我已经控制了审判独立这个变量。在两个国家审判独立程度差不多的情况下,有陪审团的国家司法绩效更高。我无法解决你的问题,没有审判独立但是有陪审团会造成什么问题,我没有研究过。

问:我想说,影响司法信任的可能不是陪审团制。陪审团制度是一个结果,只有一个国家司法已经独立,人们对司法有信任了,这个国家才会有陪审团制。为什么?因为专家已经太专业了,所以法院才会找更接近生活的人,让民众来参与,让判决更接地气。我觉得陪审团是附随的,不是起主作用的。

刘庄:陪审团制度是历史形成的,200多年前在很多国家就存在了,只有日本等几个国家除外。实际上,不是审判独立之后才采用陪审团,而是这个制度本来就存在,因此,你这个批评就不存在了。法国是大革命之后就有的。

问:根据您的调查,法、德、日司法信任哪个更高?

刘庄:日本是一个奇怪的地方。日本比预测值高很多,是无法用模型来预测的值。在统计学上,这个数据该被遗弃。有些特殊值虽然存在,但可以解释。比如,这些离预测值的直线很远的都是伊斯兰国家。但是,日本离线非常远,没法儿解释。

问:日本是什么时候采用陪审团制度的?

刘庄:2009年采取的。

问:所以无法做比较研究,无法根据这个时间点来看前后绩效的变化。

刘庄:日本人对司法的信任度已经超过90%,快满了。

问:日本的陪审团对问题没有决定性的影响,陪审团只是参考,不是美国那种陪审团。

刘庄:我认为,日本没有陪审团制度。原因在于,它不是由陪审员最后作决策的。总地来讲,这个问题很难解释,日本比较复杂。

评论和问题7:

问:你的说法是,人们对司法的信任高,就有更好的人进司法体系。在日本,我观察到一个现象。2003年,日本搞了司法改革。之前,日本每年通过司法考试的才几百人,2003年左右才刚到一千人。大家对律师市场高度信任,都想当律师和法官。但是,2003年司法改革之后,要参加司法考试必须要进法学院。最终制度是,非法学专业要念三年,法学专业要念两年,毕业之后五年内可以参加考试,没考过就重来,一共可以考三次。这里有考试开销、时间、压力等问题,成本不小。日本现在一年也有三千人通过司法考试。现在,日本的大律所律师告诉我,律师特别"便宜"。原来东京的大律所一年级律师的年薪是1000万日元,而现在是500万日元、600万日元。为什么?因为律师多了。这导致了什么现象?律师不是大家喜欢、追求的职业了,法学部招生面临困难。日本现在要改回去。

刘庄:我们应该反对任何形式的垄断。比如,所有司法考试都应该废止。不用国家认证,用市场机制解决问题。什么机制呢?今后在金杜工作的就是好律师,在方达工作的就是好律师。不用通过律师资格来判断,而是根据律师事务所的品牌来判断。不需要国家统一的、垄断或市场准入形式的把关。类似考试的垄断或者市场准入要求,这都是没有必要的。有考试要求肯定就不利于市场发展。当然,这是经济学领域提出的问题,理论上所有的准入措施都是不必要的。

问:包括律师和医生吗?你刚才说医生和律师职业是信用商品啊?

刘庄:可以用声誉机制来解决。不同的律所会采取不同的策略。比如,海问采用非常精英化的策略,那么,大家都会相信这里出产的产品就是好的。信用机制不一定是由国家机关带来的,也可以是律师、市场参与主体形成的。我们从没听说可口可乐有个国家标准。饮料只有安全标准,没有美味标准。国家没规定美味的饮料怎么生产,这是同样的道理。即便是信用产品,企业也会通过一定机制来保证产品质量。法院很特殊。法院是近似于垄断的行业,但又不是一个垄断的行业。律师很可能通过一定的市场机制保证律师质量(如律师事务所的声誉),而不必采用国家准入措施。100个经济学家中会有99个告诉你,国家组织的准入考试是没有必要的。但是,我自己对此很矛盾。实际上我们看到,对法官要求比较严格的国家,或者是有很强的卡特尔、律师协会的国家,这个国家的法律行业似乎更好,人们会更信任司法。国家通过考试或行业组织向公众发出信号,说考试有国家认证,人们可以在一定程度上信任这个标准或者职业伦理,使公众对这个职业群体信任。在这种情况下,人们反而会更信任。但这不是很好的理论,实证上很难证明。

问:日本是资格大国,连很多没有必要搞资格的行业(如理发师、美容师、厨师)都搞。这些资格是一种参考标准,可以任意选择。但医生、律师、证券在日本都是强制的,必须是专业人士,比如不懂证券的人是不能来证券公司做相关业务的。

刘庄:我知道你的意思,但我可以举很多例子证明国家强制标准没有意义。比如,我们都熟悉四六级考试,大学英语过了四级才能毕业。但是,这个标准没有任何意义,所有市场招聘都不会看这个成绩,应聘者都会再参加其他的英语水平测试。这个考试没有任何价值。你的问题是很好的问题,我们很难区分市场上什么标准是好的,什么是不好的。我一直在想,但没有想明白。特别是职业团体的职业标准,从历史发展来看,他们都是卡特尔,职业组织都是为了限制竞争出现的,都是非市场化的。

评论和问题8:

问:信任影响机制,进而影响司法绩效,是这个逻辑吧?但个人的司法绩效包括聪明和努力两部分。我想问的问题是,文章中的讨论包含了聪明,但激励措施可以使人努力,而不会使人变得更聪明。所以,激励如果想要起作用,可能只能通过您说的人力资本的流动。但是,我们无法判断进来的是更努力的人还是更聪明的人,无法判断更努力的人会不会更聪明,或者更聪明的人会不会更努力。人力资本这个地方也是聪明和努力的结合体。聪明和努力能不能区分开?

刘庄:问题很好,但是我认为无法区分。

问:刚才我问,什么样的人会进法院?我的感觉是:第一,肯定不是聪明的人;第二,肯定不是勤奋的人。如果年龄很大的人当法官怎么会勤奋呢?身体条件不允许。如果是聪明的人,聪明的人通常都不愿意和不聪明的人(陪审团)工作。

刘庄:问题是没有陪审团进来的也是这些人,在边际上,有陪审团进来的会稍微好一点儿。

问:不一定,也许边际上更低了呢?想到要和不聪明的人工作,我不加入。换一个角度来讨论你的理论。证监会的发审委现在据说要被取消了。同陪审团相比,发审委是反向的:它是外部的机构,由外来的人组成,但外来的人是专家。通常来讲,如果把证监会官员和发审委专家、律师比,那证监会官员通常对业务更不熟悉或更不专业。

刘庄:不一定吧。证券业务可能接触很多操作。比如,发行部一年审好几百个首发项目,官员很懂。但发审委中有从来没有接触过证券业务的人,如高校的法学院院长。

问:我想说的是,这个机制和你说的机制很接近。外来的人替证监会"挡雷",承担业内的责难。确实也挡了不少"雷",设置发审委就是这个目的。但是,组成成员可能是反向的:发审委委员是理论上的专家、业内人士,证监会的官员是"土包子"。但是,专家机制现在据说要被取消了,原因有很多,如腐败。这和你的理论有什么关系吗?你的理论是,要创造外部机制来"挡雷",但外部机制是一个平民化的机制。发审委的机制和发展历史支持你的说法吗?证监会应该请高校老师进发审委吗?不应该邀请律师、会计师进发审委吗?

刘庄:理论的前提是,市场无法判断决策的质量,由此产生的产品是信用产品。比如,市场无法判断案件事实,无法判断判决的质量,所以,才需要特殊的机制承担责任。如果公众能够很好地判断案件事实,就没有必要用这个机制。再说得仔细点,另一个条件是,在判断上,职业群体和非职业群体能力差别不会特别大。陪审团不能作特别骇人听闻的决策,不能总判错案。有这两个条件之后,我的理论才能成立。有些案件事实无法弄清,判过之后会引起很大的舆论,之后才会需要这个责任机制来增加对法院的信任。至于发审委,发审很难判断质量吗?很难判断就肯定是信用产品,那这个问题满足第二个条件吗——里外的人判断结果差不多。在我国可能满足,因为排队上市的企业太多,企业质量没有太大区别。

问:怎么区分里外呢?老百姓就是外吗?

刘庄:证监会是里,发审委是外,水平差不多。我认为是满足这两个条件的。

问:但是发审委失败了。

刘庄:有一篇金融研究的文章说,当过发审委的会计师和律师,所在会计所和律所拿到业务的机会更大。

问:损害了证监会声誉是吧?

刘庄:对,机制就失效了。如果人们能够通过贿赂陪审团成员来影响结果,那陪审团这个机制也会失败。

问:所以,说回来还是因为专家的原因,选的人是专家,有贿赂的渠道,是市场里反复交易的人。

刘庄:对,人们很容易找到。

评论和问题9:

问:在世界价值观的调查里调查人员问民众对法官的信任,是直接抛出问题问对象吗?还是设计了几个答案?我想,大家会不会在填这个问卷的时候把司法绩效作为一个因素考虑进去?我觉得,我们国家法院执行特别快、对债权的保护特别好,所以,我信任法院。这就陷入了自我论证。所以,我好奇调查是怎样做的。

刘庄:问的是"How much confidence do you have in court?"对我国法院有多少信任,我对数据做了处理,用对法院的信任减去对政府的信任得出一个值,但是,我没法排除司法绩效。我的反驳是,当你被问到这个问题的时候想的是什么?是个综合的判断吧。

问:如果我打了一个关于合同的官司,法官特别快地摆平了这件事情,我就觉得我特别信任法院。

刘庄:你就说排除不了这个因素是吧?

问:这个问题排除不了的话,逻辑链就会乱。

刘庄:司法信任有一部分是司法绩效导致的,和司法绩效某种程度上是一个概念,我通过对同一个概念的相关性分析得出了相关性结论。这没有问题。但是,我用了工具变量。这个逻辑应该不会乱。用工具变量陪审团预测司法信任,陪审团制和司法绩效没有关系。

问:但司法信任里有一部分就是司法绩效啊。

刘庄:用陪审团制度解释司法信任的变化,然后预测出的值和其他因素一起解释司法绩效的变化。相当于用陪审团制度变化解释司法绩效,中间的影响被削掉了。

问:逻辑上是这样,但数据来源、逻辑适用的数据本身是不对的。

刘庄:你说的问题是存在的。我的回应是:想到司法信任就能想到司法公正,如果司法公正占主要因素,那整个逻辑大体说得过去,但会存在你提出的问题。这是搞数量研究遇到的很麻烦的事情,尤其是民意测验。

(整理:孙嘉珣)

北大法律和金融评论
(2016 年卷),第 160 ~184 页

北大金融投资与法律论坛实录(四)
——定锚效应的法律实证研究

主讲人:张永健

时间:2015 年 11 月 27 日 19:00 ~21:00

地点:北京大学凯原楼 303 会议室

一、主讲人演讲

(一)研究概述

我今天带来了三篇文章,先介绍一下这三篇文章的关系是什么。我跟两个经济学家合作写了一篇英文实证研究文章,是关于台湾地区租金不当得利的判决所引发的一个问题,心理学的研究中称这个问题为定锚效应。我们收集了近千个初级法院的判决,在这个数据基础上,我们写了几篇文章,研究不同的事情。英文文章主要面对西方读者,问的是一个实然问题,也就是定锚效应在现实世界中是不是存在?定锚效应在心理学实验里已经被无数不同实验所证明。最早发现这个效应的是知名心理学家丹尼尔·卡尼曼(Daniel Kahneman),他在几年前获得诺贝尔经济学奖。他的研究获得经济学奖,是因为对经济学中理性人这个假设产生了很大的冲击。但是,从来没有任何人在实验室以外的地方证明存在定锚效应。这篇文章要讲的就是,定锚效应是不是在实验室以外,尤其在真实的诉讼当中存在?这篇文章要问的第二个问题是如何消除定

锚效应。有一些心理学文献认为,更多的专业经验、专业知识对于消灭定锚效应这种偏见是有帮助的。但是,也有实验结论认为,专业经验只会让人更自满,使其自认为不会受影响。我们这个研究也会验证这个问题,到底有经验的法官是否比较不容易受到定锚效应偏见的影响?我们研究的结论是,定锚效应在判决中是存在的,但是如果是资深法官的话,它的影响就消失了。也就是说,只有资历浅的、没有经验的法官会被定锚效应这种偏见影响,但是资深的法官不会受影响。

比较长的中文文章是完全面向台湾地区本地的法学读者而写的。我们使用了同样一个数据库,这个数据库包含了我们收集到的台湾地区实际的不动产交易及不动产租赁的数据,它可以帮助我们回答一些教义学上的重要问题。台湾地区的"最高法院"在判例中指出,下级法院在决定不动产租金(相当于不当得利)金额的时候,应该考量一些因素。判例中列举了市场状况等因素。我们希望用实证数据来验证,证明租金的土地收益率跟"最高法院"讲的那些要素是否有关系。我们研究发现,很多时候是没有关系的。换言之,台湾地区"最高法院"认定的适用法律进行判决需要考虑的因素,其实没有任何市场条件支持。所以,从这个数据里我们可以研究一个与法教义学紧密结合的问题。法教义学认为,按照台湾地区"最高法院"的判例要旨(与大陆的指导性案例不同,判例要旨是将事实抽离,留下抽象法律论证的一段话),判决应该考虑五个要素。但是,我们发现,五个要素中有四个要素没有真实世界的实然基础。

第三篇文章比较短,也就是发表在本卷《北大法律和金融评论》中的文章,是第一次面向大陆读者完整地介绍什么叫定锚效应,以及它对司法制度的影响。如果你在乎的是法官行为,你可以设计司法制度来减少或抵消定锚效应的影响。你也可以从民事诉讼程序的设计着手做同样的努力,譬如什么样的方式可以让法官在知道自己可能会受到偏见影响的时候去消灭这种偏见。我们在研究中的一个发现是,如果被告有抗辩,那原告主张数额带来的定锚效应就消失了一大半。但是,从民事诉讼的设计来看,我们并没有要求法官在形成心证支持原告的时候,必须要针对所有的点去问被告的抗辩。因此,如果我们希望法官能消除这样的偏见,或许值得考虑让民事诉讼法要求法官必须去问被告的抗辩。

以上是这三篇论文的关系,它们有一些数据上的重复,但它们针对的对象和论证有所不同。

(二)什么是定锚效应?

打个比方,我请在座的各位拿纸笔写下来,北大法学院到台北中研院的直线距离是多少。定锚效应说的是,如果我在问你这个问题之前,我先要求各位把手机号末三码写下来。手机号末三码数字大的人就会高估北大到中研院的距离,手机号末三码小的人就会低估中研院到北大的距离。这个在非常非常多不同的实验、不同的情境中都发生了。有一个实验是关于刑法的。在一个假想的案例中,针对同一组事实,检察官起诉的具体求刑的年份不一样(就是建议法官判处被告有期徒刑的具体时间长短)。有的说囚禁10年,有的囚禁5年,检察官起诉多少年,就会影响法官判决多少年。在实验里面扮演检察官的那个人甚至是通过掷铜板来决定是起诉囚禁10年还是1年,但是,法官还是会受到他的影响。

定锚效应挑战传统的经济学理性人假设。当人作为一个决策者,他面临一个关于数字的决定,但他又不知道答案的时候,他就会受到他脑子里面驻留的数字的影响,这就是定锚效应。无论是刚刚提到的那个刑事诉讼的情景,或者是民事诉讼的情景,如果原告必须要去主张一个数字的话,那就很可能会影响法官的判决,尤其是在被告没有提出具体抗辩时更甚。所以,为了要验证这样的事情会不会真的在现实中发生,我们作了如下的实证研究。

(三)定锚效应法律实证研究介绍

1. 验证原告诉求对于法官判决的影响

我们研究的情境是无权占有他人土地所导致的相当于租金之不当得利的民事诉讼。在这类诉讼里面,按照台湾地区法院的说法,所谓相当于租金的不当得利是指土地的地价乘以它的年息。年息的意思就是说,假设你今天花100万人民币在北大附近买一套房子,然后你马上租出去可以一年拿3万人民币租金的话,那它的年息或者它的收益率就是3%。这个相当于租金的不当得利的公式其实在不动产估价学界里面很常用,只是他们通常用的是真实的租金去除以年息,得到地价。

在这里,我们的法院把公式反过来使用。法院其实不知道土地的市价,所以,就用一个官方价格来代表土地市价。台湾地区为了课土地税,土地有官方的价格,而法院为了避免争议,直接就将行政机关课税使用的价格定为官方价格。在这个公式里面,官方价格的部分基本上是被外在因素决定的,不是法官自己猜的,也不是原告当事人主张的,所以,在所有相当于租金的不当得利的因素中,最后关键的因素就是年息是多少。而年息是多少,法律有限制,但只说原告的主张不能高于10%。按照处分权主义,法官决定的年息不能高于原告主张的年息,这是唯一的限制,其他的部分还是由法院裁量。所以,这个会是一个很好的研究定锚效应的情境:原告是漫天喊价,法官就地还钱。

但是,法官就地还钱的时候,原告漫天喊价的价就在他脑子里面,所以,我们就看这样的锚会不会影响他。就是我们刚才说的,这个是世界上第一个不是用实验的方法来看定锚效应是不是存在的研究。因此,我们这里所定义的定锚效应,或者说我们验证的方式,跟传统的不是完全一样。用传统方式做实验的时候,你完全可以去操纵所谓案件的事实。譬如说刚刚提到的刑事诉讼具体求刑的例子,他可以在实验里面对两群不同的受试者给予完全相同的素材,唯一不同的地方只有检察官提出的刑期,一个是10年,另一个是1年。

但是,在现实世界里,我们没有办法这样操纵。所以,我们研究的定锚效应必须有所更改。我们并不是用原告主张的年息,去比较他有没有影响到法院判决的年息。这么做面临一个挑战,即我们不知道哪一个成分是有道理的,哪个成分是虚构或者是夸大的。我们必须要有一个基准点告诉我们什么才是合理的。因此,我们要用真实世界的交易数据去计算那个土地应该有的年息是多少,用原告主张的年息减去所估计真实市场价格上面的年息,剩下的部分就是原告夸大的部分,这个偏离合理值的部分就是不合理的部分,看这部分是不是影响到法官。

2. 验证法官人数对于定锚效应的纠偏

在我们这个相当于租金的不当得利的情境里面,还有一些额外的好处是可以让我们去检测更多的定锚效应问题,验证非常多、非常丰富的法官行为。

台湾地区法院有个案件分配规则,它采用一个软件,负责把案子平均地分给每一个法院、每一个法官,让大家劳逸均等。如果说有一个案件分给了一个经验不到两年的法官的时候,为了要避免他因为经验不足做出傻事,另外两个资深的法官要加入审判。所以,结果就是部分案件是一个法官审理,而有些案件是三个法官审理。我们要看的是,有没有一种叫作团体的极化效应。

哈佛大学的凯斯·桑斯塔(Cass R. Sunstein)教授做了很多研究,说三个臭皮匠可能比一个臭皮匠要糟,因为三个臭皮匠都搞不清楚状况,他们互相交换愚笨的观念之后,大家都觉得这个观念很好,他们就更急于表现。比如,本来只有一个人支持法西斯,三个人一起发现原来全球都支持法西斯,就会更极端。也就是说,有偏见的人在一起会更有偏见。所以说,在这个三个人合议的民事诉讼制度设计中,前提是有些人脑袋必须清醒。如果三个人都受到某些同样一个方向偏见影响的话,三个人其实会更糟。

但是,也有一个对立的假设跟我们学习社会科学之前的认知比较接近,就是说,三个诸葛亮胜过一个诸葛亮,我们经过讨论之后可以得到比较正确的答案。在我们的研究中,案件随机被分配给一个法官审或者三个法官审,我们就可以来看,如果定锚效应存在的话,是一个法官审的案件偏离多,还是三个法官审的案件偏离比较多。我们需要有一个交乘项,意思就是如果我们发现当三个法官而不是一个法官去审理那个案件的时候,会让原告的诉求更影响法官偏离的时候,那就表示说三个臭皮匠是糟于一个臭皮匠的,因为三个有偏见的人在一起使这个偏见更被放大了。但是,如果我们有一个负的系数①,而且统计还显著的话,那就表示说,三个臭皮匠胜过一个诸葛亮,三个人在一起进行能力激荡的结果是好的,把本来三个人的偏见消除了。

3. 验证被告抗辩对于定锚效应的纠偏

不是每一个被告都会去抗辩原告的主张,有一些抗辩,有一些不抗辩。我们不知道他为什么抗辩或不抗辩,但是,我们可以看抗辩这件事情本身是不是会削弱定锚效应。我们刚才说了,我们要用的是原告主张的偏离市场行情的年息金额,去看它会不会影响到法官决定的年息。我们当然必须要去控制其他的变量。各位如果看过白建军老师、唐应茂老师的著作,会对回归模型有一点概念。但我们还是对初学者稍微再讲一下。

回归模型对于人类知识的发展是一个很大的突破。各位以前一定读过马克思,他同一时代或之前时代的思想家有共同的特点,就是他们总是觉得世界上只有一个要素决定发展。不管你是唯心的、唯物的,有"唯"的表示,要

---

① 什么是系数(coefficient)?比如,我们刚刚举例说为什么白建军老师会这么帅可能有几种原因:可能是从小住在北大,从上幼儿园开始,然后到北大任教;还有可能是营养;也可能是基因。但是如果考一个回归模型的话,他对于每一个因素都会给它一个系数,等于是一个权重,分别是0.8、0.01、0.1。这个权重告诉我们,这三件事情都很重要,但是,这个人上北大幼儿园这件事情是最重要的。至于系数的正负,正的系数代表这个解释变量与被解释变量它们是有同一个方向的影响。譬如说,在北大里面待得越久就长得越帅,这是一个正的系数。如果说待得越久长得越不帅,那就是一个负的系数。

找到一个唯一的因素,那就是决定的因素。现在很多科普读物也是如此,说枪炮还是钢铁还是其他的什么东西决定了历史的发展。但是,回归模型不是这样解释的。模型左边的叫因变量(被解释变量)。我们想要知道,什么因素决定了被解释变量的值?但回归模型会包括很多解释变量,很少有实证研究的假设与目标是某一个解释变量非常重要,其他解释变量一个都不重要。回归模型的数据可能利用了某个外生(exogenous)、没有人预料到的事件,去探究 A 变量是否影响 B 变量。但这是为了知道 A 变量是否重要,而不是主张唯有 A 变量会影响 B 变量。用回归模型是希望同时考量各种解释变量可能带来的交互影响。回归模型的好处是,在看某一个解释变量的影响时,已经控制住了其他的解释变量,所以,可能最后的结果是有好几个变量是重要的。所以说,我们除了考虑称为锚的要素之外,我们还要控制其他变量。

另外,再补充一些和被告抗辩有关的事情。被告抗辩也有个心理学专有名词叫作 anchor-inconsistent knowledge。意思就是,它是一个跟锚的知识不相容的资讯。譬如说,锚是原告主张说他的土地很值钱,年息应该是 10%;那被告可能说,年息应该就只有一个百分点。当一个百分点这个资讯出来的时候,等于法官脑子里面就有两个数字,一个是 10%,另一个是 1%。心理学上称这种新出现的、跟原本的锚不相容的东西为 anchor-inconsistent knowledge。我们刚刚也说了,被告有的时候会提出抗辩,有时候不提出。我们想要研究的是,他提出抗辩对于减少偏误有没有效果?如果我们发现,被告抗辩这个虚拟变量有一个负的系数,并且带来同样显著②的结果的话,那就表示说,这个与锚不相容的知识确实是有影响。

4. 研究方法详情

我们不是只"跑一条式子"的回归模型,我们一次"跑三条式子",所以,这是一个非常耗电脑资源的方式。③ 那么,为什么要"跑三条式子"呢?因为我

② 只有看到显著的结果,我们才会说这个解释变量真的对那个被解释变量有影响。

③ 所谓一次"跑三条式子"是指作者需要同时运行以下三个回归公式:

$$R_i - r_{mi} = \begin{cases} R_i^* - r_{mi}, if & R_i < b_i \\ b^i - r_{mi}, if & R_i = b_i \end{cases} \quad (1)$$

$$R_i^* - r_{mi} = (b_i - r_{mi})\gamma_1 + D_i\gamma_2 + X_i\beta + e_{1i}$$

$$D_i = 1((b_i - r_{mi})\gamma_3 + X_i\beta + Z_{i1}\delta_1 + e_{2i} > 0) \quad (2)$$

$$b_i = min\{X_i\beta_3 + Z_{i1}\delta_2 + Z_{i2}\delta_3 + e_{3i}, 0.1\} \quad (3)$$

们需要同时控制三件事情。法官偏离市场行情,有几方面原因:第一个方面是受到原告主张的影响,第二个方面是受到被告抗辩的影响,第三个方面还受到其他因素的影响。

可能大部分人在做这个研究时只会做第一条式子。那为什么我们要跑第二条、第三条式子?第二条式子是问什么因素决定了被告要不要抗辩,第三个式子是问到底什么决定了原告要偏离。之所以同时问这三件事情,是因为可能某一些案件的因素,比如坐落在海淀区这个事实,同时影响了被告不会抗辩,原告不会偏离,法院不会偏离,技术上来说称之为内生性问题。④ 单独拉出来做第二条和第三条式子,然后同时去求它们的解,这样就可以控制内生性的问题,可以确保我们在第一条式子里面估出来的系数是一致的。

当然,我们还做了一些其他的技术设定,比如去调整标准误差的方式。我们必须要考量,在一些案件里面,无权占有人同时占有了不同土地,法院在那个判决里面会针对不同的土地分别考量他们应该有多大的土地金额。数据库中的一些观察其实是来自同一个案件,而大部分其他的案件可能只产生一个观察值。所以,并不是说每一个观察值之间都是完全独立不相干的。对于那些出自同一个案件的观察值而言,它们彼此之间有一些共同的地方,比如同一个书记官、同一个法官、同一个原告、同一个被告、同一个案件事实等。我们要告诉那个回归模型注意这些案件的相关性(dependence),所以,我们就用统计上的一个技术调整它的标准误,我们的估计不会有偏差。

在这个研究里面,我们一共放了超过 60 个变量。其中,有 40 个是我们认为很重要的可能影响到年息偏离判定的一些因素,包括原告有没有聘请律师、被告有没有聘请律师,土地位于哪里、它有多大、它的形状如何、它被无权占有的时间到底有多长、它的市价是多少、它所在的地区发展程度如何,以及我们使用的管制手段是什么等。所有我们觉得可能影响到年息的因素都需要被控制,来确保当我们发现原告主张的偏离跟法院判决的偏离有同样显著的相关性时,并不是因为我们漏放了一些重要的因素。最重要的因素已经在统计回归模型里面被我们所放进的这 60 个因素控制了。

最后,我们纳入了一个我们觉得很重要的资料。这个资料是台湾地区一

④ 所谓内生性问题,就是说,如果有一个因素可能同时影响了第一条式子里面的被解释变量和解释变量,我们估计就会产生偏差。

个法律数据服务公司提供的。从 2000 年开始,台湾地区的所有判决可以在官方的网页上下载。这个公司就把所有判决全部下载下来,然后做进一步整理。他们做的其中一件事情就是,他们可以知道在这 15 年间,在台湾地区的三千多名法官中,每一个法官到底判了多少个民事案件、刑事案件、行政案件。

在研究法官的经验到底会不会影响到定锚效应的强度时,我们必须要知道他的经验有多少。以往的研究通常都只知道这个法官当了几年法官,但是,我们觉得他判过多少民事案件会是一个更好的指标。在我们的数据库里,平均每个法官大概判过 800 个案件,也就是说,中位数是 800。25 百分位大概是 550 个案件,75 百分位大概是 1100 个案件左右。分布算是相当均匀的。所以,除了我们跑一个 SEM(结构方程模型)外,我们还做了另外一件事。我们把观察值变成两组,一组是由法官经验高于中位数,也就是判过 800 个以上案件的法官判决的;另外一组是由判过 800 个案件以下的法官判决的。我们来看到底定锚效应在这两组案件里面是否相同。

建立我们的数据库花了很多时间。我们一个一个读判决、去做编码,花费了非常多心血才把数据做出来。我们看了 2004 年至 2012 年台湾地区的第一审判决,通过关键字搜索,搜出来大概有 3000 个案件。我们随机抽样了 1/3 的案件。最后,筛选掉一些确实没办法用的案件,大概有 577 个观察值。在我们的数据库里,有 9% 的案子是由三个法官组成的合议庭作出判决的,91% 是由一个法官独任判决的;31% 的判决里面被告人有抗辩,68.8% 的案件里被告没有任何年息方面的抗辩。

我们刚才提到,我们需要把原告主张的年息与法院主张的年息都扣除市场行情,才算比较精确。那我们怎么知道市场的行情是什么?刚好从 2012 年开始,台湾地区政府部门要求所有不动产交易以及部分不动产租赁必须向政府申报实际价格。利用这十几万笔数据,我们可以估算台湾地区各个乡镇市区任何一笔土地的价格。虽然这个估算不是完美的,但是,我们回归模型的拟合度(R-square)⑤是 0.7,在社会科学研究里面,很少有 0.7 这么高的一个拟合度。拟合度等于 0.7 的意思是,用平均数来猜测实际值,几乎总是猜

⑤ R-square 即 R^2,是指回归模型中的拟合度。取值范围在 0 ~ 1,取值越高代表拟合度越高,也即所设定的模型越能解释需要解释的现象。

错,而且个案中平均数与实际值都有大小不等的偏差,而借由回归模型来预测实际值可以将偏差减少70%。

从我们的估算结果来看,在大部分情况下,台湾地区不动产年息都在5%以下,3%最为常见。很多研究显示,台湾地区的不动产年息是全世界最低的。台湾的房价很高,但租金很低。

从法官判决的年息来看,我们的发现很有趣。从常理来说,进入法院去争执不当得利的土地,基本上年息应该是一个正态分布的状态,也就是,有一些非常不值钱的土地,有一些非常值钱的土地,而大部分土地是处于中间状态的。但是,我们看到,法院几乎都是判决5%。我们就又问,这是为什么?这也是当初引起我研究这个问题的原因。我觉得太奇怪了,怎么会这样分布。一个可能的解释是另外一种锚的影响。台湾地区"民法"规定,法定利率是5%。可能对法官来说,法官觉得自己从小数学就不好,"民法"中唯一提到的利率是5%,那我就用5%。反正法律规定最高是10%,我给打个五折,两方都别骂我。

我们再来看看原告主张多少。原告很贪心,大部分主张10%,也有很多人主张5%,但他们也受到锚的影响。没有任何人主张9%,因为9是饿、灾难的意思。8就是"发",也不少人主张8%。没有人主张4%,这个很合理,大家都不喜欢"死"。台湾地区的医院连4楼都没有,就只有1楼、2楼、3楼、5楼、6楼、7楼。所以,你可以说,原告是漫天喊价。他们的主张其实基本上没有什么市场行情的基础,反而受到很多非市场因素的影响。

(四)研究结论

我们的第一个发现是,法官最后判决不当得利的租金远低于市价。根据市场行情,土地价格是用官价来决定的,而官价是为了课税用的。为了选票,政府总是把这个价格压低,希望他的选民很开心。选民说,我今年又少交了土地税。所以,出现这样的结果我们不是很意外。看相关系数的话,我们会发现,原告主张的年息跟市场年息的相关系数只有0.17,法官的更是只有0.1,这都是非常低的。那么,到底我们最关心的定锚效应是如何的?如果是第一次看实验研究结果的话,各位可以"找星星"⑥,"星星"越多,实验研究就越好,3个"星星"代表的意思是,它出于巧合的概率是低于千分之一的。从

⑥ 指回归/统计结果中表示统计是否显著的标志。——编者注

我们的研究来看,原告每偏离市场行情大概一个单位,法官的决定就会偏离市场行情 0.57 个单位,等于是被牵着鼻子走。同样,当被告有抗辩的时候,这个年息相对于没有抗辩的案件平均会降大概 4 个百分点的效果,而这个也仅有千分之一的机会是巧合,所以,我们认为这确实是有影响。

但是,我们还发现,对于经验高于中位数的法官,原告的锚消失了,这意味着资深的法官不会那么容易上当。革命不是请客吃饭,法官也是会学习的。被告的抗辩还是有一些微弱的显著性,统计显著性在 5% 左右。但是如果法官经验低于中位数的话,首先我们看到,定锚效应不但回来了,而且是非常迅猛地回来。它的系数从 0.4 变成 0.9,效果大很多,而且还是一样的非常显著。而且,我们还发现法官的经验也有显著作用。也就是说,如果这三个法官的经验都是低于中位数的话,也就是判过的案子少于 800 个,在台湾地区 800 个案件大概相当于 11 年的资历,那么少于 11 年资历的法官定锚效应多了 0.7 个百分点,影响是比较大的。

所以,我们的结论是:首先,经验是有影响的,有经验的法官不会受定锚效应的影响,没有经验的法官会受到定锚效应的影响;其次,提供一个跟锚不一样的资讯是有效果的,即使被告没讲什么理由,只要把这个心理学上的定锚效应打掉就成功了;最后,如果是由三个法官组成的一个合议庭,他们三个人都是相对资浅的,那么法官就被定锚效应左右了。

二、互动环节

评论与问题 1:

问:读了这两篇文章尤其是这篇英文的以后,我有几个感觉。首先,它是一个很好玩的事。对某个事物的偏见、定锚效应会影响我们的行为。比如,稍微上了年纪的人容易有成见。我现在虽然也不是年纪那么大,但我已经开始在想,我是不是有时候有成见?所以,我会考虑,有没有办法让自己不要有成见,就是你说的这个制度安排。所以,这个研究就是一个好玩的但又有普遍意义的研究。其次,你的研究,几乎各种实证方法都用全了。此外,国内法教义学影响比较大,这个选题跳出了关于法教义学是否有意义的争论,就做一点好玩的事,这也比较符合我的思路。所以,从是否好玩、技术方法如何到理论的普适性的角度来看,这是一个结合得比较完美的文章。虽然也有地方没太读懂,但是,我花了好多时间坚持把它读完了,我觉得是一个很有意思的东西。

我就问一个关于方法的问题,其实应该是请教。我看了一下,这里面最核心的可能就是模拟的土地价值或收益率这个问题。如果我们用心理学的办法做实验,先选一群人来看,看他们表现如何,然后再选类似的另外一群人来做实验,问不同的问题,看他们怎么回答。最后对两组人的答案进行比较。你这个研究不是假想的实验,是一个真实世界的事,没有用传统的心理学实验的方法。就是通过一个假想或者模拟的土地市值,然后去计算法官判决的收益率相对于模拟的土地收益率的偏离度,计算原告主张的收益率相对于模拟的土地收益率的偏离度,然后再看这两个偏离度之间是否有关系,或者说,是否存在你说的定锚效应。当然,你用了很多控制其他因素作用的办法,包括你讲的同时"跑三条式子"的模型和程序。但是,我看了以后有点疑惑,你这个根据2012年公布的十几万笔交易的数据,把它假想中的市值估算出来,我不知道怎么算的?你能不能再稍微花点儿时间介绍一下台湾地区十几万笔交易数据,看看这个是怎么算出来的?

张永健:谢谢唐老师。算土地价格这个事我从博士论文开始就专门研究。我发了几篇期刊文章,就是研究台湾地区和纽约的土地征收的补偿问题。我问的问题非常简单,就是土地征收补偿方面,实际上给的金额跟法律要求的金额是否一致?在纽约和台湾地区,我只要掌握了足够多的数据,那我就想办法去算,到底这块土地可能应该值多少钱。在纽约,我使用了1976年到2009年七十几万笔的不动产交易数据。

关于市值是怎么算的,它的基本概念跟回归模型是一样的。这种算不动产价格的波动有个特别的名字叫作"快乐回归模型"(hedonic regression model),为什么叫hedonic?它的意思是快乐。我们的假设是,一个不动产给你的快乐是很多因素加总的结果。比如,你的楼盘越大你就越开心,你的楼盘地点越好你就越开心,你的楼盘形状越方正你就越开心,等等。各种各样的影响因素,我们可以把它们加起来。不管是台湾地区的这个数据库,还是纽约的数据库,除了告诉你这个不动产它卖了多少钱或租了多少钱之外,数据库也显示不动产的地点、大小、格局等。"快乐回归模型"的目的在于,我们要算出每一个要素的权重是多少。我们能够放进去的因素包括:土地的面积,一次买卖多少笔土地,土地的法定功能是什么;它是商业区、工业区、住宅区、农业区,还是牧业区或林业区;土地是哪一个月份交易的,以及它所处地区的经济发展程度。⑦ 其实看起来也没有用很多的变量,当然最重要的是土地面积。对于进入法院争议的某笔案件里面的土地,我们算出它预估的市场价格和预估租金之后,两个相除得到它的市场上应该有的年息。这个年息就拿去跟原告主张的年息和法院判的年息相减,就得到了两个偏离值。

问:那十几万笔涵盖多大范围?

张永健:整个台湾地区。台湾地区从 2012 年 8 月才开始有这个数据上网制度,所以,我们掌握到的是 2012 年 8 月到 2013 年 2 月的数据。但是,即使这样做也已经有几万笔了。到现在,我们已经掌握七八十万笔数据了。台湾地区有大量不动产交易,很多大陆资金来炒房。

问:你用的数据是 2012 年以后的土地交易数据?

答:对,我们研究的判决是 2012 年以前的,交易数据是 2012 年以后的数据,这个是我们的缺陷。没有人有 2012 年以前的数据,我们只能假设说,在 2012 年当时所反映的年息跟他们纠纷当时发生的年息是一致的。你可以说这个假设没有那么有争议性,原因是我们不是看价格。价格是一直涨的,租金其实也是会跟着价格涨的,年息相当于是两者之间的比例,这个比例我们觉得大概不会在十年内差这么多。当然,现在有更多的数据,可以用来验证这个趋势是怎么样的,然后再去调整,这也是可能的。

评论与问题 2:

问:我有几个关于计量的问题。第一个问题是,您对于被告抗辩是否存在用的是虚拟变量(dummy variables)?如果它是一个虚拟变量的话,它就只能存在 0 和 1 这两个选项,也就是被告有抗辩或者被告没有抗辩两种情况。您也提到,被告抗辩起到的也是一种定锚效应的作用。比如,原告诉求是 10%,但被告抗辩时可以提 1%,也可以提 5%,两种情况对于法官的影响是完全不一样的。如果我们把被告的变量做些调整,更换成为被告缩小原告诉求的比例,是不是会比虚拟变量更好一些?

张永健:我了解你的意思。我们这样做的原因在于,只有 9% 的案件里面

⑦ 台湾地区之前已经有了地区经济发展程度的统计学上的研究,把台湾地区所有 300 多个乡、镇、市区分成 7 个等级。

被告有说明其主张的金额,20%的案件里被告没有讲金额是多少,另外70%的案件被告是沉默。他对其他事情不满,但对这件事情没有抗辩。所以,如果要把这种情况纳入进去的话,这个模型会更复杂。我们现在并不是只跑一条公式,我们跑的是一个三条公式的结构方程,所以,很难再把更复杂的因素放进去考量。如果有其他数据,譬如说如果我们能够把被告抗辩多少的案子全收集起来,或许我们可以去验证被告的反定锚,或者是与定锚不相容的资讯,会不会因为他跟原告主张的差距越大效果越强。但我们这个数据库没这个资讯。

评论与问题3:

问:在大陆这边有一个例子,我觉得跟您举的例子特别相似。在基于人身损害赔偿的侵权案件中,法院会判决一个项目叫精神损害赔偿,在台湾地区叫慰抚金。精神损害赔偿在一些案件中是有明确数额的。法院规定,最高数额通常不能够超过10万元人民币,然后,可能会依据你申请的程度有一定的比率增加。但是,对于名誉或者肖像之类的案件,它是没有上限的。我之前做过律师,曾经代理过一个案子。这是一个交通事故的案件,我在诉求精神损害赔偿的时候,司法系统出了指导文件,规定伤残到什么程度应该对应的是一个什么数额。我就直接把诉求的数额提升到了那个数额的两倍,被告方没有提出抗辩,法官最终判决的数额比指导文件的数额要高出25%。当判决出来的时候,我有一刹那的惊愕。今天您提的这个研究也解释了我当年的一个疑惑。我的问题是,精神损害赔偿案件和您的例子有相似性,就是它都有一个上限金额。在这个时候,你提的诉求最多也只能照着那个上限来提出,那么,在这种情况下,它对于法官的影响是有一个限度的。但是,在侵犯肖像权之类的案件中,因为它没有上限的限制,原告诉求的金额偏离市场价格的比率会对判决产生影响,但他这个比率是不是会有一个临界值?这个要求如果太离谱的话,他对法官的影响是否可能会下降?

张永健:你问这个问题是问对人了,因为针对台湾地区的精神损害金问题我已经研究了四年了。我做过死亡、做过受伤、做过名誉侵害的案件研究,本来想做大陆的实证但还没有机会。但是,在精神损害金的情境里面,说明或者是证明有定锚效应存在困难。原因在于,没有一个市场行情规定缺只胳膊断只手应该赔多少钱。不像在不动产这个领域里面,我们可以说市场应该是每个人的出发点。但精神抚慰金就不是这样。但是,你的问题不是这个,你的问题是说,如果像指导文件所说的有一个上限的话,会不会有英文称为backfire即会引火烧身这种情况出现?这确实很值得研究。有一些实验在做这个事。他们看会不会法官觉得你是在狮子大张口。你开的价那么高,你哄谁?法官反而惩罚他,因为法官有完全的裁量权。既没有上限,也没有下限,那我就给你比较低的赔偿作为惩罚。这个东西要怎么去在实验室以外验证确实很困难,要找到一个好情境。原告的主张也可能比较有规律,有一些人只有一倍,有些人两倍,有些人三倍。然后去看那些三倍的人,证明他其实拿到的反而比较少。我只能告诉你,确实有人为验证这样的怀疑做实验,发现你太夸张太离谱的时候反而会受损害,会引火烧身。但是目前没有任何人用现实世界里面的数据来验证这件事情的存在。

评论与问题4:

问:我先说一点感受。我们一直以来苦恼的一个问题,就是怎么把教义学和实证研究相融合,就不要搞得你是你、我是我。现在有一种说法,你们只有搞教义学的才是北大清华,你们搞实证研究的,叫社科法学。我们一直也希望能够有一种选题把这两个东西结合得特别好,这样什么非议都不攻自破了,也就是说教义学也可以用经验研究的方法,经验研究也可以解决一部分教义学的问题。永健做到了。所以,我真的是很佩服,我要求我的学生也要往这方向努力,但是真的很难。这是第一。

第二,我也有一个好奇的问题,就是从定锚效应中你举的例子来看,你的研究用的都是一些数量性的数据,是一些连续变量。那是否也可能会发散到定位的、定性的变量,也会有这种意义上的定锚效应?这类变量,它其实无非就是0跟1。其实0跟1简单地说它也是一种量,不是0就是1,不是1就是0。虽然选择少了一点,不像刚才那个从0到10里有好多个层级。但是这个呢,虽然少了点,但是它也是一种意义上的量。有没有可能?如果有可能的话我倒可以给你提供一些我们的体会。

其实我们也发现了,在这个刑事案件的处理过程中,法官或检察官其实也会受类似现象的影响。我倒不敢说是和中心事实无关的现象,但是它的确不是核心事实,是一些相邻的事实。然后,这个影响我用一个32万条数据的判决库来证明了它的存在。比如说,在无罪判决的案件中得到职业律师的服务的比例大概是百分之六十几,而有罪判决的大概只有百分之二十几。这说明,在无罪判决当中,法官能够听到一些像样的法律问题,类似于你那个价格被认可了。法官不会考虑这么高的叫价,而且大家都是专业人士,所以,他判决的无罪率相对比较高。相反,在有罪判决案件中,只有百分之二十几法律服务的那一类案件,雇不起律师,那有罪概率就相当高。类似这些东西像不像一种意义上或者广义上的定锚效应,是或不是,请你待会儿告诉我。

另外还有一个问题,我很惊讶,你把六十几个变量、多重共线问题都排除了吗?六十几个变量,这个是我见过的可能最庞大的一支"部队"。别人告诉我,通常都是要找最关键的变量。比如,好的中医就问你三个问题,他就知道你得什么病了;年轻的中医问你100个问题,最后还不知道你是什么情况。我不知道这个问题你有没有处理。还有一个让我好奇的就是内生变量。内生变量有没有技术手段去排除?如果说多重共线可以用技术的手段去诊断,那内生性问题更多地靠专业判断。有没有什么技术手段来判断?如果是专业判断的话,这事其实就有点玄。比方说,你刚才说到的是办案的经历多少、处理了多少案件。有没有考虑到,比如那个法官他是租房子住还是出租房子给别人,这些因素会不会也有影响?那你就有61个变量了。谢谢永健。

张永健:白老师的第一个问题很到位。就我所知,唯一的一篇文献,是"Yuval Feldman, Amos Schurr, Doron Teichman, Anchoring Legal Standards, 13 *Journal of Empirical Legal Studies*, 2016"。他们想的是同样的问题。也就是说,以往的经济学实际上都是在讲数值的问题。他们做了一个民事侵权方面的研究。案件事实基本都一样,但有的时候一方提的是无过失责任,有的时候提的是过失责任,有的时候提的是重大过失。这几类责任虽然还是要排序,但他们讲的不是数值,不是以一个数字形势呈现的排序,最后也一样影响采取什么样的规则、原则。但是据我所知,只有一个文献做这个问题的研究。

几十个变量,我们都做过处理。最后,我们的模型并没有用这么多的控制变量的原因在于,我们试过这些变量,基本上不影响结果。同时,我们重视的是从理论上看哪些变量重要。但是,如果没有一个好的契机,譬如说发生一些外生的、突然的冲击,像是唐山地震或汶川地震这样的事情,然后你再研究一些地震前后发生的事情的话,你很难说只挑三个重要变量就足够了。别人一定会说你有遗漏变量。但那个指控可能对我们来说不是问题。我们纳入了很多变量进来,没有多重共线的问题,查过VIF(方差膨胀因子)也没问题,那人家会比较相信报出来这个结果是有说服力的,不是一个没有放进来变量的效果。

下一个问题是,内生性有没有技术方法可以解决的问题。我们用的这种方法,就是用 stata 统计软件里面叫 SEM 或 GSEM 的这个功能,也就是采用技术方法来解决。这个功能的意思是说,你觉得有内生问题的解释变量要放在第二条、第三条、第四条、第五条公式里面去当作被解释变量来运行,运行完了以后找到一些所谓的工具变量。工具变量只解释后面几条公式的被解释变量,但不解释第一条公式里面的被解释变量。如果各位仔细看我们的研究,你会发现,有一些变量是只放在第二条公式里,有一些变量是只放在第三条公式里。放这些解释变量去控制第二个和第三个内生性,这是其中一种解决方法。

第二种方法是做所谓的 two-stage least square,就是两阶段的回归。两阶段回归必须要有一个工具变量去控制,所以,工具变量不纯粹是一个技术的问题。不是说你输入一个指令就能出结果,而是必须要找到一个变量,真的是只影响某一个存在内生性问题的变量,不影响另外一个。在这里,我们没有用两阶段回归的原因在于,虽然我们有一个工具变量,但是两阶段回归需要跑两阶段两个公式。譬如说,假设我在乎的是原告的偏离跟法官的偏离,第一条公式是去估什么决定了原告的偏离,但是,我不把原告偏离的真正值带进下一条公式,而是把第二条公式里估出来的被解释变量的预测值放到第一条公式里面去。但是,因为我们的理论问题是定锚效应,那定锚效应必须是一个确实存在的数字。用第二条公式估出来这个数字没有办法去有力地证明定锚效应的存在。所以,我们没有采用这种方式。

第三个解决内生性问题的办法就是好的实验设计或者是研究设计。但好的研究设计可遇不可求。通常来讲,我们需要看到一个突然的外生事件,通过这个突然的外生事件来解决内生性问题。比如,在台湾地区,联合国人权委员会来视察的时候,政府会突然杀 10 个、20 个死刑犯,这是很突然的。这个事情发生之后,你可以去看犯罪率,看暴力犯罪有没有改变。但是,这样的事情并不是天天发生,也不是永远都有数据说明之前是否发生什么事情。不过,这个控制内生性的办法是一般人最相信的方式,但目前我还没碰到过这样的机会。

评论与问题 5:

问:按照您的理论,定锚效应应该发生在各类案例当中。您为什么选一类案件作为您研究的一个突破点?

答:在不动产的案件里,我可以找到一个市场标准,比如说有一个基准点。你如果研究精神损害金案件的话,你说我能算出一个基准点,这没有人信。或者说,大家会质疑这个标准。比如,为什么用过去10年、5年的平均值,而不是用其他值。另外,要找到一个不讲究证据的诉讼标的,比如找一个合同案件,就是大家要凭合同解释,或者要参考明确的法律规定,那其实法官就是照着法教义学的方式去走。在年息的判定中,它明明可以用比如估价时的房值,但是法官就是要自己决定,要到现场看一下,然后就说,我刚刚去那看了,写一段好像是游记一样的文字,“屋舍俨然、黄发垂髫”,所以我觉得这个年息是7%。

问:在台湾地区非法占用他人土地的现象似乎很严重?感觉在大陆这个几乎很少见。

答:我早上在清华和北航讲物权法经济分析的时候,我就是拿这个例子来说明,也就是说,法院的判决会影响人们以后的行为。在这样的案子里面,我相信做坏事的人会稍微调查一下。他可能了解到,如果你去跟人家谈我要用你的土地,你就要给他市价;如果你不和他谈直接使用土地,他可能没有发现、可能发现了不告你、可能告你,但是法官判的相当于租金的价格可能比市场价格还低,市场价通常是10%。如果是一个不太在乎民事上侵害别人权利的人,当然会选择直接干了而不去谈市价。所以,法院判决的激励是很不好的。

评论与问题6:

问:在总结法官经验的时候,用的是一般的判案经验,比如审理过800个以上案件。但就这个研究来说,它主要是关于法官作年息的判决。定义法官经验的时候,是不是应该算他判了多少个关于这样的年息的案子?

张永健:理想上如果可以做到是很好的,但是,这个民事案件数量是一个法律服务公司用文字自动探勘的方式转换下来的,比较难确定某类案件的经验。

问:您刚刚说的是用什么方法?

张永健:文本分析法(textual analysis),就是把所有的判决都下载下来,因为都是文字版,于是就用一套软件去抓各式各样的东西。

问:能够抓出来多少个?

张永健:它抓很多东西。可以用关键字搜索,如法条、检察官、律师、法官、书记官、判决的金额或者判决的行为等。台湾地区的判决书是非常格式化的。所有的法官是统一训练出来,大家用同样一套软件写判决书。所以,在判决书里,我们可以知道法官的名字出现在哪里,书记官的名字出现在哪里,原告的名字出现在哪里,提取很方便。

问:但是,一些类型化比较强的字段,比如说"黑吃黑",判决书不会去这么去表述,但是确实有一类案件是"黑吃黑",这种概括性比较强的东西咱们能挖出来吗?

张永健:我相信可以,但你必须要教那个机器,出现什么样的关键字才算是"黑吃黑"。比如,引用了什么样的条文,出现了什么样的情境。

问:是可以,就是他们那家公司有抓出来这类的吗?

张永健:我们没有这样抓,但是,我们觉得这样是可以的。那家公司现在把技术转移到北京,要做全中国的,网站名称叫理脉(www. legalminer. com)。

评论与问题7:

问:我看了您的文章,有一个疑问。您这个关于定锚效应的研究,主要是用心理学和法律经济学相结合的研究思路、研究路径、研究方法提供了一个可行的、可以论证的一个方向和路径呢,还是主要是要证明这个定锚效应的客观存在或者说定锚效应的特点?这是我第一个比较疑惑的地方。第二个问题是,现在定锚效应存在于特定的类型案件当中还是存在于所有的案件当中?第三个问题是,在一个具体的案件当中,我们如何去应用你说的这个定锚效应?定锚效应要发挥作用的话,取决于几个方面的因素。第一个是原告提出了这种锚的因素,第二个是法官的认知能力和经验水平的因素,第三个就是被告的抗辩能力。那么,在一个具体的案件当中,作为抗辩方如何去发现锚的存在,如何去防范定锚效应?

张永健:我倒过来回答。针对第三个问题而言,我访问了台湾地区的一些资深律师。他们不知道什么是定锚效应,但他们认为,一个好律师在做的事情就有助于减少定锚效应。也就是说,做一个好的辩方律师你要攻击每一个点,你只要做好这一件事,就不用担心有没有定锚效应。第二个问题,是不是所有的判决里面都有定锚效应?我会直接说我不知道。你要从实验室的证据去推论的话,所有跟数字有关的,甚至跟标准有关的都可能有这个效应。但是,我们没有办法在没有实证研究的证据之前先告诉你它有或没有。第一个问题是,我写这个文章的目的是什么,或者我的出发点是什么?我本科的时候是比较坚信传统法经济学关于人的理性自利假设的。后来,经济学进一步发展,从2000年左右我本科毕业时开始逐步发展,有了一些变化。我跟着文献看,慢慢觉得,作为社科法学研究学者,我们在乎的应该是法官、律师或者其他法律人实际上表现出什么样的行为。所以,我做这个研究只是想要知道,现实世界里面有没有可能找到一些在法律情境中不理性的证据。最后,我们刻画出来的一个法官的行为理论是,法官可能不是那么理性的。法官可能通常愿意尽其所能作一个理性合理的判断,但他毕竟还是人,所以,还会受到偏见的影响。

评论与问题8:

问:我对结论比较感兴趣。您说如果存在这种定锚效应的话,那么,我们应该要求法官接受抗辩。但是,被告以及抗辩本身也可能就有一个锚,也可能是偏见,那结论看起来就成了我们要解决偏见的手段,就是用另外一种偏见。

张永健:是。

问:我也觉得是这样的。现在原告的主张和被告抗辩刚好可以相互抵消,像这个案子。但是,如果他们的偏见是同一个方向的话,那其实是非常危险的,就是说反而是形成一个偏见。

张永健:对。但是,如果是同一个方向,以民事诉讼来说有点像是自认。就是说,原告主张10%,被告同意,法官就结案了。这可能涉及的问题有,譬如要不要强制律师代理?如果被告有律师的话,律师通常不可能直接支持原告的主张。其实,这是一个好的题目,你可以去看有律师代理和没有律师代理的当事人会有什么不一样的诉讼行为,这个是周一在华政的一个实证研讨会上我要讲的题目。简单来说,其中一个发现是,在精神抚慰金的诉讼里面,原告代理律师越资深,他请求的金额越高。原告主张的金额越高,法官判得也越高,所以你得说,当原告主张的金额越高,法官就判得越高,而通常是比较资深的律师会主张比较高的金额,资浅的话就比较低。

问:您的另一个结论是,应该更多地让那些有经验的法官去审判,就是我们应该注重法官经验的影响,我不知道您有没有访谈法官?

张永健:有。

问:那他们对这种偏见或者定锚效应认同吗?当我知道定锚效应存在的时候,这种认知是不是克服定锚效应的一个好的解决的因素?

张永健:法官们告诉我,他们觉得最大的收获是,以后碰到这样的案件,在言辞辩论终结之前,他会去问被告,问他关于争议这个点有什么意见要陈述。以前可能被告没有说的时候他就要结案了,当他现在意识到他自己有偏见之后,一个好的法官会愿意去多问两句,让他的判决比较接近正义或者是其他的规范目标。要解决定锚效应还有其他的办法。在我写的这个比较短的文章里面有提到。台湾地区的第二级法院都是三个法官合议的,而通常法官的晋升途径都是从第一级升到第二级,从第二级升到第三级。所以,第二、三级别的法官都很资深。现在的训练方式是,把资浅的法官送到第一级的地方法院,让相对资深的那批法官来训练这些资浅的人。我其中的一个想法是,既然第一级的法院都是独任,一个人审判,第三级的法院都要三个人合议,而且实际负责这个案子的人最辛苦,他还要写判决,而最资深的庭长和中间的陪席法官都比较闲,那为什么不把那些资浅的法官送到第二级法院,让他去专门陪席,就是看。不要采用传统的想法,先送到最底层。等他看多了,或许他从资深法官那里可以学到一些东西。等到他真的开始独当一面的时候,就会更有经验。

评论与问题 9:

问:这个研究都是在司法场景下得出的结论。司法场景下,有原告、被告和法官。这种定锚效应有在别的场景中被研究或者运用吗?比如,证券市场大家都疯狂的时候。按道理讲政府应该是不疯狂的,但是,我们发现政府是跟着一起疯狂的。证券市场没有司法场景意义下的结构模式,没有制度安排来相互抵消锚的效应,所以,才会可能出现两个偏见一起作用,结果是一直走到股市崩盘为止再做调整。

张永健:我印象中没有关于证券市场的定锚效应研究,可能原因在于实验室很难复制一个像是证券市场交易的情景。但是,我看过不动产买卖,它的交易情景很简单。同样一个物业(小区),然后在一个实验组里面卖方出100万元,对照组卖方出50万元,来看这个交易的结果。最后,发现出价越高成交价越高。这个实验只有两个人,有一个出价,另外一个人还价,没有一个第三方的法官裁决,还是验证了定锚效应理论所说的。

问:研究有没有被推广到比如说政治程序的领域?

张永健:明后两天北大要主办两岸四地研讨会,礼拜天的时候我要帮我的同事黄丞仪教授讲一篇行政法的文章。他的发现是,在国民党最弱的时候,一些新兴政党想要对选民标榜说他们是进步的,这两个其他政党就竞相提出非常进步的、很德国式的新行政法管制方案。国民党很怕自己又被倒打一耙,被选民认为是退步的,是保守封建的,所以,国民党不敢反对。最后的结果是,其他两个政党竞相加码的时候,国民党得到了一个非常严格但实际上很难操作的行政程序法。黄教授与其他解释这些东亚现象的学者没有用定锚效应来解释,他们说这是“囚徒困境”。就是说,你喊高了我也要喊高,你高我要更高,就是没有人愿意先让步,你也可以说是一个 chicken game。[⑧] 大家都认为,看起来越进步的话,就可以拿到越多的选票。但可能不同的是,他们是有意识地在竞标,看谁是最进步的政党,直到大家都达到德国的水准为止。

评论与问题 10:

问:比如说在行政领域当中,因为它涉及法官在量刑时已经有一些比较规范化的规定,那在这样的一些情景当中是不是定锚效应会要小一些?

张永健:你是说有所谓量刑基准的时候?

问:对。

张永健:有美国的研究显示,所有的量刑基准,尤其是所谓的赔偿上限或者是刑罚上限反而造成定锚效应。美国有一些州认为,惩罚性赔偿随便判会很离谱,所以,这些州就设了一个赔偿限额,最高 100 万美元。不同的州有不同规定。有一位纽约大学的学者凯瑟琳·沙基(Catharine M. Sharkey)研究过这些州制定赔偿上限前后的变化。[⑨] 她发现,这些州制定上限之后,整个赔偿金反而往上提高了。以前是陪审团用良知跟智慧决定要赔多少钱,现在法官对陪审团说用你们的良知来作决定,但是不能超过 100 万美元。然后,陪审团讨论时脑子一直想着 100 万美元。

问:但是,那个定锚效应的锚可能会变化。在您的研究中是原告的主张影响了法官,但是,根据量刑基准来定赔偿金额,就是另外一个锚了。

张永健:我们研究的锚是原告提出的数字,但是,在定锚效应理论层面,他不在乎那个数字是怎么来的,不在乎那个数字有没有道理,他只在乎那个

---

⑧ Chicken game,懦夫游戏,又被称为“胆小鬼博弈”,博弈原理是如果两个参与者都不屈服,那么最坏的结果可能发生。

⑨ See Catherine Sharkey, Unintended Consequences of Medical Malpractice Damages Caps, 80 *New York University Law Review*, 2005, p. 391.

数字是不是很显眼地驻留在你的脑海里面。所以,有一些实验很好玩,就是先叫你看电脑屏幕,用百分之一秒的速度闪过一些很高或很低的数字,你根本感知不到。然后再叫你去做别的事情。但是,你的大脑肯定看到了,只是你不知道而已。所以,那些看到了闪过高额数字的就选了高一点的数字,看到低的数字的他就选低的数字。其实,这完全是一个下意识的运动,你的眼睛完全没有看到,但是你的大脑会受到影响并作决定。⑩

问:第二个问题就是,如果原告主张的金额特别高,高得离谱的情况之下,就是说他可能会是实际市场的价格一倍、两倍、三倍,那么,在经济学当中这个也是可以考虑做的。第一种方法就是用平方项的方式,来看偏离程度可能产生的负面效应。第二种方式就是通过这种定量的方式来做。比如,我就以一倍作为基础,然后在它这个基础之上来多做分析,这样的话,可以判断出来大概会到哪一个程度,什么时候它的作用会由正变成负,这其实也是可以考虑的。第三种方式就是,今天好多人都提到这个技术问题,现在确实在做实证研究的时候,有很多人会比较关注这个问题。我就是想问,能不能根据您看到的一些文献给我们介绍一下关于用两阶段最小二乘法,比如说工具变量,以及其他一些好的工具变量去解决这个问题,不单单是我们现在两个结构方程的方法?

张永健:几年前,我在白建军老师的课堂上讲了几个经典的犯罪学或者刑事政策研究的论文,有很多这种两阶段最小二乘法。举一个例子,刑事案件学都在问,到底是警察变多了让罪犯变多,姑且称这个为“圣人不死大盗不止”假说;还是说警察变多了,罪犯变少了?我们看到现在很多这种状况,罪犯很多,警察很多,但我们不知道,是罪犯变多了所以调了很多警察来,还是警察来了就滋生贪腐。所以,这样的研究常常会用两阶段最小二乘法。有一个台湾地区学者林明仁教授,他的老师就是芝加哥大学很有名的史蒂文·莱维特(Steven Levitt),他的书翻译为《魔鬼经济学》。他要找个工具变量,他发现州的消费税税率变高之后,部门都会把增加的钱拿去聘警察。但是,消费税增加本身又不会影响犯罪率。所以,他的第一阶段就是去看消费税的增加以及其他因素怎么去影响警察的数目,然后,再用这个预估出来的警察数目

---

⑩ See Thomas Mussweiler, Birte Englich, Subliminal Anchoring: Judgmental Consequences and Underlying Mechanisms, 98 *Organizational Behavior and Human Decision Process*, 2005, p. 133.

在第二阶段里跟那个犯罪率和其他因素去跑回归。然后,他就发现,警察上升之后犯罪率下降,这是其中一个我现在想到的很经典的例子。⑪

评论与问题 11:

问:我还想再最后问一下。就是您刚才提到那个抓数据,就是把数据全部下载之后然后通过一个软件的方式把它抓出来,但是我还是挺困惑的,既然可以用这么方便的方式把所有的数据都抓出来,为什么你要再抽样去做,为什么不全部做?

答:因为数据公司能够靠文字探勘去抓的东西必须是很结构性的,像是律师、法官、书记官的名字,或者是案号这些东西,或者是某一些一定会出现的文字,比如刑事案件中判处有期徒刑多少年。但在我们的案子里面有非常多的东西是必须要实际去判断的,它的用字不一定一样。譬如说被告无权占有这个土地多少年,并不是永远都用这一句话来讲,所以我们第一轮是用软件去抓,这只能抓到一些基本固定不变的东西,其他东西你还是得一一去看,然后判断,所以全部都做的话很困难。

评论与问题 12:

问:原先有人认为,犯罪率上升是不是跟城市灯光有关?《魔鬼经济学》的作者得出来的结论是,犯罪率和堕胎政策有关,这个时候我们就有一点违背常识的感觉。原来两个不相关的因素可以放在一起来解释一个事情,而且最后他这个假设得到了验证。所以,如果说我也想做一个研究。即是什么变量在影响某个问题,我应该怎么抓取这个变量然后一步一步地剥离干净,最后找到一个核心的可能影响比较大的变量?这个过程,或者说我在排除的过程当中,其实是有一点犹豫和不确定的。可能会有一个新的变量出来,然后又要重新再去验证。这个时候对于这种判断的能力和技术,我不知道张老师您在这个过程当中是怎么处理的,可以告诉我们一些您的思路吗?

张永健:你问的是一个值 10 亿元人民币的问题,如果真能好好解决,诺贝尔奖都拿好几个了。刚才"魔鬼经济学"那个研究,后来被一些人质疑,认为它存在一些计量上操作的问题。这个姑且不论,但它至少彰显了做实证研究的主流美国学者最在乎的一个问题,也就是说是否有理论以及这个理论是

---

⑪ See Ming-Jen Lin, More Police, Less Crime: Evidence from US State Data, 29 *International Review of Law and Economics*, 2009, p. 73.

否有趣。其实,堕胎率跟犯罪的关系,说穿了也没有那么遥远。在美国,去犯罪的人多数是少数民族、单亲的青少年。在没有办法堕胎的时候,这一些小孩被生下来,到了15岁或18岁的时候,就觉得自己人生没希望了,就去犯罪。但是,在可以堕胎之后,很多未婚怀孕的少数民族母亲去堕胎了,潜在的罪犯不存在了,堕胎合法之后过了15年、18年,犯罪率就下降了。所以,其实没有那么遥远。虽然我们不知道它的效果多大,但是,我们几乎可以确定地说,容许堕胎这件事情应该会让暴力犯罪减少是一定存在的,只是程度多少我们不知道。要做这样的研究,你要碰到一个千载难逢的时机,找到一个突然的、没有人预料到的很大的变动,像是1973年美国联邦最高法院关于堕胎案件Roe v. Wade的判决。这是突然的,在之前没有人知道结果会怎么样,就算知道了大概也不会影响到这些人会不会怀孕。但它一旦判下来了,这些人马上就可以决定堕胎,这个决定可能影响她们。所以,你说要怎么样找到一个好的研究,第一步可以在你的领域里面找到一些重大的、突然的、关键的改变,又刚好在那个关键改变之前你有数据。如果你只在改变发生后来收集数据,你永远都不知道改变之前发生了什么事。

所以,回答你的问题,就是说我们必须要有点运气,然后,你要非常了解你的领域,甚至说你可能要能够预测某些重要的事情会不会发生。如果以美国的例子来讲,当你知道某一个案子排到联邦最高法院的议程之后,你就要去做研究。伯克利有一个年轻女老师,她做了一个很趣的研究,看联邦最高法院的决定如何影响一般人对那个事件的看法。因为联邦最高法院的案子都要在一年之前入庭,一年后一定会判决下来。所以,在入庭时绝大部分一般民众都没有意识到这件事情,但是,那个领域的法律人知道这件事情。所以,她就先开始做一些大规模的访谈,或面访或问卷,就问如果是你,你看法怎么样,然后等到那个案子判出来之后立刻再去做一拨儿。然后,她就可以研究对于绝大部分的一般人来说,突然的一个重大案件的结果怎么影响到他们的看法。[12] 所以,这是我能想到最具可操作性而且不用考虑其他因素的办法。但是,在这个领域,你要想什么样的事情会影响一般人的生活,最高人民法院要出指导案例之前你会不会知道等。你要往这个方向去想,什么事件发

⑫ See Katerina Linos, Kim Twist, The Supreme Court, the Media and Public Opinion: Comparing Experimental and Observational Methods, 45 *Journal of Legal Studies*, 2016, pp. 223 - 254.

生之前你能收集到一些数据。

三、结束语

主持人:这个研究挺有意思。题怎么开,开了题怎么做?看起来,还是靠资源在说话。现在大陆法学研究还是比较传统的、手工的、单独的思考,讨论可能都很少,但是,外面研究已经是一个团队来做了,也投了好多钱,所以,这个研究路数不太一样。另外,研究能出什么成果,我自己的感觉是,很多时候就是靠想象力。比如,你需要找一个工具变量、一个关键变量,这需要一点想象。不是说我就整理出十个因素,我一个一个捋一下就能找到。最后呢,就是运气。说实话,我觉得研究就是靠运气,反正我是相信偶然论观点的。绝大部分想法可能都是忽然冒出来的,不是说按部就班就一定能发现。但反过来讲,你不去做,肯定就做不出来。所以,学术真的是很难。我在课堂上对学生说,别读博士,这是一个未知的道路,是一个比较头疼的事。但是,如果你真的要读博士、要做研究,真正的乐趣可能就在于大家讨论、聊天,就是现在这种方式,读读文章、互相讨论,这可能就是学术的乐趣。最后,今天非常感谢永健老师花这么多时间给我们讲他的研究,以及研究背后的经历。大家讨论得很激烈,我自己也学到很多东西,再次感谢永健老师今天的讲座!

北大法律和金融评论
(2016 年卷),第 185 ~197 页

北大金融投资与法律论坛实录(五)

——证券民事诉讼的实证分析

主讲人:徐文鸣

时间:2015 年 12 月 22 日 19:00 ~21:00

地点:北京大学凯原楼 307 会议室

一、主讲人演讲

谢谢各位老师,谢谢大家!

我先讲两句题外话。我在中国政法大学法和经济学研究中心工作,我们中心共有全职教员 8 个,大部分都是从欧洲学习回来的,主要用经济学和实证的方法研究法律问题。给大家推荐两个网站,一个是美国实证法学研究会的网站,另一个是他们的博客。

实证法学到底是什么?从我自己个人的认识上来说,不管是做案例研究,还是描述性的统计分析研究,或者采用更高级、更成熟的计量经济学分析方法进行的研究,都是广义的实证法学分析范畴。每种方法都有自己的优缺点。案例分析的优点是细节很丰富,但可能会存在统计上的个体偏误,也就是在分析过程中只看到某个片面,有点像盲人摸象。如果扩大案例研究的数量,可能就会从关注个性到关注共性,但在这个过程中就会丢失案例的细节。计量经济学会进一步忽视细节,关注共性。但计量经济学可能也有好处,可以克服描述统计的缺陷。

我刚刚从以色列开会回来,发现了一篇很有趣的文章。它否定了近30年金融学对反收购法律的研究。这篇文章认为,金融学教授完全错误地理解了反收购法律,用计量方法发现的结论可能都是巧合。从法学学者的角度来看,利用同样的样本,可能会得出完全不同的结论。可以看出,法学学者在学习和运用计量经济学的过程中,开始向经济学反馈其所得了,这是一个很好的互动。

我希望和大家讨论,如何让法学学者和法学期刊接受实证研究。实证法学研究是在美国兴起的,这可能和美国本科阶段不接受法学教育有关。他们在接受实证研究方法的过程中没有先天的排斥性。法学学者、经济学学者、统计学学者进行共同研究,这是能推进法学研究的。

接下来,我来谈谈我的两篇论文。我首先讲用描述统计分析的论文。这篇文章研究的是证券法律的执行力问题。

(一)《证券民事诉讼制度的实证分析》

1. 文献综述

斯坦利·贝克尔(Stanley Becker)曾经在研究中提出,在其他条件都不变的情况下,犯罪成本越高,犯罪的行为会减少。法律执行是非常重要的,因为它决定了一个犯罪被定罪的概率。也有学者提出了金融市场发展和法律制度之间的关系。他们采用国别数据进行实证分析,认为公共执行和私人执行都会促进股票市场的发展。一个国家的法律越发达,证券市场会发展得越好。但这些研究可能会涉及内生性的问题。法学学者科菲(Coffee,2006)主张,应该关注证券法的私人执行制度,也就是诉讼应当承担威慑潜在犯罪和赔偿受害者两个功能。

现有的文献把执行区分为公共执行和私人执行两类。前者主要是威慑犯罪,处罚方式较多,但也有其劣势,就是公职人员缺乏适当激励。此外,资源的有限性和政策目标的多元性之间也可能存在冲突。例如,中国证监会的一个目标是保护投资者,另一个目标是促进经济发展。但是,他们的预算有限,那么证监会可能就会把有限的资源投入到最有利于他们官僚升迁的政策目标上。私人执行主要是民事诉讼,有双重功能。这种方式激励充分,但如果要起诉,可能需要支付成本。在这个过程中,成本可能大于收益,这也就会导致集体行动困境。

2. 中美诉讼制度比较

接下来,我们从诉讼制度如何影响私人救济的角度来比较中美两国法律。美国的证券民事诉讼主要采用集团诉讼。其中,有特点的制度有两个。一个是"声明退出"规则,也就是说如果投资者没有声明退出,就会自动成为集团诉讼的成员,受判决的约束。由于中小投资者面临集体行动困境,"声明退出"规则可以最大化参与诉讼的投资者数量、降低诉讼成本。第二个制度是风险代理制度。一旦赢得诉讼或者与被告企业达成和解,律师即可以从损害赔偿中分得不菲的律师费;如果输掉诉讼,律师并不需要支付额外成本。在这一制度下,律师可能会希望通过诉讼获得代理费,这就会导致诉讼过多,对上市公司的经营产生负面影响。

1995 年的《私人证券诉讼改革法案》主要带来三个变化。第一个是证据开示制度。它强调,在起诉阶段就需要说明具体的误导性陈述和可归责的原因,并且,在法院作出是否驳回原告诉讼请求的裁决之前,法院会暂停证据开示程序。第二个是为前瞻性披露行为(forward looking statement)设置了安全港制度,它提高了针对此类信息披露提起诉讼的标准。第三个是改变首席原告制度。以前是谁最先向法院起诉就是首席原告,可以选择代理律师、可以选择是否和解,它实际上主导了诉讼过程。改革以前,有好多职业原告。他们可能只持有很小的股份,但是,一旦股价下跌他就会起诉,同时选择他自己熟悉的律师。这就会导致律师主导诉讼,没有人关注投资人的权益是否被保障。改革之后,持股最多的人是首席原告。

在我国,2003 年出台的《最高人民法院关于审理证券市场因虚假陈述引发的民事赔偿案件的若干规定》(以下简称《虚假陈述若干规定》)详细规定了投资者的私人救济制度。但这一制度和美国的制度存在很大不同。首先,当事人只能提起单独或者共同诉讼,而不能提起集团诉讼。受侵害投资者需要"声明加入"诉讼程序,承担主动加入的成本,因而限制了参与的投资者数量。其次,被告所在地的中级人民法院对证券民事诉讼拥有管辖权,这也在一定程度上降低了投资者胜诉的概率。上市公司一般是国有企业或者对当地经济发展有重要影响的私营企业,它们与所在地政府有着紧密的联系,民事诉讼的判决易受到干预。最后,它设置了行政前置程序。没有证监会的处罚或法院的刑事判决,即便存在虚假陈述,投资者也不能起诉。行政前置程序将私人执行机制置于公权力的控制之下,不利于受侵害投资者提起诉讼。

但是这种制度也有好处，就是可以降低投资者在诉讼中的证明成本。黄辉的一个研究证明，仅有1/4 的可诉案件实际上被诉了，而剩下的3/4，虽然上市公司被证监会处罚了，但受侵害的投资者却没有起诉。黄辉认为，我国投资者起诉少的原因，可能在于投资者寻求法院救济的成本太高。

在简单比较了中美制度之后，接下来我们看看中美诉讼制度实施的效果。首先看公共执法。我们可以关注两个指标，一个是执法者的成本，另一个是监管活动的产出。

对于成本，我们关注了监管者的预算。采用预算占 GDP 的比例这个指标可以发现，各国证券业监管机构预算的差距较大。卢森堡对证券监管投入最高，每 10 亿美元 GDP 中约有 47 万美元用于支持证券监管活动。相较而言，预算最少的印度尼西亚证券监管者仅获得大约每 10 亿美元 GDP 中 0.5 万美元的支持。此外，英国的比例比较高，而日本和德国都比较低。这可能是因为各个国家融资市场存在差异。在英国，企业主要依赖直接融资，也就是通过发行股票融资；德国和日本主要是通过间接融资，银行系统很强大。各国资本市场发展程度不同也就导致了证券监管机构的预算水平差异。

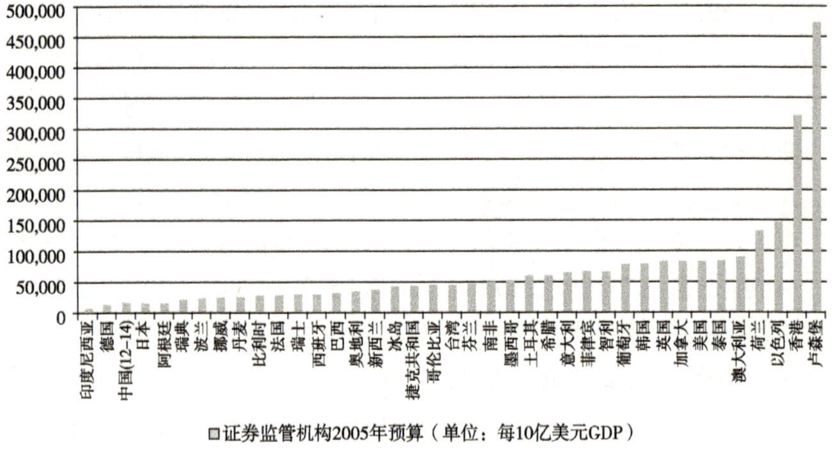

图 1　证券监管机构 2005 年预算

对于产出，我们考察了公共执行和私人执行案件的数量。图 2 对比了 2005 年至 2011 年中国和美国公共执行和私人执行的产出数量。左侧纵坐标表示中美两国每年公共执行的数量，右侧纵坐标表示两国每年证券民事诉讼的数量。为了保证数据的可比性，年度产出同样经过标准化处理，即以公共执行或私人诉讼的数量除以当年上市公司总数。图2显示,美国无论公共执行产出还是私人执行产出都远高于中国。

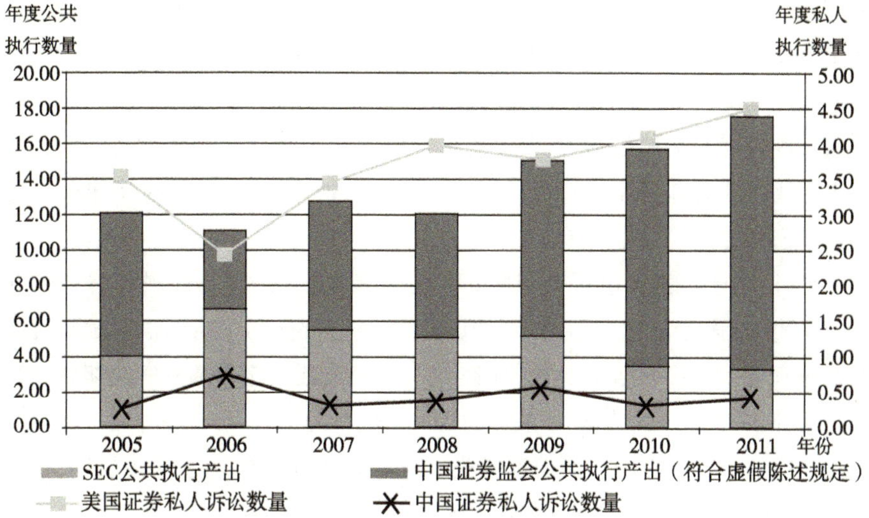

(单位:每百家上市公司)

图2　中美公共执行和私人执行数量比较

从趋势上来看,美国私人执行和公共执行的数量变化趋势相似,仅在2007年金融危机爆发后呈现出不同的特点。私人执行对危机的反应速度快于公共执行。2008年,当美国证监会的监管产出减少时,私人执行的数量大幅上升,甚至高于2009年的数量。这说明,有较强激励的投资者更加主动提出民事诉讼。而美国证监会作为公共监管机构,它对上市公司的处罚需要经过冗长的行政程序,因而存在一定的时滞。2009年以后,对证券法的公共执行和私人执行产出都呈现逐渐加强的趋势。反观我国证监会的公共执行和私人执行的产出,在金融危机前后,并未出现显著的变化。

3. 描述统计与结果

通过分析我国民事诉讼的微观数据,可以看到一些有意思的现象。

我们收集了2013至2015年涉及1603个原告和29个被告的证券民事诉讼判决。之所以从2013年开始统计,是因为之前的数据没有公布。所以,我这个研究的样本比较小,大家也要以批判的眼光来看,或许几年以后判决积累较多时会有其他发现。

与美国相比,我国的证券民事诉讼市场并不发达。2013~2014年,美国证券市场分别有161件和160件针对财务文件虚假陈述提起的民事赔偿案件。而2013年年底至2015年年底近两年的时间内,我国仅有29家上市公司或其实际控制人面临证券民事诉讼,很多原告起诉的都是同一个被告。在这些案件中,仅佛山电器照明股份有限公司案提起诉讼的投资者数量较大,共930人,占其股东总数的60%。除佛山电器照明股份有限公司外,仅有16名被告面临超过5名原告起诉,仅7名被告面临超过50名原告的起诉。绝大多数受侵害的投资者并不愿意通过民事诉讼请求损害赔偿,因而对于律师服务的需求有限。

另外,由于证券民事诉讼只能以单独或者共同诉讼的方式提起诉讼,并且《虚假陈述若干规定》适用两年的诉讼时效,法院倾向于在诉讼时效经过后合并审理针对同一被告的诉讼,保证判决的一致性。律师事务所预期到法院的行为,同时为了节约成本,一般会积累一定数量的案件后,再一并向法院提起诉讼。这种制度安排增加了投资者获得赔偿的时间成本。例如,大庆联谊案,投资人2002年1月24日最先提起诉讼,至2006年12月执行完毕,经过了近五年的时间。由于冗长的民事程序,原告人数由679人减少为不足500人。

从律师服务的供给方来看,由于我国证券民事诉讼采取"声明加入"模式,律师事务所需要承担积极争取受侵害投资者代理权的成本。也就是说,声明加入的规则下,律师需要主动向所有投资者争取代理权;而在声明退出的情况,律师只需要争取首席原告的青睐,显然成本比较低。

每个律师事务所代理当事人的数量是其占据的证券民事诉讼市场的市场份额。我们发现,共有13家律师事务所在近两年的时间内代理超过10名投资者。这13家律所主要分布于北京、上海和广州。这三地也是上市公司最集中、金融市场最发达的省市,而这些城市市场上排名前三的律师事务所占据了近66%(1057/1603)的市场份额。可以说,律师服务这个市场是一个寡头垄断的市场,我们都知道垄断会带来什么——高价格。

至于为什么会有10%的投资者提起诉讼却没有获得赔偿呢?我们通过委托代理的模型分析这一问题。我们发现,投资者和律师之间存在一个非常显著的代理成本。对于合理的损害赔偿金额,律师和普通投资者之间存在信息不对称——律师对于投资者可以获得的赔偿数额具有信息优势,但是对于投资者来说,他们会希望自己的损失都被赔偿。从案例分析来说,10%的投资者输掉了官司,如果证券律师是为了他们的利益服务的话,应该不让这些投资者提起诉讼,因为诉讼是要收费的。但由于起诉的投资者越多,律师可能收取的风险代理费越高,但同时边际成本又很低,所以他有激励扩大自己代理的数量,也就是他们有激励高估预期赔偿,来鼓励投资者起诉,但这种成本却是由败诉的投资者承担。根据我们的统计,部分投资者51%的赔偿都用来支付诉讼费了。

4. 政策建议

证券律师和投资者之间的代理成本,减少了投资者预期获得的赔偿净额,进一步降低了中小投资者参与证券民事诉讼的积极性。普通投资者缺乏计算损害赔偿额度的专业知识,并不具有信息优势,主要依赖证券律师的判断。因而,让投资者承担按照诉讼请求的金额累计计算的受理费用是不合理的。

解决这个问题的方法,我觉得也比较直接。第一,直接以判决的金额,按比例分段累计计算受理费用。第二,虽然还是以诉讼请求的金额按比例分段累计,但是设定受理费用占判决赔偿金额的比例上限,例如,受理费不超过判决赔偿金额的5%,这样就不会出现高达51%赔偿金额用于支付受理费用的情况。

以上是我这篇不是那么技术化的文章探讨的问题。在这个讨论的基础上,我们可以看一下另外一篇计量技术比较成熟的文章。

(二)《证券民事诉讼与投资者保护——来自A/B股市场的实证证据》

1. 研究方法

在这篇文章里,我采用了事件研究法,通俗来说就是看一个外生的法律制度怎么影响证券市场参与者的行为。在2002年1月15日之前,上市公司是没有诉讼风险的——尽管"纸面上的法律"禁止虚假陈述并且为民事赔偿提供了基础,上市公司事实上不必担心任何私人诉讼的风险。我国证券民事诉讼制度主要承担赔偿投资者的功能,跟美国兼有赔偿功能和威慑功能的私人执行制度相比有显著的不同。

而在2002年1月15日《最高人民法院关于受理证券市场因虚假陈述引发的民事侵权纠纷案件有关问题的通知》(以下简称《2002年通知》)之后,投资者享受了事实上的诉权。这个私人诉讼制度有两个显著特点:第一,它是以赔偿为导向的,威慑证券市场犯罪的职能由行政机关承担;第二,它采用声明加入模式,没有为投资者提供任何机制来克服集体困境。

我们怎么样来检验《2002年通知》的作用呢?模型的设计是依靠孪生A

股和B股的制度,同一上市公司发行的A股和B股具有相同的基本面、投票权、股利分配权,也就是在法律上是一样的。但是两者的计价单位不同,A股为人民币计价,B股为美元和港币计价。这导致A股的流通主要是在内地散户之间,B股的流通在机构投资者之间。这两类投资者起诉的激励是不同的,B股投资者有激励克服集体行动困境,因为B股投资者即便不起诉也可以把诉权用于讨价还价来达成和解,从而为自己谋取更大的利益。

据此,我们假设B股组合与A股组合相比,将获得正的超额收益。所谓超额收益就是,B股收益减去当天A股的收益。此外,我们刚刚讨论说,纸面上的法律和实践中的法律不同,因此,在中国的不同法院,对于相同的规定(也即投资者有权提起证券民事诉讼),可能会有不同的效果。那么我们就可以通过实证的方法检验,同一个上市公司发行A/B股的超额收益应该会和它所在地法院的效率有正相关关系,因为中国法律规定上市公司所在地法院拥有管辖权。

2. 分析结果

我们收集了81家上市公司同时发行A股和B股的数据。被解释变量包括:一是事件窗口内的收益,也就是2002年1月15日当天股票的收益;二是同一个上市公司A股和B股之间的超额收益。解释变量包括代表A和B股性质的虚拟变量。也就是说,所有的A股都是0,B股都是1。然后,我们考虑了所有股票A股股价变化的平均值和B股股价变化的平均值;三是采用樊纲和王小鲁(2003)构建的2001年市场中介和法律环境的发展指数(CE2001),用来反映司法系统的效率和起诉的预期成本之间的关系。我们样本中的上市公司主要集中在上海、广东,所以,这可能也会影响结果。

控制相关变量以后,实证分析的结果发现,一个上市公司所在地法院的效率越高,这个公司的超额收益也越高。无效率的法院系统阻碍了投资者获得民事赔偿,我们的研究提供了支持这一论断的经验证据。在相同的法条规则下,由于法院系统的效率存在差异,理性的投资者预料到了现实中投资者保护的区别,他们愿意为那些能以较低成本行使的权利支付更高的溢价。因此,增加法院系统的效率,可以为公权力主导的证券法律执行制度提供额外的价值。简单来说就是,一个上市公司所在地法院的水平越高,B股投资者愿意支付的溢价就越高。

3. 最后的结论

《2002 年通知》的初衷是为了赔偿因上市公司虚假陈述受损害的投资者。但是,由于使用中国司法系统的成本高昂,其赔偿功能很难实现。中小投资者通过民事诉讼程序获得的预期赔偿低于其支付的成本。

与美国证券市场公共执行和私人执行独立运行的模式不同,我国公共执行起主导作用,承担威慑潜在犯罪的职能。而私人执行以公共执行为基础,承担赔偿投资者损失的职能。总体来说,我国证券法律执行的力度较弱。证监会获得的预算投入与全球其他主要经济体相比较少。虽然预算充足不一定带来良好的公共执行,但是有限的预算必定降低公共执行的质量,造成监管供给不足,降低对证券市场违法犯罪行为的威慑力。为了增加预算投入,可以考虑允许证监会留存一定比例的罚金收入,这样既提高了监管机构执行证券法的激励,又增加了其可用的资源。

实证分析的结果为我国证券民事诉讼制度的改革提供了几点参考。首先,法律应当为投资者提供克服集体行动问题的制度。现有文献主要围绕两种可能的机制:美国的集团诉讼和我国台湾地区的公共非营利机构。集团诉讼拥有显著的优势,可以为执法者提供监管者欠缺的强激励。但以私人为主导的执行机制,与我国监管改革理念相冲突。事实上,考虑到行政前置程序,民事诉讼制度主要承担赔偿投资者的功能,并不需要提供强激励的机制。公共非营利机构可以达到克服集体行动问题的目标,并且享有规模经济。一方面,作为证券诉讼的统一代表,它可以代替所有受侵害的投资者求偿,避免了重复承担个人行动的固定成本。另一方面,作为证券私人诉讼的反复参与者,它可以积累诉讼相关的人力资本,降低单项诉讼的平均成本。如果集体行动问题能被很好地解决,提高法院系统的效率也能改善投资者的境况。我们建议给受损投资者选择权,自由选择在公司的上市地起诉,而不是仅在公司注册地起诉,这样起诉地可以包括上海、深圳、北京、天津和武汉等城市。这些地区金融市场相对发达,法院系统的效率较高。给予投资者选择权,这可以进一步降低投资者获得损害赔偿的成本,提高他们参与民事诉讼的净收益。

我国证券法律执行的投入和产出相对较低,监管机构对证券市场违法犯罪行为威慑不足。由于使用法院系统解决纠纷的成本较高,证券民事诉讼市场发展严重滞后,投资者参与诉讼的比例很低。证券律师征集代埋权的成本高昂,市场上愿意提供法律服务的律师事务所也较少,主要集中于北京、上海、广州三地。促进证券民事诉讼市场发展的核心在于降低投资者获得损害赔偿的成本。一方面,可以利用规模经济减少投资者反复承担的参与成本,无论是非营利性的组织,还是集团诉讼中企业家式的律师,都是遵循这一思路的。另一方面,由于我国各地法院系统的效率差别较大,赋予投资者选择有效率的法院提起民事诉讼的权利也同样可以降低投资者维权的成本。

欢迎大家指正。

二、互动环节

评论与问题 1:

问:我先针对第一篇文章(简单文章)问一个问题。我最大的问题就是结构问题,你考虑了投入产出比问题,这个似乎和私人诉讼不是一个问题。或者说,产出和私人诉讼不完全是一个问题。而且,你的第二篇文章似乎说明,一个不好的法律导致了不好的结果,这是一个大家都知道的问题,那你究竟为什么要专门研究这个?而且,证券市场的诉讼是否真的那么特殊,要单独拿出来讨论法院的问题?你的第二篇文章提出了对法院的建议,似乎讨论的是一般性问题。

徐文鸣:我觉得公共执行大家谈论得比较多,之所以放在这里,是因为我国的私人诉讼是以行政程序为前置的,如果我仅仅讨论私人诉讼的证据,可能不能完美地刻画这个问题,所以,我才把公共执行的问题一起考虑了进来,可能衔接不太好。我觉得这篇文章最有意思的一个部分是关于委托代理的讨论,通过分析受理费用来论证这个问题,我似乎没有看到有人这样做。

评论与问题 2:

问:我有一个关于趋势的问题。说不定 A 股和 B 股的差异是由于 B 股一直比 A 股收益高造成的。所以,你可能首先要测算没有这个事件的时候,两者的差异,然后才能评估事件发生之后的变化。事实上,我们一直觉得 2001 年 2 月允许国内投资者购买 B 股对它的影响比较大,这个刚好和你研究的最高人民法院《2002 年通知》的时间点很接近。我们看到,那个时候的现象就是本土投资者进入 B 股,外资撤出,A 股和 B 股投资者趋同。如果是这样的话,是不是还存在你假设的前提条件?其实,趋势的问题解决起来也不是很难。可以看一下溢价的差别是什么时候开始的、什么时候消失的。比如,2002年3月15日之前一周还没有,一周以后消失了,这就是一个非常强的数据。此外,你的研究对数据的处理似乎有一点不清晰。你假设了A股和B股的最大差别是集中度的差别,也就是大机构的持有问题导致了诉讼机理不同,这之间可能有断裂。A股和B股的区别很大,你怎么断定是什么因素造成的?

徐文鸣:并不是说A股的流通股都是散户,B股都是机构投资者。只要机构投资者在市场中的参与比例足够高,能够起主导作用,在定价的过程中就会反映出来。不过我确实承认,在我的实验设计中存在问题。要说是由于A股和B股的区别导致了结果,而不是由事件导致的,首先需要证明A股和B股投资者在诉权上存在差异。事实上,权利不一定要通过诉讼来行使,理性的投资者不会选择通过诉讼实现收益,而是会选择和大股东谈判。

评论与问题3:

问:是不是存在一种可能,A股和B股的激励不同,所以,B股的公司会收敛一点。另外,A股和B股真的有可比性吗?此外,2002年、2003年最高人民法院发布了两个司法解释,为什么没有都测试?

徐文鸣:我之所以会写这篇文章的原因在于,一个学者曾经通过配对我国大陆、我国台湾地区、新加坡的公司发现,《2002年通知》对市场是有负面影响的。他认为,法律变化可能会带来负的外部性。一个法律颁布后,可能不会实施,一部分投资者相信法律、另外一部分不相信。我觉得他的论证过程很不靠谱,所以,就想用另外一个机制去检验。之所以没有测量2003年的司法解释,是因为2003年司法解释是对2002年司法解释的细化,没有增加投资者的诉权,只是让投资者的权利更细化。从事件研究角度来说,2003年的司法解释没有向市场提供新的信息和冲击,应该不会有影响。

评论与问题4:

问:后面用法院所在地的数据来做回归,这个应该就是广东省和上海市,在这两个地方注册的上市企业有什么显著的不同吗?会不会不是法院效力的高低而是其他原因导致的?

徐文鸣:这两个地方的上市公司、律师、市场都最发达,所以,很自然就集中了。我的建议不是说在这两个地方集中不好,而是希望有更多的样本,有更多的主体参与进来。

评论与问题 5:

问:有一个比较细节的问题,你的研究考察了三天的事件窗口和一天的事件窗口两个因素,从结果来看三天的窗口结果系数比一天的大?

徐文鸣:这个三天指的是事件的前一天、当天和后一天。一个解释是说有信息泄露的问题,另一个是市场需要时间来吸收这个冲击,这样的话三天的系数比一天大也是正常的了。

评论与问题 6:

问:中国有 A 股、B 股、H 股多个市场,有没有可能我们比较不同类型的市场以及其他国家的市场的数据,测试出不同市场结构对同一个公司的影响?

徐文鸣:我们很难引入其他国家的市场数据来论证,因为讨论的可能不是同一个问题。至于中国的不同市场,我们还是有人来研究不同的市场结果对股价的影响。但是,法律变化对市场的影响,目前还是一个研究的低洼地。

评论与问题 7:

问:你研究的一个假设是,所有虚假陈述都是由上市公司所在地法院管辖的,但是,针对一个虚假陈述,投资者不一定起诉上市公司,它可能起诉中介机构。这个时候,法院应该追加上市公司进入诉讼。如果当事人同意,那么,案件应该被移送到上市公司所在地;如果不同意,那么,法院应该主动加入,但是这个时候案件不移送。其实,这是立法的一个设计,最高人民法院就是想给投资者一个选择,避免地方保护问题。

徐文鸣:实践中被告似乎诉的都是上市公司,告券商的都很少。不知道为什么会是这样。

评论与问题 8:

问:关于第一篇简单一点的执行效力的研究,我觉得,只存在少数垄断者,不等于这个市场是无效的或者效率低的。比如,英国有一个贷款市场,70% 的市场是由 3 家提供的,但是,英国的反不正当竞争局的报告却认为这个市场是充分竞争的,不存在任何垄断。我们不能因为生产者少就认为市场不好,可能它们提供的服务很规模化,反而更好。比如电商,就淘宝、京东几家,但是消费者可能没有觉得他们垄断。

你文章里面对于公共执法的探讨可能意义不大,比较有意思的是诉讼费用。先不说行政前置好坏,即便证监会已经做了处罚,起诉的人还是很少。

黄辉的统计是1/4,国内也有学者统计为一半。我们都说这个是诉讼程序问题。但是,这个程序到底问题在哪?我觉得你这篇文章讨论的诉讼费用就是我们没有考虑到的。但我觉得还是存在两个问题。首先,这是一个中国整体的诉讼费用体制问题,不仅证券诉讼,所有经济类诉讼都有这个问题,这个可能可以强化你的观点,就是所谓的律师和原告之间委托代理的成本问题。其次,从逻辑上来讲,在这种诉讼中,原告的赔偿应该是比较确定的,但是,为什么会有那么多人败诉?我觉得你文章中说出来的律师误导是很有可能的。你可以仔细看一下每个案件,把这种律所在里面的作用具体统计出来。

徐文鸣:我觉得这个可能一方面是水平问题,另一方面是律师为了吸引原告来起诉,且金额更高一点法院也会多判决一点。即便败诉,原告承担诉讼费用,这和律师也没关系。

评论与问题9:

问:我们都很关心证券私人诉讼,但是这个制度真正发达的只有美国,英国说不定都不发达。或许私人诉讼不是解决投资者赔偿的最佳方式。我看,只有万福生科的案件,成本足够低、赔偿率也很高,95%的投资者主动加入,赔偿率为98%。这个绝对是最有效的。我在想,能不能把这个案件中的程序在中国日常化?这样是不是比效仿美国的私人诉讼要好?

徐文鸣:我觉得,可能我们处罚的威慑力是不够的。如果让违法行为的收益低于成本的话,可能会大幅度减少违法行为。关于如何赔偿投资者的问题,我觉得中国万福生科案件是很好的,但不是常态化的机制。如果都是由中介机构赔偿的话,可能瞄准的对象都是有钱的人,而不是真正实施违法行为的人,威慑力可能是不够的。我觉得我们这个市场是缺乏威慑力的。

评论与问题10:

你这篇文章是非常标准的实证研究,但是你这篇文章完全是在回应国外期刊的关切,对于国内的学者来说它的作用是什么呢?对于我们来说,这是一个在中国所有人都知道的问题。我们可能更希望看到的不仅仅是你在方法上的新颖性,在观点上也能给中国学者提供一点洞见。希望你们的研究不仅仅给外国市场补充中国的例证,也能给中国学界带来启发。

(会议记录:冯时佳)

北大法律和金融评论
(2016 年卷),第 198 ~200 页

首届中国法律定量实证研究论坛会议综述

由《法学研究》编辑部、《北大法律和金融评论》编辑部、华东政法大学法律实证研究中心主办,华东政法大学法律实证研究中心承办,首届中国法律定量实证研究论坛于 2015 年 11 月 29 日,在华东政法大学交谊楼圆桌会议室顺利召开。十余位学者参加了本次论坛,对实证研究方法在法学研究中的运用进行了深入的探讨。

在为期一天的论坛议程中,北京大学白建军、北京大学唐应茂、芝加哥大学刘庄、香港中文大学黄辉、香港中文大学习超、中国政法大学徐文鸣、台湾“中央”研究院张永健、新加坡管理大学张巍、台湾成功大学邵婧慧、香港理工大学陆海天、浙江大学赵骏共 11 位学者进行了法律定量实证研究主题报告。

白建军在题为《刑法宽严的社会基础——中国法治民调的发现》的报告中,展示了如何运用中国家庭追踪调查(China Family Panel Studies,CFPS)、回归分析等实证研究方法探索民众对重刑的偏好程度和原因。对 CFPS 调查结果的分析表明,越接近西部,民众越可能期望越小的犯罪圈;对干部信任程度较低、认为司法不公正的民众,期望较大的犯罪圈等。

唐应茂和刘庄通过实证的方法研究了中国小额贷款公司中央和地方立法的差异,并进行了题为《经济联邦主义与小额贷款公司》的报告。报告中,唐应茂介绍了中国

小额贷款公司的发展现状和“中央规则＋地方收权”的立法模式，并注重讲解了浙江、重庆两个代表性省份的立法情况。他指出，小额贷款公司的立法情况可以看作经济联邦主义在我国的一种表现形式。刘庄则就研究过程中时间序列面板数据的获取和处理进行了详细的阐述。

在论坛的“证券法律的实研究”专题中，黄辉通过《The Regulation of Insider Trading in China：Past，Present and Future》一文对我国内幕交易案件的公共执行情况进行了分析，并与英国、美国同类案件的执行情况进行了对比。习超在《Below the Radar？What We Do Not Yet Know about the Enforcement of Securities Law》一文的主题报告中对上市公司受到的非正式处罚情况进行了探讨。而徐文鸣的《Reforming Private Securities Litigation in China：The Stock Market Has Already Cast Its Vote》一文及其主题报告，则探讨了2002年1月15日《最高人民法院关于受理证券市场因虚假陈述引发的民事侵权纠纷案件有关问题的通知》这一规定对我国《证券法》执行的影响。

张永健在题为《Attorney and Judge Experience in Torts Litigation：An Empirical Study》的报告中，探讨了律师和法官办案经验对侵权案件判决的影响。为了避免律师案源、案件质量对判决结果的影响，张永健选择了遭受车祸请求精神抚慰金的案件，并分析了案件原告诉讼请求金额、统计法院判决金额等因素对案件判决金额的影响。

张巍进行了以《Managing Judges Mathematically：An Empirical Study of the Medical Malpractice Litigations in Shanghai》为题的报告，对法官考核指标的效果进行了分析。张巍在利用普通最小二乘法（Ordinary Least Square，OLS）对一审服判息诉率和调解撤诉率两个法官考核指标进行实证分析后发现，在对原告不利的案件中，法官会倾向于通过各种方式让原告撤诉来达成较高的考核指标。在此基础上，他进一步指出，在评价法官管理体制时不宜夸大考核指标的作用。

邵婧慧在报告《Proposing Preferable Consumer Class Action Mechanisms in Taiwan：An Experimental Approach》中，通过样本分析来探究民众对代表集体诉讼起诉的三个机构的偏好程度（政府官员、被授权的机构、律师）及对opt-in、opt-out机制的选择情况，以此对台湾地区“民事诉讼法”中集体诉讼制度的执行效果进行探讨。

陆海天作了题为《Political Connectedness and Court Outcomes：Evidence

from Chinese Corporate Lawsuits》的报告,对中国上市公司政治关联存在情况与其诉讼结果的相关性进行了探讨。他的研究发现,在中国,上市公司的政治关联情况会对其所涉诉讼的判决结果产生影响,存在政治关联的上市公司往往表现出较高的胜诉率。

赵骏在题为《谁能成为中国的BIT伙伴?一个实证研究》的报告中阐释了利用实证方法探索中国选择双边投资协定(Bilateral Investment Treaty, BIT)伙伴标准的研究设想。赵骏教授认为,可以通过建立面板Logit模型的方式,整合中国BIT伙伴经济、社会、历史、文化、政治等方面的数据,从而分析中国BIT伙伴的选择标准。

论坛在每位报告人结束报告之后安排了交叉讨论环节,并特别邀请了上海交通大学凯原法学院林喜芬、中国海洋大学戴昕、华东政法大学纪海龙等几位学者对报告内容进行评议。

本次论坛紧紧围绕法律定量实证研究的主题,在就具体法律定量实证研究课题进行深入探讨的基础上,进一步讨论了实证研究方法在中国法学界的运用现状和未来发展。

北大法律和金融评论
(2016 年卷),第 201 ~202 页

开幕词

程金华*

各位老师,各位同学,早上好!

感谢来参加这次会议!除了被邀请的嘉宾以外,我们还有十来名老师和同学参会,规模不大。我们希望有一个相对安静的氛围讨论问题。感谢你们到上海来!有几位老师都跟我讲过,他们本来今天是有课的。他们把课推掉了,到上海来参会。白老师明天有课,他下午要走。可以说,大家是不远千里来参会,永健是从海峡对岸来参会。真的非常感谢大家!我简单说明一下会议的背景和目的。

第一个目的是希望继续壮大实证研究的群体。我在北大读书的时候,白老师是我的导师。白老师讲,希望能够把搞实证的聚起来。最近几年,大家都在努力,但专门为实证研究提供交流的平台,好像一直没有弄起来。这里面有很多原因。主要的原因呢,是条件也许还不成熟。

这些年做实证研究的逐渐多了起来,研究群体在壮大。这其中有好消息,也有坏消息。从好的方面来讲,人多了,也就热闹起来了。从坏的方面讲呢,鱼龙混杂,派别林立。其中不少发表的作品,从严肃的实证研究者来看,存在很大的缺陷。我想,我们应该举办一些活动,让大家知道,什么是好的实证研究。

第二个目的就是希望提倡严肃的学术讨论。现在各

* 上海交通大学凯原法学院教授、耶鲁大学法律科学博士。

种各样的讲座很多,但真正严肃的学术讨论不多。我和几位老师商量,把在座的诸位请过来。我个人觉得,在座诸位满足两个条件:第一,都是严肃的法律实证学者;第二,都立志进步,愿意接受批评。当然,符合这两个条件的学者还有很多,因为时间原因,我们没有都邀请到。但是,在座的诸位都是符合这两个条件的。

第三个目的是希望开一个给自己的学术讨论会。我自己经历过很多研讨会。很多学术研讨会给我的感觉不是特别好。我发现,这些研讨会不是为自己开的,而是为别人开的。比如说,为领导开的、为听众开的。我希望,我们的研讨会是为自己开的,就是一个纯粹的学者的会议。要为自己开,那么就需要大家有充足的时间讨论,也就要限制发言的人数。一天排下来,每篇文章可以有 40 分钟时间讨论,应该算是比较充分了。我希望作者报告也好,其他人评议也好,大家都能够有所收获。这是我的初衷。

第四个目的,会议的名称或形式问题,我希望它的名字响亮一点。所以,我用了“首届”这个说法。选择这个说法,我是比较认真的。我希望它能继续做下去。一年一次,还是一年两次,这个大家可以商量,但要继续下去。用“中国”这个提法,我没有想太多,随便用了这个词。说“世界”首届研讨会不太好,说“华人”首届研讨会也不太好,说“上海”,好像格局小了一点。所以,我就把会议叫做“首届中国法律定量实证研究研讨会”。希望这个一定要坚持下去。无论是在哪里办,我一定会很愿意去参加、去支持。

这个会议,我们有三个主办单位。华政是一个,《北大法律和金融评论》是一个,《法学评论》编辑部也是,本来谢海定老师要来,但他昨天临时跟我讲,他家里有事走不开,所以,这次他没办法来。这个情况我说明一下。

北大法律和金融评论
(2016 年卷),第 203 ~207 页

刑法宽严的社会基础
——基于 ISSS 数据的报告

白建军*

我讲的题目叫“刑法宽严的社会基础”。它探讨的是个什么问题呢?民众对刑法宽还是严的认知,这是刑法的一个基本纬度。民众对刑法宽严有偏好,这常常成为官方调整刑法的理由。民众是一种力量。刑法越来越严厉了,这可能也和公众呼唤重刑有关。如果出现这样的情况,我们应该警惕起来,因为中国民众真的偏好重刑吗?民众为什么会有某种刑法宽严轻重的偏好?中国民众的刑法宽严偏好会不会被乱用?这是我的基本问题。

那么,刑法宽严这个概念如何操作?这个可以用犯罪圈大小来衡量。一般认为,犯罪圈越大的,那么,刑法就越严。随地吐痰也叫犯罪,也要入刑,刑法就偏严。犯罪圈小的,比如只有杀人、盗窃、伤人算是犯罪的,其他的都不是,刑法就偏宽。对此,我们做了一个调研。针对犯罪圈大小偏好的问题,我问了几个问题。比如,你认为酒驾是犯罪吗?见死不救是犯罪吗?等等。此外,刑罚轻重、罪刑关系也是考虑因素。

我的样本来自北大中国社会科学调查中心的调查。每年有 800 万到 1000 万元投入到这个研究中心,专门用于调查。调查样本覆盖 25 个省市,代表了中国 95% 的人

* 北京大学法学院教授。

口。我们的调查员就有400多人,专业调查员14批,每批培训6天。每个调查员都要带上GPS,调查员到了哪个地方,我们通过GPS监督。所以,调查员不能拿着样本自己回去把问卷一填,就算完事了。你得真的到那儿去,还得有录音。我们的问卷有1800个变量,我们要看你是不是每个问题都问到了。你有一个问题没问到,我们就认为你不合格。此外,我们还有几十个人的"质检车间",专门负责检查调查员访谈的质量。

这个样本有多大呢?有42,000多条数据,最后有效的有30,000多条。我们认为,这是国内最大规模的、最具权威性的、以学术为目的一个调查。它的样本很大,可信度很高。当然,这个调查也很贵。我用的是"搭便车"的办法。在问卷中,我们加入了一些法律问题,包括刚才提到的那些问题。此外,我们还跟踪调查。比如,两年前,你在西藏接受的访谈,后来听说你到广州打工了,我们派人跟到你那儿去,告诉你两年前你是什么态度,问你今年的态度有什么变化。

从访谈结果来看,认为恶意欠薪该入刑的有45%,认为醉酒驾车应该入刑的有50%,认为安乐死该入刑的有42%,认为见死不救也该入刑的有30%。右边图表明什么呢?(图略)绿色的部分是说,被访谈者认为中国大陆执行死刑不算多,而3.53%的人认为中国执行死刑太少了。也就是说,基本上有一半的人认为现在执行死刑的量是可以再多一点。这个呼声是我们担心的一件事。

但是,说中国民众有多少人认为刑法应该更重,或者应当更轻并不重要,重要的是人们为什么会偏好重法律或者轻法律?我考虑了30个变量,希望看看什么原因能解释人们为什么有这样的偏好。最开始有六七十个变量,后来我把它筛到37个变量。这些变量是什么呢?比如,你是否午休,你最近一周内是否喝过三次酒,你是否每天和家人吃晚饭,诸如此类。有的变量,我觉得有一定解释力。也有的变量,我说不清他们之间有没有关系。比如说,心情沮丧是否影响偏好?

通常而言,我们会认为,至少有两个因素会影响中国民众对刑法的偏好。第一个就是说公安人员的数量。大家都觉得,犯罪多了是公安人员太少了。所以,我们要检讨,我们要增加刑法资源的投入。第二个就是本人有被害经历。遭遇过被偷、被抢、被骗、被殴打,他会倾向于重罚。他要是没有这个亲身被害遭遇,可能就会不像有亲身经历的人一样偏好重罚。

但是,我们做了一轮回归之后发现,原来以为非常显著地影响中国民众对刑法偏好的因素,其实都不显著。所以,我的第一个发现就是,中国民众对于刑法的宽严偏好,基本上和直接遭遇或间接遭遇无关。也就是说,关于犯罪的刑法可能已经不再是关于犯罪的集体愤怒的表达工具。刑法不再和惩罚有关,资源的投入也是主要的。甚至可以说,原来认为暴力是刑法的基本元素,但是,从数据来看,暴力也不再和刑法有关了。

于是问题就来了。如果刑法不是为了对抗暴力、不是为了复仇,民众不是借助刑法去表达自己被害的那种不良体验,那刑法对民众来说意味着什么?民众要刑法做什么?我们应该另找原因,民众把什么东西寄托在刑法的宽严上?他们对刑法宽严的偏好受到什么因素的影响?我们一直认为,暴力是刑法非常象征性的一个功能。但是,没有这种象征性,民众拿刑法来做什么?

再来看影响民众刑法偏好的因素。比如,我们发现,越接近东部,民众呼唤刑法更严的呼声更大;对干部的信任度越低,越可能期待较大的犯罪圈;越是亲历不公的对待,比如说被强拆、被强征,越可能期待较大的犯罪圈,希望把更多的行为入刑;越是认为中国的政府廉政有问题的,越会期待较大的犯罪圈;越是感觉到社会保障问题严重的,越期待较大的犯罪圈;对司法公正评价越低的,越期待较大的犯罪圈。所以,从这些因素我们可以体会到,当中国民众希望重刑的时候,其实他们想说什么。

我们还发现,还有一些因素也很有意思。比如,认为自己越健康的人,越偏向较大的犯罪圈;有午休习惯的人,可能越期待较小的犯罪圈;年龄越大的人,越期待较小的犯罪圈;与女性相比男性更偏好较大的犯罪圈,学历越高越可能期待较大的犯罪圈。还有宗教,对宗教越重视,越可能偏好较轻的刑法,

最后,我特别想知道大家的感受。就是说,我这个故事,怎么往下讲呢?怎么挖掘这背后的理论问题?如果民众的刑法偏好主要不是由犯罪本身来决定,那用个人的生存状态、社会状态能不能解释?当民众重罚偏好是各种社会矛盾和个人体验的结果,那么,会不会产生一种恶性循环:国家说大家这么需要重刑,所以我们就应该要重刑,结果引发了更大的惩戒资源的投入。大概就这个意思,但是,我真心不知道留的时间够不够啊?我想多留点时间,听听大家想法,这个故事靠谱不靠谱?有哪些大的逻辑破绽、漏洞,如果再往下讲下去,该怎么讲好?我特想知道。谢谢大家!

评议人甲:说到实证之前的理论包装问题,白老师这个研究似乎有一个假设。这个假设就是,民众偏好会影响立法者。那你可以说,这就是社会选择(social choice)在起作用。白老师其实在讲,个人的偏好会变成社会的偏好。如果说你的刑法理论是跟社会选择理论接轨的话,那这个研究可以了解民众有什么偏好,这个实然的事实经过你的抽样,变成一个规范的基础,民众的偏好就应该是立法的偏好。但是,我感觉,你的刑法理论并不是从民众偏好出发的。反之,你有另一条规范理论的价值体系,它是独立于民众偏好之外的,所以你会担心,民众的偏好会导出不良后果。在台湾地区,这个讨论就会变成,99%的法律学者认为死刑是违宪的、是不可以的,但是80%以上的民众认为死刑是一定要的。民众的社会偏好价值是很明确,但是规范理论上是反对这个偏好的。那么,这在文章一开始的地方可以作一个框架式的说明。

另外可以衍生出来的问题就是,在中国大陆,没有采用西方一样的民主选举,那么,民众偏好怎么转为立法者偏好?在台湾地区,也有很多主张重法的人,因为我们最近也有食品安全的问题。但是,学者解释并不是这样。民众偏好转递给立法者,成为立法的偏好,这是一种解释。但是,立法者作为一个公众选择理论下面代议制的主体,他自己可能希望通过修改法律、采用重罚的方式来向民众展示,我很在乎社会秩序。这永远是西方社会"骗选票"的一个非常好的方式。所以,它其实并不一定反映了民众的偏好,他自己有理由这么做,不管民众有没有偏好。

评议人乙:我能插一句吗?我曾经看过一个研究,把人分成几种类型,不同类型对某一问题的分析方式不一样,看不同类型的人他们的情况如何,最后再对这几类人群的表现、反馈进行比较。您这个数据,好像还没有对被访谈对象进行细分,这个可以尝试一下,看看根据什么框架把人分成不同类型,看看不同类型人群的偏好、表现。政治学研究似乎经常采用这样的办法。另外,和您这个研究比较接近的,我看到过一篇文章,好像是麻省理工还是哪个学校学者写的,关于中国网民的态度问题。他们调查的是微博上的言论,里面也讲到中国东部和西部网民的看法有差异,他们在微博上的态度是不一样的。东部网民通常认为腐败严重,而西部网民通常比较有正直感,认为死刑是好的,等等。这个研究没有采用政治学分析的框架,用的是社会分层的理论。我觉得,您这个数据完全可以做类似的研究,没准儿可以有更有意思的发现。

评议人丙:听了这个白老师报告之后,有几个感想。白老师的这个研究素材非常丰富。白老师的这个样本非常大,一般人是做不到的。我个人的感觉就是里面要讨论的问题似乎也非常多。比如说,您这个数据里面主要是体现民众对刑法宽严的理解。刑法学者精英层面的理解,和民众的理解有没有这个差别,您要回应的问题是不是说存在这个差别?其次,民众对刑法的直观感觉和刑法规范上的宽严之间有什么关系,是一种什么层面的关系,这是不是您希望回应的问题?最后,就是民众的直观感觉的来源,您也介绍了,也是您关注的问题之一,这又是一组重要的关系。还有,民众对刑法宽严的态度与刑法理论的问题,到底是更注重报应还是更重视个体层面感受,等等。这些都是非常重要的问题,您的这个素材当中,该反映的也都反映到了。可能您的困惑就是说没有形成一个比较具体的一个故事。

您提出的具体发现很多。比如,为什么民众比较关注政府的廉洁度?我个人的感觉是,这和刑法的有效性有关系。当民众不太相信刑法的有效性的时候,民众有可能会处于一种无奈或类似状态,然后他就更希望刑法严苛一点,这样可能会对他个人的保证更充分一点。我觉得,这里面可能就是有这样的一种关系。刑法的有效性包括刑事执行层面的有效性,也包括刑事司法方面的有效性。所以,我不知道您那个数据里面有没有考察政府的廉洁性?我觉得跟民众对犯罪的态度更直接相关的是这个,是民众对政府廉洁性的信任度。如果考察这个因素,我不知道能不能发现其中的相关性?

从技术层面来讲,您考察了民众对恶意欠薪、安乐死、见死不救的态度,也有对执行死刑的态度。我理解,您可能主要考察的是比例吧?比如百分之多少的民众认为恶意欠薪应该入刑?那么,我不知道是不是设定1~5或者是1~7,这样的方法能反映出来的信息是不是更多一点?还有就是,醉驾和见死不救两种行为,体现在规范层面,可能不太一样。醉驾已经入刑了,而见死不救是否入刑,争议还比较大。两个问题,是否能进行比较?如何来界定刑法宽严、重型轻刑?

图书在版编目(CIP)数据

北大法律和金融评论. 2016年卷 / 吴志攀主编. --北京：法律出版社, 2018
ISBN 978-7-5197-2032-2

Ⅰ. ①北… Ⅱ. ①吴… Ⅲ. ①金融法-研究-中国 Ⅳ. ①D922.280.4

中国版本图书馆CIP数据核字(2018)第041792号

北大法律和金融评论(2016年卷)
BEIDA FALÜ HE JINRONG PINGLUN
(2016 NIAN JUAN)

吴志攀 主 编
唐应茂 执行主编

策划编辑 高 山
责任编辑 汤子君
装帧设计 李 瞻

出版 法律出版社
总发行 中国法律图书有限公司
经销 新华书店
印刷 北京虎彩文化传播有限公司
责任校对 晁明慧
责任印制 陶 松

编辑统筹 学术·对外出版分社
开本 720毫米×960毫米 1/16
印张 13.75
字数 311千
版本 2018年3月第1版
印次 2018年3月第1次印刷

法律出版社/北京市丰台区莲花池西里7号(100073)
网址/www.lawpress.com.cn
投稿邮箱/info@lawpress.com.cn
举报维权邮箱/jbwq@lawpress.com.cn
销售热线/010-63939792
咨询电话/010-63939796

中国法律图书有限公司/北京市丰台区莲花池西里7号(100073)
全国各地中法图分、子公司销售电话：
统一销售客服/400-660-6393
第一法律书店/010-63939781/9782
西安分公司/029-85330678
重庆分公司/023-67453036
上海分公司/021-62071639/1636
深圳分公司/0755-83072995

书号:ISBN 978-7-5197-2032-2
定价:48.00元
(如有缺页或倒装,中国法律图书有限公司负责退换)